デービス王朝

ウォール街を生き抜く
影の投資家一族

The
Davis Dynasty
Fifty Years of
Successful Investing
on Wall Street

John Rothchild
ジョン・ロスチャイルド 著
＋
Peter S. Lynch
ピーター・リンチ 序文
高本義治 訳

PanRolling

序文

ピーター・S・リンチ

ジョン・ロスチャイルドはデービス家のストーリーに投資の話を巧みに織り込み、この偉大な投資家一族を生き生きと描き出した。物語の場面をウォール街とデービス家の間で行き来させることによって、不況、インフレ、相場の上げ下げなどその時々の経済情勢とそれに対して一族がいかに反応したかがよく分かる。また、彼らの長期的な視点は、現代の短期的思考に対する有効な防衛手段となろう。実際、株式市場では強気相場もそして弱気相場もまた、何年も続いてきたのだから。

人物面では、デービスがいかにして息子（同じくシェルビー・デービス）に倹約精神と株式投資の極意を受け継ぐ準備をさせたかが描かれている（父親の技の一部を応用し、息子はミューチュアルファンドを立ち上げて成功した）。経済面では、デービス家は長期投資家なら将来必ず直面する試練にうまく対応した。ポートフォリオの大小に関係なく、すべての一般投資家にとってこの本はためになるはずだ。

老シェルビー・デービスには、わたしがフィデリティでマゼラン・ファンドのマネジャーをしていた時代に何度か会ったことがある。会議の席や電話で話したり、彼がわたしのオフィスを訪ねてくれたりしたこともあり、保険株や金融株について意見を交換した。

わたしが自分の著書で取り上げた多くの格言をデービスも信奉していたことを、わたしは大変誇りに感じている。いや、「わたしが」などと言うのはおこがましい。彼はわたしより二〇年も前からこうした格言を実践していたのだから。彼の息子と孫たちが用いてきた株選びのテクニックは、わたしがマゼランで用いていたものと一部重なっており、投資に関する全般的な考えは共通するところが多い。

読む者を引きつけるロスチャイルドの知的な語り口で書かれた本書は、性急に富を築こうとあせる気持ちを緩和させる効果があるかもしれない。なにせデービス家は長期投資のタイムフレームを三世代にまで延ばしているのである。良い時代も悪い時代も自分たちのポートフォリオに固執した結果、ついには株価の下落さえ全資産で見れば取るに足らないものになった。しかも、うまく配分された彼らの資金は、庶民の給料をはるかに上回る利益を生んだ。老デービスは保険株を保有することによって、同業界で働く大半の経営者より断然多い収入を得た。

「株は若者向き、債券は年寄り向き」という間違った一般認識は、ここでは通用しない。株は複利の威力を最大限に得る目的でいつまでも持ち続けることが可能だが、債券が株をしのぐ時期は断続的にしか訪れないからだ。投資を始める時期は早いに越したことはないが、デービスは成功するのに必ずしも若いうちから始める必要はないことも証明した。彼が一九四七年に保険株への投資を本格的に始めたのは三八歳のときだったが、その後九ケタの財産を築いたのである。

投資の対象については、自分がよく知っているものに絞るのが一番だろう。医者やエンジニアなど専門職だけでなく一般職の人も、この戦術を往々にして見過ごしがちだ。たいていの人は自分の土地の草木が枯れていれば、青々と茂りそうな別の場所に殺到する。ドットコム企業への投機熱がまさにそれだった。一方デービスは、ニューヨーク保険局の自分のデスクに届く情報を活用した。こうした企業報告書の読み方が分かると、彼は自分が「主鉱脈」を偶然発見したことに気づいた。一九四〇年代末には、多くの保険会社が株価にまだ織り込まれていない含み資産を抱えていた。こうした掘り出し物を見つけてただ驚くだけでなく、デービスは千載一遇のチャンスを自分のものにした。彼は安定した収入が約束された仕事を辞め、投資会社を設立したのだ。客をなだめすかして株を買わせるのは無理と分かると、自ら株を買った。投資で大きく成功するには、独立精神と、大衆が嫌う資産を手に入れる勇気が必要だ。嫌われるものは当然、値段も安い。

マゼラン・ファンドを運用するようになって初めのころ、短期間ではあるがわたしはファンド資産の一五％以上を保険株につぎ込んでいた。六カ月後、ファンダメンタルズが悪化するとわたしは心変わりし、保有していた保険株の大半を売却した。それ以来、気に入った保険会社（例えばAFLAC）をたまに見つけることはあるが、特定の企業や業界に特化したことはない。わたしは中小企業に大企業、国内企業に外国企業、成長企業に復活企業と、チャンスがあれば何にでも投資した。この取捨選択アプローチについてはデービス家と異なるが、ひとつの重要な点においては共通するものがある。わたしにとってこれまで最も儲かった投資先のいくつかは、期待が低く収益もさえない低成長業界だったのだ。退屈な業界でも一番元気な会社を探すことで、たくさんの急成長企業（例えばトイザらス、ラキンタ・モーター・イン、タコベルなど）を手ごろな価格で買うことができたのである。

同様に、デービス父子は保険業界と後に銀行業界において、飛び切り上等の企業の株を人気ハイテク業界の最優良銘柄よりはるかに安く仕入れた。人気セクターは常に競争が激しく、何かのきっかけで業界の運命がいきなり暗転することもある。

大半の人にとって保険は魅力のない業界に思われている一方で、アメリカン・インターナショナル・グループ（AIG）を一九七〇年代以降今日まで、株主にとって宝の山に変えたハンク・グリーンバーグのような傑出した経営者を何人か引きつけてきた。デービスはAIGのほかにも、大変優秀なリーダーが率いる一〇ほどの会社に投資し、そうしたポジションが彼の儲けの大半を占めた。

新しいテニスボールなど買おうと思えばいくらでも買えたのに、デービスはぼろぼろのボールを使い続けた。この本では、ほかにもデービスの極端な倹約の例がたくさん紹介されており、読者の中には彼のけちぶりを愚かとか奇妙あるいはうっとうしいと感じる人がいるかもしれない。しかし、そうしたつつましい姿を見て育った彼の子供や孫は、富を築く最も確実な方法は、収入より少ない支出で暮らし、残りを株に投資することであると自然に学んだ。最近はアメリカの貯蓄率が過去最低であるだけに、こうした姿勢を見習えば、国だけでなく個人にも恩恵が及ぶだろう。

自分の資産を次の世代に相続させることで一族内にとどめておく代わりに、デービスは息子にいつまでも役に立つ贈り物をした。それは複利運用と株選びの基本に関する理解である。空腹な者には魚を与えるよりも釣り方を教えよという格言があるが、これはそのウォール街版である。デービスは自分の支持する大学、財団、シンクタンクなどに魚を与える一方、子孫には漁師になるすべを教えた。

息子のシェルビーは最終的にはファンドマネジャーになり、一九六九年にニューヨーク・ベンチャー・ファンドの運用担当者に就任した。同じころ、わたしはフィデリティの新入社員だった。わたしたちは冗談を言い合う仲だったが、長話はしなかった。シェルビーについては、魅力的かつ現実的で仕事熱心という印象がある。シェルビーは父親のように保険株一本槍ではなかったが、ほかのセクターにデービス流アプローチを応用した。

またしても、わたしたちのスタイルは違った。わたしは年率一五～二〇％の増益が見込める小売株や外食株を大量に保有していた。それに対し、シェルビーは小売株を避け、堅実であまり派手さはない年率一〇～一五％の増益組の中から目ぼしい銘柄を探した。一九七〇年代初めの下げ相場が終わったとき、二人とも徹底的に売り込まれたニフティ・フィフティ（素晴らしい五〇銘柄）をあえて避け、ほかでチャンスを探した。その結果、ともに連邦住宅抵当金庫（ファニーメイ）株を買い込んでいた。住宅ローン債権の売買や証券化を行うこの会社は、一時は困難に陥った企業だ。わたしたちは、単に株が安いからといって、問題企業を買うことはしなかった。ファニーメイを買ったのは、窮地を脱した証拠をつかんでいたからだ。

一九八〇年代末の貯蓄貸付組合（S＆L）危機の最中、二人とも銀行セクターに好機を見いだした。ある時点で、わたしは多数のS＆Lに投資した。株を公開している貯蓄貸付組合なら、ほとんどの銘柄がわたしのポートフォリオに入っていた。シェルビーは、専門家がその存続を危ぶんでいた時期に、シティコープ株を買った。わたしたちは金融機関の実情に精通していたので、最も暗いニュースが出たときが買いという自信があったし、ターゲットの会社について支払い能力とファンダメンタルズの改善を確信していた。

初代シェルビー・デービスは一九九四年にこの世を去り、二代目はその三年後に運用の第一線から退いた。デービス家の第三世代（シェルビーの息子のクリスとアンドリュー）は現在、ニューヨーク・ベンチャー・ファンドやほかのデービス・ファンドで力を証明する過程にある。祖父と父に有効だった同じアプローチを彼らが使ってうまくいかないとしたら、非常に驚きだ。投資に関して過度に楽観的でも悲観的でもない彼らは、淡々とゲームを続けるはずだ。

歴史を知らない人は、それを繰り返す運命にあるとよく言われる。しかし、ウォール街では、調整や下げ相場が遅かれ早かれ上げ相場に転じ、歴史は当たり前のように繰り返す。このパターンを知らない投資家は、必ずしも損をするとは限らないが、間違った時期に株を手放して損をする可能性は高い。ロスチャイルドの本にはドラマがあり、行間に賢明な助言がたくさん盛り込まれている。

フィデリティ・マネジメント・アンド・リサーチ・カンパニー副会長

目次

目次

THE DAVIS DYNASTY by John Rothchild

Japanese traslation published by arrangement with John Rothchild c/o Darhansoff, Verrill, Feldman through The English Agency (Japan) Ltd.

デービス家の年表

一九〇六〜一九〇九年

シェルビー・カロム・デービスが一九〇九年にイリノイ州ペオリアで誕生。地震と火災でサンフランシスコに壊滅的被害。ウォール街はパニックになり、ダウは三二％急落して五三ドルの安値をつける。当代随一の銀行家、J・P・モルガンが米国銀行システムを救済。

一九二八〜一九三〇年

デービスがプリンストン大学を卒業。将来の妻、キャスリン・ワッサーマンがウエレスレイ大学を卒業。二人とも国際政治学に熱中し、株式市場に関心がなかったおかげで、一九二九年の株価大暴落に巻き込まれなかった。まだ互いの存在を知らない。

一九三〇〜一九三一年

将来の大投資家（シェルビー・デービス）がフランスの列車で将来の出資者（キャスリン・ワッサーマン）に出会う。ともにコロンビア大学で修士号を取るため、ニューヨークに戻る。大恐慌が始まるが、二人は元気に勉強に励んだ。

一九三二年

勤勉なカップルがニューヨークの市役所で挙式。ダウが四一で株式市場は底入れ。新婚の二人は船で欧州へ。デービスがCBSラジオの仕事を得る。

一九三三年

ハネムーンは終わり、デービスが義兄の投資会社に就職、初めて株に触れる。五年間の見えざる上げ相場は、株を買う金と勇気のある少数の投資家を金持ちにした。この意外な鉱脈はたいてい歴史から省略され、大勢のホームレスと失業者の列ばかりが取り上げられた。

一九三七年

デービスが義兄の会社を退職、フリーランスの作家になる。上げ相場が終わる。ダウが一九四から九八に下げる過程で、息子シェルビーが誕生、その時点では未完成のデービス流投資術の後継者ができる。

一九三八年
娘ダイアナが誕生。デービスの著書『一九四〇年代を前にしたアメリカ（America Faces the Forties)』が出版される。それを読んで感心したトーマス・E・デューイ（ニューヨーク州知事で有力大統領候補）がデービスを経済顧問兼スピーチライターとして雇う。

一九四一〜一九四二年
デービスがあまりの安さ（三万三〇〇〇ドル）にニューヨーク証券取引所の会員権を購入。ダウが一九〇六年の高値水準九二まで反落。アメリカが第二次世界大戦に参戦。

一九四四年
顧問としての仕事に報いるため、デューイ知事がデービスを州保険局副局長に抜擢。デービスは自分の主鉱脈である保険会社に出合う。戦時の株高でダウは一一二へ上昇。

一九四七年
デービスが三八歳で州政府の仕事を退職、キャスリンからの元手五万ドルで購入した保険株ポートフォリオの運用に専念。ウォール街の近くで事務所を開業。平時に不安定な展開となり、投資家が「平和はビジネスに悪い」と心配したため、ダウは一六一まで下落。専門家は債券買いを推奨。債券市場は期待を見事に裏切り、三四年に及ぶ債券の弱気相場が始まる。

一九五二年

デービスの含み益が一〇〇万ドルに到達。ダウは二三年かけて一九二九年の高値三八一をついに更新。

一九五七年

息子シェルビーがプリンストン大学を卒業、バンク・オブ・ニューヨークの株式アナリストとしてウォール街にデビュー。株価がどんどん上がり、ダウは一〇〇〇を目指す。

一九六一年

三八〇万ドルの信託基金をめぐるデービスと娘ダイアナの喧嘩がニューヨークのタブロイド紙を連日賑わす。

一九六二年

デービスが日本を訪問、保険会社の株式を購入。彼の人生で最も収穫の多い旅。

一九六三～一九六五年

シェルビーの妻ウェンディがマンハッタンでアンドリューとクリスを出産、デービス家の投資家第三世代が誕生。シェルビーがバンク・オブ・ニューヨークを退職、二人のパートナーとともに小さな投資会社を設立。

一九六五～一九六八年

一九二〇年代以来の投信ブーム。ダウは一〇〇〇ドル辺りでもたつき、結局その後一七年はこの壁を破れなかった。専門家は、ハイテク産業が永遠の繁栄をもたらす「新時代」の到来を宣言。三回連続の下げ相場の初回。

一九六九年

デービスがスイス大使に任命され、キャスリンとともにベルンへ。息子シェルビーと相棒のジェレミー・ビッグズがニューヨーク・ベンチャー・ファンドの運用担当者に就任。三部作の下げ相場の二回目が投資家を襲い、有望ハイテク株が急落。

一九七〇年

ベンチャー・ファンドが年間運用成績トップとなり、ビジネス・ウィーク誌で称賛される。運用成績はやがて最下位に転落。

一九七三～一九七四年

三部作の三番目の下げ相場が到来。一九二九～三二年以来最大の下げ。ダウは一〇五一から五七七へ四五％急落。人気が高かったニフティ・フィフティ（素晴らしい五〇銘柄）の下げが七〇～九〇％と特にきつかった。ベンチャー・ファンドの最初からの投資家は五年後に利益がゼロになった。

一九七五年

デービス大使がスイスから帰国、三年前には五〇〇〇万ドルの価値があり今や二〇〇〇万ドルに目減りしたポートフォリオと再会。シェルビーがウェンディと離婚、すぐにゲイル・ランシングと再婚。ベンチャー・ファンドでの成功体験を参考に新たな株式選別手法を採用。

一九八一年

一九七〇年代の猛烈なインフレがようやく終息する。その後二〇年に及ぶ金利低下時代の幕開け。株式は二〇年続く上昇が始まるが、この時点では少数の楽観派しかそれを予想していなかった。

一九八三年

シェルビーの単独運用となり、ベンチャー・ファンドは七年連続S&P五〇〇に勝つ。

一九八七年

株価暴落。世界中がパニックになる中、デービスは猛然と株を買う。

一九八八年

デービスがフォーブス誌の全米長者番付ベスト四〇〇入り。当時、彼のポートフォリオは四億二七〇〇万ドル。シェルビーが信頼できる優秀な投信運用担当者としてフォーブス誌に選ばれる。

一九九〇年
クリスがニューヨークの祖父の事務所に就職。
一九九一年
クリスがデービス・ファイナンシャル・ファンドの運用担当者に就任。ダウが三〇〇〇到達。
一九九三年
アンドリューがデービス転換社債ファンドとデービス不動産ファンド（どちらも彼を想定して設定されたもの）の運用を担当。サンタフェに引っ越す。
一九九四年
デービスが死亡、九億ドル近い信託財産を保守的な目的のために残す。シェルビーとクリスはデービスの持ち株を売却、その代金をベンチャー・ファンドや他のデービス家関連のファンドに投資。デービス家の資産と知力がついに集約される。
一九九五年

クリスがベンチャー・ファンドの共同運用者に任命され、アンドリューはさほど派手ではない役割に満足。ダウが五〇〇〇に到達。

一九九七年
シェルビーが還暦を迎え、ベンチャー・ファンドが二八歳に。クリスがベンチャー・ファンドの単独運用者に任命され、シェルビーは助言役に。シェルビーは自分の財産から四五〇〇万ドルをユナイテッド・ワールド・カレッジの奨学金プログラムに寄付、自分が父親の財産を相続しなかったように、子供たちにも財産を残さないというシグナルを送る。

一九九八〜二〇〇〇年
アンドリューとクリスそしてクリスの新パートナー、ケン・フレイドバーグが疲れた上げ相場に挑む。

謝辞

デービス家の皆さんに心からの感謝の意を伝えたい。キャスリン、シェルビー、ゲイル、クリス、アンドリューとダイアナ・デービス・スペンサーは、長時間の取材と終わりのない質問に快く協力してくれた。デービス家の歴史について貴重な情報を提供してくれたいとこのカロム・デービスにも感謝したい。デービス・セレクテッド・アドバイザーズのパートナー、ラッセル・ウィーゼは参考になる意見を提供してくれた。デービス家の信頼厚い使用人、トレーシー・アバーマンはフォローアップ・インタビューの手伝いをしてくれた。

編集サイドでは、このプロジェクトの契約を結んだマイルズ・トンプソン並びにジョン・ワイリー・アンド・サンズの編集部で同プロジェクトを統括した編集長のジェニー・グラッサーにお世話になった。パブリケーションズ・ディベロップメント・カンパニー（テキサス）の校閲の方々には多くの文法的もしくは文章構成上の間違いを指摘してもらった。

ほかにもインタビューに応じてくださったジェレミー・ビッグズ、G・バーナード・ハミルトン、ジェームズ・レオ師、二人のジェームズ・ローゼンウォルド（本書に登場する日本株投資家の息子と孫）、リチャード・マーレー、フランシス・ハイド、ルイス・レビー、アーニー

・ウィルドリッツ、ジャド・ヒギンズ、アービング・カーン、ベティ・ステイジャー、ドロシー・ダニング、AIGのハンク・グリーンバーグ会長（そして秘書のモナ・ベネディット）にも感謝したい。

シフズ・インシュアランス・オブザーバーのデビッド・シフは広範な調査の手助けをしてくれた。ダイアナ・デソシオ（ニューヨーク証券取引所）、ポリー・ウォーカー（フィデリティ）、スコット・カルデル（フィデリティ・リサーチ）、ロバート・ハグストローム（レグ・メイソン）、ジェームズ・グラント（グラント・インタレスト・レート・オブザーバーの編集長）、サム・ストーバル（スタンダード・アンド・プアーズ）、ジェニファー・イアン（ニューヨーク証券アナリスト協会）、コニー・ピケット（フィラデルフィア・インクワイアラーの司書）、リサ・パンザー、エレン・スロアー、バービー・カイザー（ともに保険大学）からは貴重な支援をいただいた。

チャートとグラフについては、セキュリティーズ・リサーチ・カンパニーのマイケル・グミッターとシンシア・ミラー、AMベストのシャーリーン・クリストファーにお世話になった。ここに感謝の意を述べたい。

ジョン・ロスチャイルド

序章

このプロジェクトは当初、シェルビー・デービスというファンドマネジャーについての本を出版しようという話から始まった。一般にはあまり知られていないが、シェルビーのニューヨーク・ベンチャー・ファンドは投資家に莫大な利益をもたらしてきた。彼が運用を担当してからの二八年間で、同ファンドに投資した一万ドルは三七万九〇〇〇ドルにまで膨らんだ。この間、彼の年間運用成績は二二回も市場平均を上回った。この記録は、フィディリティでマゼラン・ファンドを運用したピーター・リンチに匹敵するものである。彼がいかにしてこれほど素晴らしい成績を残せたのか、わたしは興味をそそられた。

わたしたちはフロリダのパームビーチにあるシーフードレストランで夕食をとりながら話をした。周りは白髪交じりの頭と青のブレザーでいっぱいだった。シェルビーも青のブレザーを着ていた。細身で少年っぽい顔立ちだ。気さくながらも謙虚な性格で、話を自分自身のことから、ヒューレット・パッカードの最新の四半期決算報告書に向けようとした。彼は、事業環境の良し悪しにかかわらず業績を伸ばしている連邦住宅抵当金庫（ファニーメイ）のやり方を絶賛した。ウエルズ・ファーゴとノーウエスト間の銀行合併も、彼が話すとフランスの恋愛小説のようにわくわくするものに聞こえた。

話の続きは後日、ニューヨークの世界貿易センター九七階にある彼のオフィスで行った。会議用のテーブルについた彼は、知られざる投資家の輝かしいキャリアを細かく語ってくれた。彼によると、その卓越した株式投資術に大きな影響を与えたのは、もう一人のシェルビー・デービス、つまり彼の父親だという（老デービスもまたジョージ・ブッシュと同じように、「ジュニア」を付けずに自分の息子に同じ名前を与えたため、話がややこしくなる。以下のページでは混乱を避けるため、父親を「デービス」、息子を「シェルビー」と呼ぶことにする）。「父はわたしより優れた投資家で、五万ドルの元手を九億ドルにしました。それも、ほとんど保険株ばかりで」とシェルビーは言った。その話を聞いて、わたしは彼の父親のほうにも本の題材として興味を持った。

九億ドルという金額は、好奇心を刺激するに十分な数字だった。デービスは元フリーランスの作家で、共和党の選挙参謀やニューヨーク州保険局の副局長も務めた。一九四七年、彼は三八歳のときに公務員を辞め、経営学修士号（ＭＢＡ）や正式な経済学の訓練もなしに保険業界専門の株式投資家として身を立てる道を選んだ。当時はまだ「中年の危機」という言葉はなかったが、もしあったら、周囲の人々はデービスもそれに陥って気がおかしくなったに違いないと思っただろう。

それから四五年、デービスは自分のポートフォリオを見事に操り、ウォール街でも屈指の富を築いた。基本的に彼は、景気が良かろうと悪かろうと、世の中にビーバップがはやろうとビートルズがはやろうと、保険株を保有し続けた。アメリカの保険株が高くなりすぎると、日本の保険株を買った。彼が保有する日本の保険株は、一九六〇年代にまるで爆竹の音に驚いた鳩のように空高く舞い上がった。デービスがこの世を去った一九九四年には、投資元金が何と一万八〇〇〇倍にも膨れ上がっていた。

これはそのへんにあるサクセスストーリーではない。デービスの最初の投資金の出所は彼の妻、キャスリン・ワッサーマンだった。彼女はフィラデルフィアで大きなカーペット会社を経営する実業家の娘だった。一九四七年当時、ほとんどのアメリカ人にとって株に五万ドルも投資するなど夢のまた夢だった。だが結果は大成功で、感動的かつ希望に満ちたストーリーとなった。なぜならこの元フリーランス作家は中年になってから投資を始め、一代で億万長者になったのである。それなのに、保険業界以外では、初代シェルビー・デービスは二代目と同じくらい無名に近い存在であった。

「父は一九八八年にフォーブス誌の全米長者番付に載りました。でも、有名になったのはたった一五秒でした」とシェルビーは言った。フォーブス誌の話が出たことで、わたしは同誌の長者番付にはいわゆる「株式投資家」は登場しないことに気付いた。シリコンバレーの奇才、企業買収家、不動産開発業者、発明家、小売会社や製造業のオーナー、メディアの大物、石油王、銀行家など同リストの常連の中で、他人の会社の株に投資することによってそこに名を連ねたのは、彼以外ではあと一人しか知らない――ウォーレン・バフェットである。

わたしはシェルビーに、彼の父親とバフェットは面識があったか尋ねた。「何度か会っています。二人は知り合いで、共通点がたくさんありました」。シェルビーの説明によると、どちらも自分の金を何十年間も年率二三～二四％で増やす抜群の成績を残した[1]。二人とも保険株で大儲けし、バフェットにいたっては自分で保険会社を二つ所有した。二人の卓越した投資家が、ウォール街のプロたちに「古臭い」「退屈」「報われない」と見捨てられた業界に埋もれていた宝を発見したのは、単なる偶然だろうか。保険に目をつけたという点に強い興味が湧いた。

どちらも倹約家として知られ、大金を稼いでも質素な暮らしを貫いた。デービスは穴の開いた靴を履き、虫に食われたセーターを着た。テニスをするときでも、ずっと同じ古いボールを使った。バフェットは流行遅れのスーツを着たり、小銭をあくせく貯めたりした。バフェットに関する著書があるロジャー・ローウェンスタインによると、彼にはこんな逸話がある。一緒に旅行に行った友人がすぐに空港の公衆電話を使いたいので彼に小銭を求めたところ、バフェットはポケットから二五セント硬貨を見つけ出した（当時は一〇セント硬貨で電話がかけられた）が、急いでいる友達にそれを渡さず、売店で崩すためわざわざ長い通路を歩いていった。バフェットがすでに億万長者になってからの話である。

財産が七ケタ、八ケタ、九ケタと膨らんでいっても、二人とも一九四〇年代と一九五〇年代にそれぞれ買った質素な家に住み続けた（デービスの家はニューヨーク州タリータウン、バフェットはネブラスカ州オマハ）。バフェットの妻がつつましい家にふさわしくない一万五〇〇〇ドルもする家具を買ったとき、バフェットは「死ぬほど驚いた」という友人の証言が、ローウェンスタインの著書『ビジネスは人なり　投資は価値なり――ウォーレン・バフェット』（総合法令出版）に紹介されている。「それほどの金を二〇年間、複利運用したら一体どれくらい増えるか分かっているのか」と彼は怒った。デービスも、一ドルのホットドッグを孫に買ってやるのを拒んだとき、同じような説教をした。

財産が一〇億ドルの壁を破ったときはさすがに、庶民的なバフェットもつい気が大きくなって、社用ジェット機を購入している。彼はそのジェット機を「弁解不能号」と呼んだ。デービスはラジコン飛行機すら買わなかった。

バフェットとデービスは共通点が多いが、対照的な点も結構ある。バフェットはフォーブス誌の長者番付でトップになったこともしばしばある。デービスも長者番付に何度も顔を出したが、ランキング中位であまり目立たなかった。バフェットの功績は高く評価されている一方、デービスは一般的にはほぼ無名である。わたしは、「知られざる最高の投資家」とか「世界で二番目に偉大な株式投資家の秘密」といった文脈で、彼の父親だけについて書くというシェルビーの提案を真剣に考えた。

デービス本人から細かいことを知る手掛かりはない。彼は莫大な金融資産を残して一九九四年に他界したが、紙の記録はほとんど残さなかった。日誌や日記のたぐいはつけなかったし、自分が発行する週刊の保険ニュースレターもバックナンバーは保存したりしなかった。「チャブ（保険）を一〇〇株買い」など頭の片隅にある考えについても、メモ帳代を節約するため、古い封筒や切符の半券に走り書きした。そうした走り書きもゴミ箱に捨てられて今はない。

デービスが投資を始めたころの旧友や相棒は次々とこの世を去った。彼の妻、キャスリン（シェルビーの母であり、最初の五万ドルの出資者）はできるだけ思い出すことを約束してくれたが、この気丈な九〇歳代の夫人も夫の金融活動については何も知らなかった。彼女の世代の亭主は、仕事と家庭は別と考えていたからだ。

デービスに関する一番の情報源は、わたしが最初にその人について書こうと思った、彼と同じ名のファンドマネジャーだった。シェルビーは一九三七年に生まれ、父が会社を分析するのを見て育ち、企業の最高経営責任者（ＣＥＯ）を訪問する際に同行して、金をどう動かせば「七二の法則」[2]で決められたように増えていくのか学んだ。その単純な計算式は、かっぷくのいい建国の父、ベン・フランクリンの有名なことわざに面白いひねりを加えた。「一ペニー節約すれば、一ペニー稼いだのと同じ」であるだけでなく、「一ペニーを二五回複利で運用すれば、六七万一〇〇〇ドルになる」。

宝くじを買う人は、一〇〇万ドル当たる確率が、Ｏ・Ｊ・シンプソンがＤＮＡ鑑定に基づいて無罪になる確率より低いことを知っている。毎週一〇ドルずつ宝くじを買う若者がはかない夢をあきらめ、リターンが年率一〇％（デービスの基準からすれば控え目）の典型的なミューチュアルファンドに毎週一〇ドルずつ投資するとしたら、三〇年で確実に億万長者になれる。デービスが息子に伝えたのは、厳選された企業（彼はそれらを「複利装置」と呼んだ）の株を保有することに対する情熱、最高の複利装置を所有することが思いがけず大きな利益につながるという確信、不必要な消費（投資できる金を無駄にすること）に対する嫌悪、そして仕事一筋だった。シェルビーは、ファンドマネジャーとしての自分の成功が子供時代の訓練のおかげであることをあっさり認めた。デービスは、半世紀にわたって株式市場の荒波にも負けず好成績を残した常勝ポートフォリオを構築しただけでなく、つつましい仕事人間としてのその姿が、息子に同じくらい強烈な気迫を持ってその伝統を引き継ぐ準備をさせた。

青年期のシェルビーは、何から何まで父と同じだった。ローレンスビル高校（デービスと同じく全寮制の私立学校）に通い、（デービスの出身校）プリンストン大学では（デービスが出た新聞部に入り、裕福な家庭の娘と結婚した（これもデービスと同じ）。父と同様、シェルビーも歴史を勉強する傍ら、会計学の基礎や貸借対照表の読み方、証券分析のイロハを学んだ。彼もまた父と同じくスプレッドシート上の数字よりも経営者のリーダーシップという目に見えない資産を重視した。統計を重視しすぎて「木を見て、森を見ず」にならないよう心掛けた。

彼も父と同様、ＭＢＡへの道をあえて選ばなかった。デービスは言葉と行動でシェルビーに、ウォール街で最も人気のある学位がばかげたほどの類似性を生むことを納得させた。彼は人と同じことを避けたおかげで大儲けできた。人が右を行けば、デービスは左を行った。人が債券を買いまくっているときには株を買った。保険株についても、だれも見向きもしないときに、彼は買い集めた。シェルビーも父親譲りの独立心を発揮した。父と同様、株式投資の世界に身を投じるため、安定した職（彼の場合は銀行員）を捨てた。

父親にとって息子が自分と同じ道を歩んでくれるのはうれしいはずだが、デービスとシェルビーの仲は親密とは程遠かった。シェルビーの思い出の中にある父親は、影響力こそ大きいが、ぶっきらぼうでよそよそしく、注意散漫な、何かにつけて競争したがる人物で、よく家を留守にした。お互いうわべだけは心を許し合っている親子を演じながらも、シェルビーが十代のころから二人はずっと反目していた。

シェルビーは具体例を挙げた。デービスはシェルビーと妹のダイアナのために信託基金を設定した。しかし、自らの運用がうまくいきすぎて妥当と思われる以上の金がダイアナに渡りそうになると、彼女から金を取り上げようとした。また、シェルビーに対しては、年に一回、一切のコメントなしに自分の年間投資成績だけを送りつけた。まるで「勝てるものなら勝ってみろ」と言わんばかりの挑戦状だった。シェルビーは消極的な抵抗でそれに対抗した。デービスは大学生のシェルビーに教訓がましい手紙を出したが、彼はけっして返事を書かなかった。また、プリンストン大学の卒業が近づいたとき、デービスは息子を雇いたいことをほのめかしたが、シェルビーはその提案を拒絶した。「あんなにけちな父がまともな給料を払うはずがない」と彼は考えたのだ。シェルビーが自分で資産運用会社を始めたとき、デービスは投資しなかった。同じ遺伝子を持つ二人の才能豊かな投資家が、アイデアや褒め言葉を交わすことはめったになかった。デービスは健康を害するまで、驚異のポートフォリオの中身をけっしてだれにも教えなかった。

こうした話を聞いてわたしは最初、家族のドラマや並外れた倹約ぶりが、デービスの驚くべき投資ストーリーを味付けする面白いスパイスになると思った。ところが、よく考えると、二つの話は直接関係していることが分かった。倹約に励むことによって、デービスは最高のリターンを求めて投資するための資金を最大限に確保したのである。彼は家計における余計な支出を認めないのと同じように、企業についても過剰支出を嫌い、経営者が投資家の金を自分の家族の金と同じくらい大切にする企業の株を買う傾向があった。

彼の好きな経営者は、保険大手のアメリカン・インターナショナル・グループ（ＡＩＧ）のモーリス・〝ハンク〟・グリーンバーグ会長のように、情に流されない倹約精神おう盛な働き者である。デービスがポートフォリオに組み入れたのはＡＩＧを初め保険株だけだった。これらの銘柄は典型的な非保険株に比べて大幅に割安だったし、人気銘柄に比べると異常なまでに割安だったからである。ハイテクなどかつての花形株はやがて人気が冷め、そのうち見向きもされなくなった。何についても余計な金を払わないように心掛けたおかげで、彼はコスト意識の強い企業を破格の値段で買うすべを自然と身につけた。結局、彼が家庭、会社、ウォール街において貫いた哲学が、「成長株ならどんなに高値でも」という危険な流行に踊らされずに、「妥当価格の成長株」だけを買う投資術を可能にしたのである。

彼が子供たちに倹約の美徳を徹底的に教え込んだおかげで、彼の死後も、複利装置による財産形成の極意は脈々と受け継がれた。デービス家は資産がどんどん膨れ上がっても、家族全員で倹約に励んだ。子供たちは二〇代になるまで、わが家に何百万ドルもの大金があるとは知らなかった。シェルビーとダイアナは子供のころから、まき拾い、落ち葉かき、鶏小屋からの卵集め、雪かきなど、農家のような雑用をしながら育った。レストランでも、ロブスターやフレッシュオレンジジジュースは注文しないように教えられた。子供たちが裏庭にプールを作ってほしいと頼んだときデービスは願いに応じたが、条件がひとつつけられた。自分たちで穴を掘るという条件だ。彼の目標は、家の財産に頼らず自立できる子供を育てることだった。そうすれば、自分が蓄えた財産は、一番世の中の役に立つことのために残せる。投資というテーマに通じるところがあるせいか、デービスは、自由企業を応援し資本主義への政治干渉に反対するヘリテージ財団のような団体に、自分の財産を残すつもりだった。彼の金は、米国システムにおける過剰な税金や規制をなるべく排除し、資本の効率配分を促すのに役立つだろう。政府が投資家を優遇すれば、国全体が繁栄を極め続けられる。

投資の世界に身を投じてから最初の二〇年、デービスは保険株だけのポートフォリオで大勝利を収めた。一九五〇年代にはシェルビーも成人した。彼はバンク・オブ・ニューヨークで八年勤めた後、独立して友達二人と投資会社を設立した。しばらくして彼らの小さな会社は、誕生したばかりのニューヨーク・ベンチャー・ファンドの支配権を握った。ファンドマネジャーとしてデビューした年は、大人気のハイテク株への投資がずばり的中し、シェルビーは年間運用成績のトップに踊り出た。しかし、二年目は一九六九年から七〇年にかけての下げ相場に見舞われ、同じ株を保有し続けたせいで運用成績は最下位に転落した。作家が自分の文体を探すように、シェルビーは自分にふさわしい戦略を模索してポートフォリオを何度も入れ替えた。

一九七三年から七四年にかけての下げ相場が終わると、彼のベンチャーファンドは上昇気流に乗った。シェルビーは試行錯誤を繰り返しながら、どうにか独自のスタイルを確立した。それは父親のやり方を参考にしたものだったが、単なるまねではなかった。ベンチャー・ファンドのポートフォリオに保険株ばかり詰め込む代わりに、銀行、証券会社や、父親お気に入りの保険会社と共通した特性があるほかの会社にも対象を広げた。彼は「成長企業の株を破格の安値で仕入れ」、ほんの一握りのライバル投信を除いてほかをはるかにしのぐ成績を残した。

デービスはスイス大使を務めた後、一九七五年にアメリカへ帰国した。彼は前述二回の下げ相場で大損をし、財産を五〇〇〇万ドルから二〇〇〇万ドルに減らしていた。しかし、彼が保有する保険株はそこから反発に転じ、彼のポートフォリオも一九八〇年代半ばまでに急ピッチで膨らんでいった。しばらくすると、短期的に被った三〇〇〇万ドルの損失も、取るに足らないものに見えた。彼はその後一五年で実に七億五〇〇〇万ドルも稼いだのである。

これまでのところ、デービスが自分の投資術を一人で活用していた時期を「デービス時代」、息子と父が同時にしかし別々に投資をしていた時期を「シェルビー時代」と区分した。その次に来るのは「クリスとアンドリューの時代」である。祖父が投資人生の晩年を迎え、シェルビーが引き続きベンチャー・ファンドに携わっていたとき、彼の二人の息子は祖父デービスの戦略に基づいて自分たちのミューチュアルファンドを運営していた。

一九六〇年代から七〇年代に育ったクリスとアンドリューは、複利運用のマジック、「七二の法則」、そして投資の黄金律を補完する一族の奥義を学んだ。クリスは十代のころ、週末に祖父の事務所でアルバイトをした。夏には、メーン州にあるデービス家の別荘でコック兼運転手として働いた。彼は互いに反りが合わないデービスとシェルビーの両方とうまく付き合った。

ウォール街で働くようになる前、クリスはキューバのカストロ首相に心酔して自分の父を「資本主義の走狗」と非難したり、（あらゆる動物の言語を理解する）「ドクター・ドリトル」のような獣医になろうとしたり、スコットランド大学で勉強したときは（ネブラスカ州オマハに「少年の家」を創設した）「フラナガン神父」のような聖職者になろうとするなど、いろいろ回り道をした。そこから彼はデービス家の家業である投資の世界へ方向転換し、ボストンの銀行で訓練プログラムを受けた後、ニューヨークの小さな投資会社に就職した。一九八九年に祖父が彼を見習いとして雇った。その三〇年前にシェルビーが「けちな父がまともな給料を払うはずがない」と思って拒んだ職を、クリスは喜んで受け入れた。

一方、アンドリューはクリスみたいな風変わりな回り道をせず、デービス家の家業にすんなり飛び込んだ。彼はメーン州のコルビー大学で経済学と経営学を専攻した。卒業後、ボストンのショーマット銀行とニューヨークのペインウエバー証券に勤めた後、シェルビーが彼のために立ち上げた二つのファンド（投資対象はそれぞれ不動産と転換社債）の運用を任された。

家長は病魔に侵されていた。一九九〇年、デービスは八一歳のとき、心臓発作で倒れた。クリスがほぼ一人前になったと確信したシェルビーは、父のところからクリスを呼び寄せ、デービス・ファイナンシャル・ファンドの運用を任せた。これもまた第三世代に力を証明するチャンスを与えるために設立された新しいファンドだった。クリスは自分と祖父のオフィスをウォール街から五番街に移したが、世界貿易センターのオフィスにいるシェルビーと常に連絡を取り合うことでウォール街での足場を維持した。クリスがシェルビーと祖父を和解させようとしたおかげで、シェルビーは病床の父を見舞うようになり、デービスが一九九四年に息を引き取ったときも手を握ってみとることができた。

デービスの遺骨はメーン州に埋葬され、彼の資産はいくつかある一族のファンドに分散された。二人の偉大な投資家の成果がついにひとつにまとまった瞬間だった。現在は第三世代がこれらのファンドの運用を任されている。

この本は長期投資に関するものである。ここでいう長期とは、一五分とか四半期はもちろん、ひとつの景気循環よりはるかに長い時間を指す。最近は株を買ってずっと保有する「バイ・アンド・ホールド」の投資スタイルが注目されているが、デービス家はポートフォリオ運営についてだけでなく、巨額の財産を相続させないことで子供を自立した働き者に育てるすべについても、五〇年に及ぶケーススタディを提供してくれる。子供が家の財産に頼らなければ、その分を投資に回し、一族の資産は複利で増え続ける。これこそ真の長期投資であり、五年や一〇年どころか半永久的なものである。この本で紹介する彼らの型破りな投資活動は、大半のアメリカ人が株を持つことを恐れた一九四〇年代末から、大半のアメリカ人が株を持たないことを恐れた一九九〇年代までのものである。この間、彼らは長期の上げ相場を二回、調整を二五回、大幅な下げを二回、大暴落を一回、緩やかな下げ相場を七回、景気後退を九回、大きな戦争を三回、大統領の暗殺、辞任、弾劾を一回ずつ経験している。その間には、金利上昇の年が三四年、金利低下の年が一八年、長きにわたるインフレとの戦い、株安・債券高と株高・債券安の時期、株も債券も値下がりして金が値上がりした時期、そして株式投資より銀行預金のほうが報われた時期すらあった。デービス家の人たちがこうしたさまざまな局面にどう対処したかを見ると、良い時と悪い時に株がどう動くかが分かる。

ミスター・マーケットの二〇世紀の歴史は、デービス家の家系図を通して、緩慢な回復期をはさんだ三回の大幅上昇期と二回の大幅下落期に凝縮できる。株が値上がりしたのは、一九一〇～二九年、一九四九～六九年、一九八二年から現在の三回である。だいたい二〇年続いたこれらの上げ相場はいずれも、経済が活況を呈し、夢の新技術が登場、企業収益が伸び、バリュエーションが急上昇した時期である。消費者には自由に使える金があり、それを支出する傾向があった。

大幅な下げに見舞われたのは、一九二九～三二年と一九七〇～七四年の二回である。一九二一～二九年と一九四九～六九年に生み出された株式市場の富は、こうした下げ相場で消えてしまった。一番人気のある業界の一番人気のある銘柄を保有していた場合は、最も傷が深かった。しかも、一般の投資家は上げ相場の終盤から買うことが多いため、大勢の小口投資家は余計に痛い目に遭った。ミューチュアルファンドを通じた投資は株を直接買うより安全と思われていたが、平均的なファンドは平均的な株と同じかそれ以上の値下がりを記録した。

回復局面においては、株式は気迷い商状が続いたり、突然反発したり、いきなり驚くほど下げることがある。相場の回復には一九三二年の底からでは二〇年以上、一九七四年の底からだと八年近くを要した。どちらの回復期にも、大衆は株式に愛想を尽かした。

マーケットの荒波にも負けず、デービス家はその株選びの極意を駆使して好結果を残し続けている。読者もそれを応用することで、株式投資で利益を上げられるだろう。

第一章　デービス　出資者に出会う

シェルビー・カロム・デービスは一九〇九年、イリノイ州ペオリアで生まれた。この町については「ペオリアで通用しますか」という有名なフレーズがある（新しいアイデア・商品などが一般市民に受け入れられるかという意味。ペオリアは人種構成などでアメリカのごく平均的な町とされ、この「アンテナタウン」で受け入れられれば、全米で成功するとされたことから）。家系図を見ると、母方の先祖はメイフラワー号でアメリカに渡ってきた人物で、父方の先祖はジェームズタウン（英国初の北米植民地）の最初の入植者である。彼と同じ名の大叔父、シェルビー・カロムはかつてのイリノイ州知事で、下院議員を四期、上院議員を六期務めた。

当選した途端に口利き料などで手っ取り早く金儲けしようとする政治家が後を絶たないのに、二〇世紀の第三世界に見られたような有名政治家一族がアメリカで生まれなかったのは驚きだ。この国のあらゆる町、市、郡のジャーナリストは記事にする汚職には事欠かなかったが、汚職政治といえどもある程度は民主的な側面があったからだろう。そうでなければ、カネにまみれた政治の世界で大金持ちの日和見政治家が数多く生まれていたはずである。メイフラワー号でこの国に来た先祖を持つ有力上院議員たちは血筋によって地位を得たかもしれないが、名門というだけで勘定を払わずに済むわけではなかったのだ。

デービスの大叔父、シェルビー・カロムはカネのために政治家になったわけではなかった。実際、彼は鉄道を経営する大富豪たちとの闘いに政治家人生を捧げた。彼は一夫多妻制に反対するのと同じくらい毅然として、ハリマン、バンダービルトなど鉄道界の大立者に立ち向かった。一九世紀のアメリカ農業地帯では、一夫一婦制は農業貨物の適正運賃と並ぶ選挙の争点だった。

鉄道業界の大物たちはひとたび主要ルートで競合するライバルを買収または追い出すと、家畜、小麦、トウモロコシなどの食料品を運ぶのに法外な運賃を吹き掛けた。同じように莫大な利益を夢見て、銀行から紙マッチに至るほかの業界でも、有力者が事業独占をたくらんだ。さまざまな業界で独占が相次いだ結果、消費者が猛烈に抗議し、政治もそれに応えた。議会が規制強化を通じて自由企業を復活させる新たな法律を成立させ、裁判所もこれを支持した。デービスの大叔父はそうした運動の先頭に立った。彼は鉄道業界の陰謀を阻むため州際交通委員会の創設に尽力した。同委員会は一八八七年に設立された。一九一二年、八二歳のとき、カロム上院議員は六選を果たしたが、任期半ばで他界した。当時五歳のデービスも葬儀の列に加わった。

カロムが生きていたころは、アメリカで一番の成長産業は鉄道だった。その経営者はまるで「大軍隊の将軍のようだった」とデービスは後に書いている。インターネット・スーパーハイウエーの一九世紀版とも言うべき「鉄とシリンダーのスーパーハイウエー」は人々の想像力をかき立て、それまでのどんな建設事業より多くの投資家を引き寄せた。一八〇〇年代半ば以降、大衆は東海岸から西海岸を貫く線路の敷設に資金を投じ、無尽蔵に発行される株式や債券を現金と交換した。株式市場が不人気のときは、鉄道会社は社債を発行して事業拡大に必要な資金を調達した。理論的には、企業が発行する借用書は株より安全なはずだ。株式の場合は発行体に株主への返済義務がないのに対し、社債の場合は社債保有者へ利息をつけて元本を返済する義務があるからだ。しかし、実際には「株より安全な」はずの社債も、少なくとも二世代の鉄道投資家にとっては悲惨な結果を招いた。社債による資金調達に走った鉄道会社は膨大な利払い負担を抱え、支払い義務を果たせないこともしばしばだった。こうした会社は、景気後退やほかの危機のときに、債務不履行を選択して倒産を繰り返すことによってキャッシュフローの問題を解決した。

「大軍隊」への投資家は高い授業料を払って、将来が大変有望な成長産業もその金融支援者にずっと報いる保証はないという教訓を学んだ。鉄道はアメリカで最も信頼できる優良産業としてもてはやされたが、投資成果は信頼を大きく裏切るものだった。株主はパニックや下げ相場のたびに「値下がりしにくい」はずの鉄道株が大きく値崩れするのを経験した。債券保有者も、元本の回収は運頼みだった。

アメリカの鉄道プロジェクトにおける最大の被害者は、海外の投資家である。特に英国勢は、二〇世紀末の躍進するアジア市場への投資の誘惑にアメリカ人が抗し切れなかったのと同じように、一九世紀半ばの躍動する米国市場への投資の誘惑に勝てなかった。結局、米国の線路敷設・鉄道建設プロジェクトに投じられた多額の英国資本が失われ、図らずも膨大な慈善事業になってしまった。グローバルに活躍する資本家は、こうしたリスクに重々注意しなければならない。最新の新興産業が急成長しているからといって、熱狂的な海外投資家が必ずしも大きな利益を上げられるとは限らない。アメリカの鉄道がそれを証明している。

デービスは鉄道投資に熱中するには若すぎたし、彼の両親（父ジョージ、母ジュリア・カロム）も株や債券とはまったく縁がなかった。街角に所有する不動産から常に収入があったので、一家はペオリアで悠々自適に暮らしていた。この定期収入のおかげでジョージは金銭的な野望を抱かなかった。

ジョージ・デービスはプリンストン大学で建築を学んだ後、わずかな期間だが実業家として活躍し、成功を収めた。アラスカがゴールドラッシュに沸いていた一八九八年、彼も太平洋岸北西部に駆けつけたが、有望な採掘場所を発見して囲うには時期的に遅すぎた。しかし、先に到着した多くの人が冬場に馬にやる飼料を持っていないと聞いて、彼はシアトルではしけを借り、干し草をいっぱい積んでアラスカまで運んだ。干し草は言い値であっという間に売り切れた。どこにでもある商品にうまく目をつけたジョージ・デービスは、金を掘り当てたほんの一握りの人を除いてだれよりも大儲けした。もっと大きなスケールで同じことをズボンでやったのが、リーバイ・ストラウスである。

ペオリアに戻って名門カロム家の娘と結婚すると、ジョージ・デービスは建築事務所を開業したが、たまにしか仕事をしなかった。彼はいつもウォール街の銀行家のような格好をして、周りの人に自分を大学時代のニックネーム「ジャッジ（裁判官）」と呼ばせた。編集者に手紙を書いたり、「仕事に行く」と称して毎月の家賃を集金にいったりして時間を過ごした。

デービスが子供のころはずっと、賃貸収入で何不自由ない暮らしを送れた。地元カントリークラブに会員権を持ち、二人の息子を名門私立高校からプリンストン大学に行かせるほどのゆとりがあった。そのうえ、タバコを吸わなかった褒美として二人の少年に毎年一〇〇〇ドル渡せるだけの十分な現金もあった。彼は自分が喫煙で肺がんを患ったので、子供に同じ間違いを繰り返してほしくなかった。

ぐうたらな父親を反面教師として育ったおかげで、世界で二番目に優れた株選びの名人になる少年は、投資で成功する下地を培った。小さいころからデービスは、一生懸命働こうと誓い、家族を堕落させるぜいたくは慎もうと心に決めた。夏休みや放課後に地元でいろんなアルバイトをした。街角に立って新聞を売り歩いたこともある。彼が抱えていた新聞の中には、第一次世界大戦の終わりを告げるものもあった。これは男の子ならだれでもやる普通の仕事で、世界一の株選びの名人バフェットが子供のころに考え出した金儲けほど独創的なものではなかった。彼に関する本によると、若きバフェットは友達を雇って地元オマハのゴルフ場の池に落ちたボールを潜って探させ、回収したボールを店に売った。

大恐慌のせいで定期収入が途絶え、一家が節約を迫られるまで、デービスはずっとペオリアを離れていた。彼の父「ジャッジ」は突如として倹約に目覚め、「使い切れ、とことん着ろ、なしで済ませろ」というのが口癖になった。彼は倹約精神にとりつかれ、こんな逸話を残している。息子を訪ねるため東へ旅行していたとき、彼はわざわざ列車を降りて電報局を探し、「家を出るときは、電気時計のコンセントを抜くのを忘れるな」という電報を妻に打った。

学業については、デービスはローレンスビル高校とプリンストン大学で優秀な成績を収めた。彼はどちらの学校でも校内新聞の編集長を務めた。ローレンスビルでは、「将来一番出世しそうな学生」に選ばれた。プリンストンでは、チャーターという二流の社交クラブに入ったが、クラブが彼のユダヤ人のルームメート、トリバースを除名したとき、自分もやめると脅した。トリバースがしつこく頼むので、彼は仕方なくチャーターに残ったが、本音ではもっと堅苦しくない人たちと付き合いたかった。ボヘミアン的自由奔放な考えをする彼は、アライグマのコート、銀の魔法瓶、金の時計などこれ見よがしのぜいたく品を買うことを軽蔑した。彼の父親の節約もだんだん板につき、後にそれも報われることになる。自分の収入以下の暮らしをしたおかげで、最大限に活用するための資金を捻出できた。

学生時代のデービスは経済学や金融にまったく関心がなかった。彼は歴史を専攻し、ロシア革命について多くの文献を読んだ。金融関係の本でアメリカ初のベストセラーとなった『普通株による長期投資（Common Stocks As Long-Term Investments）』が書店に登場した一九二四年、デービスは高校生だった。その本の著者、エドガー・ローレンス・スミスは、「株は信頼できるもので、未亡人や孤児でさえ保有するに値する」と主張した。これは、株を競馬と同列視する当時の風潮を真っ向から否定するものだった。今日でもよく聞くような言葉を使い、スミスは「アメリカは素晴らしい経済的繁栄が約束された『新時代』にある」と熱く語った。

スミスは一九二〇年代半ばの状況について、今日の「輝ける時代」では、投資家も消費者も、世界市場において米企業に優位をもたらす「企業経営という新進の科学」から恩恵を受ける立場にあると書いた。

一九二一年の安値では、ダウは六三ドルと一八八八年の水準にとどまっていた。一九二九年のピークであるダウ三八一ドルに向かって株価が上昇するにつれ、スミスの熱意も一般に受け入れられていった。一〇年前には株式市場に見向きもしなかった人々が、上げ相場の終盤から株に熱を上げるようになった。このころ、アメリカのミューチュアルファンドの草分けであるマサチューセッツ・インベスターズ・トラストとステート・ストリート・インベスティング・カンパニーがボストンで開業した。典型的な投資家は業績に注目するのではなく、配当狙いで株を買った。優良銘柄と目された鉄道株は、安全なリターンを求める保守的投資家層を引き寄せ続けた。この時点で、鉄道は国内で生産・販売されるすべての鉄鋼、石炭、木材、燃料油の二〇%を購入していたので、「アメリカの二〇%産業」と呼ばれた。強気筋は、「鉄道会社は不安定な青年期を過ぎて確固たる地位を築いたので、つぶれるはずがない」と主張した。鉄道株指数は過去一〇年で二倍以上になっていた。

デービスがスミスの本を読んだかどうかは定かでないが、あれだけ話題になった本を知らなかったとは思えないし、借金で株を買って大儲けした「信用取引長者」についての派手な新聞記事を目にしなかったとは思えない。

彼が本格的な株式投資を始めるのはそれから四半世紀ほど後のことだが、デービスはフランスの列車の中で将来の出資者に出会った。彼の投資の元手を作ったのは、ペオリアの賃貸収入ではなく、織物だった。そのお金は通路の向かい側に座っていた女性の信託基金に蓄えられていた。キャスリン・ワッサーマンは将来夫になる人物を品定めした。スキー焼けした男は、皮のひじ当てがついたおしゃれなツイードの英国調ジャケットといういかにもアイビーリーガーらしいいでたちだった。彼女は彼のボディーランゲージ（恥ずかしそうな目つき、前かがみの肩）が良家の子弟らしい服装と似つかわしくないことに気づいた。女性の前で緊張しているのが分かったので、彼から先に口を開くことはないだろうと思い、自分から「次の停車駅はジュネーブですか」と話し掛けた。

二人ともジュネーブで降りることが分かった。そのうえ二人とも、ロックフェラー家主催の、世界中から優秀な生徒が集まるスイスの同じサマースクールに入ることになっていたのだ。ロックフェラー家は、頭脳明晰なこれらの生徒の一部がいつか自国の政府を動かすようになったとき、一緒に過ごした楽しい日々を思い出し、互いに戦うことを避けるようになってほしいと願っていた。その目標は楽観的なものだったが、同校はすでに旅の途中でデービスとワッサーマンという一組の有望な同盟を誕生させていた。

デービスがメイフラワー号の乗客の末裔なのに対し、ワッサーマンはエリス島（一八九二〜一九二四年に移民受け入れセンターがあった場所で、アメリカに移住した一六〇〇万人が通過した新大陸への入口）にたどり着いた移民だった。しかし、彼らは互いに共通点が多いことを知った。どちらも名門大学（プリンストンとウエレスレイ）の出身で、ロシアの歴史について勉強していた。二人ともスイスに向かう前に、ロシア国内やその周辺を旅行していた。デービスは学術旅行でレニングラードとモスクワを訪れた。ワッサーマンはコーカサスの荒野を馬で旅した。彼女はジプシーと同じ野営地にテントを張って野宿し、部族の長と物々交換したり、何人もの好色な男たちにひじ鉄砲を食らわせたりした。

二歳年上のワッサーマンは、デイリー・プリンストンの元編集長よりも恋愛経験は豊富だった。姉の「残りもの」である年上の男たちと付き合ってきた彼女にとって、デービスは「坊や」に思えた。

最初のデートでスイスの公園を散歩した二人は、余計な出費を避けながらロマンスを花開かせた。彼らは故郷のペオリアとフィラデルフィアについて交互に話した。デービスは、ワッサーマン家の三兄弟、ジョセフ、ハワード、アイザックがいかにして一八九五年にフィラデルフィア・カーペット・ミルズを、その後すぐにフィラデルフィア・パイル・ファブリック・カンパニーを設立したかを知った。二社は合併してカーペット会社アート・ルームになった。同社はリーハイ・アベニューの一ブロックを丸々占領していた。アート・ルームは一九二五年に株式を公開した。

三人の中で発言力が一番大きかったジョセフ・ワッサーマンは、ニューメキシコで小売業をした経験があった。彼の兄、アイザックは織物を傷つけずにじゅうたんを半分にする方法を発見した。これはほかの業者にはまねのできない技術で、ワッサーマン家の大きな武器となった。彼らは一台の織物から二枚のカーペットを作ることができた。一番下の弟、ハワードは梅毒の早期検査法であるワッセルマン反応（彼らのドイツの遠い親戚による医学的功績）を受けることを拒み、梅毒で死亡した。

アメリカでは織物の消費が伸び、カーペットは作る端から飛ぶように売れ、繊維株は一躍人気を集めた。

ジョセフは熱烈な婦人参政権論者であるエディス・スティックスと結婚した。夫のじゅうたん工場でストが起きたとき、彼女は従業員の味方をして独立心を発揮した。「彼らの言うとおりにすればいいさ。その代わり、アート・ルームはおしまいだ」と夫が警告したときも、エディスは彼を無視したが、ベッドの中では別だった。彼らは二男（一人は幼いころに死亡）三女（キャスリンが一番下）をもうけた。ワッサーマン家の子供たちは良家の伝統にのっとって育てられた。男の子はビジネスを学び、女の子は芸術や音楽と亭主の見つけ方を学んだ。当時、優秀な女性は、美術館、病院、学校、財団、学術団体などで「女の仕事」をした。女性は、ビジネスと何らかの関係がある「男の仕事」からは締め出された。

彼らは頻繁に世界各地を旅行し、フィラデルフィアのウィッサヒコン・アベニューにある自宅を素晴らしい古美術品やエキゾチックな土産でいっぱいにした。この家を訪れた人たちは、イギリスやイタリアの古い家具、オランダやドイツの絵画、フィリピーノ・リッピ（イタリアルネサンスの画家）、ブロンジーノ（フィレンツェの宮廷画家）、ゲインズボロ（英国の肖像・風景画家）の作品やシリアガラス、一〇〇〇年前の中国彫刻などをうらやましげに眺めた。彼らはヨーロッパを縦横に旅行し、ギリシャとパレスチナを回り、陸路でロシアや東洋にまで足を伸ばした。一九三〇年代に、彼らは中国で一六世紀の寺院を購入し、それを解体して箱詰めにし、船でアメリカまで運んだ。これはフィラデルフィア博物館の東洋ウイングの目玉展示物になった。

何度目かの欧州旅行で、キャスリンはパリの高級ホテルでカーペットにインクをこぼしてしまった。父がカーペットのラベルを調べたところ、彼女が汚したのはアート・ルーム社の製品だった。彼はそのホテルに無料で代わりのカーペットを送った。

デービス家の資産が減っていたころ、ワッサーマン家の財産は移民のエネルギーをもとに急激に増えていた。未来の娘婿と同様、ジョセフも勤労を愛し、消費を嫌った。彼の妻は消費を愛し、仕事は人に任せた。彼女は運転手付きの車を乗り回し、家にはメイドやコックをたくさん雇った。その一方で、彼女のぜいたくの元である亭主は仕事場まで市電で通い、紙袋に入った昼食を取った。キャスリンは政治に関しては母の味方（エディスは民主党員で、ジョセフは共和党員）だったが、倹約や賃金労働の美徳については父と同じ考えだった。ある夏、キャスリンが「文学的職業」の求人に応募したところ、それはワールド・ブックという百科事典の訪問販売の仕事だった。「母は断るように言ったけど、知り合いに売らされないかぎり、その仕事をすることにしたの。家族の友達に押しつけたくなかったから」とキャスリンは当時を振り返った。

ワールド・ブック社は彼女を自宅から離れた地区の担当にした。彼女は独自の販売方法を考案したが、用心深くなった今日の消費者には通用しないだろう。通りでミニ野球をしている子供を呼び止め、その中の一人の少年に名前と住所を聞く。当時は見知らぬ人と親しくするなと教育されていなかったので、子供たちは簡単にその程度のことは教えてくれた。家を探して、玄関のベルを鳴らす。少年の母親がドアを開ける（当時は母親が家にいるのが当たり前）と、彼女は自己紹介する。そして「お宅の息子さんのトミーについてお話にきました」と子供の名前をさりげなく出す。

「うちのトミーが何かしたのでしょうか」と母親は心配そうに尋ねる。母親はいつも自分の息子が何か悪いことでもしたのかと考える。「彼はいい子ですよ」とキャスリンは進んで答え、話をトミーの教育に持っていき、ワールド・ブックがいかに彼の役に立つかを説明する。トミーの父親が仕事から帰る時間を見計らって、彼女は契約を決めるため、夜にその家を再び訪れる。当時は、父親がすべての決定権を握っていた。

第二章 大恐慌からヒトラー危機まで

一九三〇年の秋、デービスと彼のガールフレンドはニューヨークのコロンビア大学で修士号を取るため、スイスのサマースクールから戻ってきた。彼らはキャンパスに近いインターナショナル・ハウスに住み、そこから授業に通って、論文に取り組んだ。未来の大投資家もまだデビュー前で、株価大暴落とその余波に巻き込まれなかった。親からもらった財産で学費を払い、二人は普通の大学生と同じように何かと節約した。彼らはウォール街からのニュースよりもモスクワの赤の広場からのニュースに夢中になった。デービスはまだ株を持っていなかったため、同時代の多くの人間を一生株嫌いにしたトラウマを免れた。キャスリンも株嫌いにならずに済んだ。ワッサーマン家は、株ではなく国債に投資していたおかげで株価の大暴落で何も失わなかった数少ない賢明な一族だった。当時アメリカでは大暴落によって、四〇〇万人から五〇〇万人にのぼる株主が合計で三〇〇億ドルも失ったといわれる。「じゅうたんビジネスは十分危険だ。だから、貯蓄に関しては保守的にやりたい」とジョセフ・ワッサーマンは子供たちに言った。彼は一九三七年に亡くなるまで、資産を債券だけで運用するポートフォリオを貫いた。もし彼がいなかったら、後にデービスが保険株に投資する元手も、一九二九年から三二年にかけてのすさまじい株安に飲み込まれていただろう。

景気は一九三一年まで停滞が続いた。物価は一八七〇年代以来の安値に沈んだ。価格下落によって、あらゆる業種で利益が落ち込んだ。企業は人員整理や賃金カットを余儀なくされた。金持ちが貧しくなると、貧乏人はもっと貧しくなった。家計が苦しい消費者があまり買い物をしなくなると、店の主人は値下げをし、そのせいで利益がさらに落ち込むという悪循環がどんどん深刻化した。「古い車に一年長く乗ったり、家の塗装を我慢したりした。擦り切れたコートをずっとそのまま着た」とデービスは書いている。

それは、専門家を当惑させたデフレの教科書的ケースだった。ウォール街の大混乱を予想する者はいたが、経済的苦境を予測した著名な経済学者は、記録に残っているかぎり一人もいない。金融市場の関係者は、「経済は『健全』で『パワフルすぎて止められない』」。連邦準備理事会（ＦＲＢ）は幸せな結末を演出できる」と自信たっぷりだった。金融パイプラインのバルブを開けたり閉めたり、金利を上げたり下げたり、そして必要なときは紙幣を増発することによって、その魔法の役所は、景気の極端な浮き沈みをなくすパワーを持っていた。あるいは、人々はそう思っていた。

それでも、暗黒時代が文化を破壊したほどには、大恐慌が経済を破壊することはなかった。一九三二年にはジッポーのライター、フリトーのコーンチップス、スキッピーのピーナツバター、スリー・マスカティアーズ（三銃士）のキャンディバーが小売店の棚に登場した。レブロンが創業したのも同じ年だった。暮らしが途絶えることはなく、人々は消費を続け、じゅうたんを買う人もいた。景気が最悪のときでさえ、アート・ルーム社の事業は順調だったが、それも欧州やアジアからの輸入品に高い関税が掛けられたおかげだった。ほかの忠実な共和党員同様、ジョセフ・ワッサーマンも建前では自由市場を称賛し、政府の干渉に反対しながらも、じゅうたんに関しては自由市場に反対し、政府の干渉を望んだ。彼はより高い関税を織物に掛けるよう連邦貿易当局に強く働きかけた。

一方、勉強家のカップルは一九三一年秋に優秀な成績でコロンビアを卒業した。デービスは「一人より二人で暮らしたほうが安上がり」という古い文句で彼女にプロポーズし、キャスリンはそれを受け入れた。デービスは、自分が仕事を見つけて給料をもらうようになるまでは、二人の結婚を秘密にしたいと言った。一九三二年一月四日、彼らはニューヨークの市役所でひっそり結婚した。地元ゴシップ紙の記者が極秘結婚をかぎつけ、キャスリンがフィラデルフィアの著名な一族の出であることを知ると、彼女の両親に電話でコメントを求めた。式は彼らの出席なしに行われたが、ワッサーマン夫妻は結婚を応援し、後にフィラデルフィアで若い二人のためにパーティーを開いた。デービスの父はその祝宴のため飛行機で駆けつけた。彼が飛行機に乗ったのは、そのときが初めてだった。彼は、デービスが大学生のときに死んだ自分の妻の結婚指輪を持ってきた。市役所での結婚式が再演されるなか、デービスはキャスリンの指に母の指輪をそっとはめた。母の形見のおかげで彼は高価な買い物をせずに済んだ。

キャスリンがシェルビー・デービス夫人になったのと同じ月に、株価は底を打った。ダウ・ジョーンズ工業株平均は二年半で史上最高値の三八一ドルから史上最安値の四一ドルまで実に八九％も下げた。下落が長引いたことは、一九二九年の大暴落そのものよりはるかに深刻な打撃を与えた。一九二九年は株価がすぐに急反発し、年末時点のダウは一七％の下落にとどまった。しかし、一九三二年までに投資家は徹底的に打ちのめされた。八九％も値下がりして、落ち込まない人間がいるだろうか。元手の九倍の相場を張る信用取引プレーヤーは、投資金以上の損失を被った。こうした投機家は取引の担保として自宅やほかの資産を差し入れていた。投資に失敗したときは、貸し手がこれらを処分して支払いの一部に充てた。金鉱株は、その保有者を裏切らなかったほぼ唯一の銘柄である。金価格は連邦政府によって固定されていたので、この金属は最悪の事態に備えたヘッジとして人気が高かったのだ。ホームステーク・マイニング株は一九二九年に売り込まれた後、反発に転じ、一九三二年には最高値を付けた。何百もの株が引き続き値下がりしていたことを考えると、この成績は特筆すべきものである。あのゼネラルモーターズ（GM）株でさえ典型的なパターンをたどり、四五ドルから四ドルまで値崩れした。一方、「安全」といわれる鉄道債を含む多くの社債は、利払いが止まった。大きな打撃だったストや労働争議に加え、一九三二年に鉄道輸送量がいきなり落ち込んだため、鉄道会社は債務不履行に追い込まれた。鉄道会社は債務が業界の総資本の三分の二に達し、株の投機家と同じくらい危ない橋を渡っていた。

デービスにとって将来の活躍の場となる保険業界もひどい状況にあった。一九世紀から続く数社（USF&G、コンチネンタル、ホーム）を含む名高い保険会社の株は、一九二九年から三二年にかけてほかの銘柄と一緒に大きく下げた。一時は一〇〇ドルしていたホーム株も底値ではたった二ドルだった。これは極端な例だが、とんでもない話ではなかった。投資の失敗や財務状態の悪化が原因で、一九二九年から三四年に最低でも三四の保険会社が倒産した。最強の会社ですら、保有する住宅ローン債権の相次ぐ焦げ付きに直面した。メトロポリタンは支払い不能に陥った農家から二〇〇万エーカーの土地を差し押さえ、その不動産を管理するため社内に「農業部」を設置した。

多くの契約者が月々の保険料を払えなくなり、保険会社は収入面においても危機に見舞われた。大手のエクイタブルは解約により顧客の半分近くを失った。解約した人の多くは、解約返戻金の支払いを求めた。どんなに資本力が強くても、保険会社にとって大量解約は、銀行にとっての預金の大量引き出しと同じくらい恐ろしいものだった（インシュアランス・カンパニー・オブ・ノース・アメリカ――ＩＮＡ――だけは業界の混乱をよそに利益を上げていた。超保守的な資産運用と厳格な引き受けのおかげで、ＩＮＡは一九二九年から一九三五年まで毎年黒字を計上した。同社が余剰金を取り崩したのは、株主に年間配当を払うための一回だけである）。

一九三三年初め、各州保険当局のコミッショナーは、減少する保険業界の資産を取り付けから守る手段として、解約に関するモラトリアム（支払猶予）を宣言した。「アメリカ合衆国は現金化できません」というタイトルのパンフレットが業界の出資する広報会社によって配布された。それには、保険会社全体を破滅から救い、契約者が自分の家、ビジネス、生命に対するすべての保償を失わないようにするには、モラトリアムが必要と説明されていた。「保険会社は、自らに責任のない金融状況の犠牲になった」とパンフレットには書かれていた[1]。規制当局の好意によってのみ保険会社の命脈は保たれた。大きく下がった時価より高い水準での資産評価を認めることによって、監督機関は保険会社に表面的な健全さを取り繕うことを許した。

銀行もまた、パニックになった預金者が地方の支店に大挙して押し寄せ、預金の払い戻しを求めたとき、同じような苦境に直面した。規模が大きかろうと小さかろうと、そうした取り付けに対処できるほどの現金を常に用意している預金機関はひとつもない。だから、パニックが起きると、結果は明らかだった。銀行システムに対する信頼を失い、虎の子の預金を取り戻そうと必死になった預金者によって、何百もの銀行が倒産に追い込まれたのである。当時、預金保険はまだ考案されていなかった。

相場が大底近くにあったとき、保険のスペシャリスト、フランク・ブロコウが保険株を盛んに推奨し始めた。一九三二年、彼の小さな証券会社は、アメリカン・エージェンシー・ブレティンに次のような広告を出した。「保険会社の株価は、時期がくれば一気に健全化するのが確実な会社の実態から正当化できる水準を、はるかに下回るレベルまで押し下げられている」。ブロコウの会社の従業員だったE・C・ウィルキンソンは、「その広告を出した二週間後、保険株は保有資産の清算価値の半分程度で取引されていた」と語っている。

ウォール街ではよくあることだが、ブロコウの分析は正しかったが、タイミングが間違っていた。保険株が本格的に反騰するのは、デービスがブロコウと組むそれから一五年後のことである。

新婚の二人は、保険株に特別な関心は持っていなかった。彼らは出会いの地であるジュネーブで開かれる世界軍縮会議に出席し、その後、ジュネーブ大学で博士号を取るため、船でヨーロッパへ向かった。当時は解雇された大勢の労働者が必死に就職先を探しており、デービスは就職を断念した。無駄に仕事を探すより、講義や会議に出たほうがましだと思った。船上、彼とキャスリンは同じ会議に出席する仲間の代議員たちに囲まれた。ワッサーマン夫妻は結婚祝いとして彼らを一等船室に乗せてくれた。

デービスは幸運にも、陸であきらめた働き口を海で見つけた。彼とキャスリンは大食堂で、軍縮会議を取材にいく途中だったCBSラジオの特派員、フレデリック・ウィリアム・ワイルに出会った。ワイルはその場でデービスを週給二五ドルでジュネーブでのアシスタントとして雇った。キャスリンは会議に出席したが、デービスは急ごしらえのワイルのスタジオで働いた。インタビューの手配をしたり、本番が始まるまでゲストの世話をしたりした。生放送中は、マイクの前に座ったワイルの隣に立っていた。ラジオなのでリスナーには分からないのに、番組の威厳を保つため二人ともタキシードを着て仕事をした。

一九二〇年代のラジオ株は、一九九〇年代末のインターネット株と同じように大人気だった。どちらのケースも、媒体の輝きが投資家の目を曇らせ、ビジネスの実態を見えなくしてしまった。

当時はヒトラーが権力の座に上り詰め、日本が満州を脅かしており、軍縮会議は失敗に終わった。それが軍拡会議だったら、もっと関心を集めていただろう。不干渉主義者を自認するデービスは、ヒトラーを容易ならぬ戦争挑発者と認識しながらも、アメリカがそれに対抗するのは反対だった。互角の力を持つドイツとロシアがつぶし合えば、ヒトラーの問題は自然と解決すると、彼は考えていた。

軍縮会議が解散し、ワイルがアメリカに戻った後も、デービスは欧州駐在のレポーターとしてCBSラジオで働いた。アメリア・イアハートにインタビューするため、彼は張り切ってパリに向かった。それが彼のレポーターとしての初仕事だった。二年半にわたり、彼はラジオの仕事でヨーロッパ中を回り、二冊（一冊は自分の修士論文）の本を出版した。一方、彼とキャスリンはいずれもジュネーブ大学で政治学の博士号を取得した。彼が仕事で旅に出ていたとき、キャスリンは借りた部屋にこもり、宿題をしたり論文を書いたりした（彼女のほうがデービスより成績は良かった）。二人で旅行するときはほんの数日でも、住まないところに無駄な金を払わないよう賃借契約を打ち切った。その代わり、キャスリンは新しく部屋を探すのに多くの時間を取られた。

一九三二年末、キャスリンの両親はしみったれな二人を地中海と中東の旅に招待し、費用もすべて払ってくれた。しかし、デービスはぜいたくをすることにいらだった。宿泊費はワッサーマン夫妻持ちなのに、エジプトでは義理の父母が選んでくれた高級なシェパード・ホテルに泊まるのを拒んだ。彼とキャスリンはそのホテルには泊まらず、もっと質素な宿を探した。少し遠出してアラブの市場を散策していたとき、デービスが露天商を相手に容赦なく値切ったので、その商人はキャスリンに「なんてけちな男だ」と言った。それ以来、その話は家族の間でずっと冗談の種になった。

一九三四年、二人は博士号を手にニューヨークに戻った。プロのジャーナリストとして経験を積んだデービスは、物書きの仕事を探した。しかし、数カ月探しても見つからなかったので、キャスリンは兄のビル（親しい友達は彼を「ワイルド・ビル」と呼んだ）に助けを求めた。ワイルド・ビルはよく旅をする人で、自分で投資会社を経営していた。彼はデービスを東京の英字紙「アドバタイザー」の編集長に紹介してくれた。アドバタイザーにはちょうど空きがあり、デービスはアメリカにいながら採用された。彼とキャスリンが、日本で地震が発生し同紙の事務所が地震による火災で焼失したという知らせを聞いたのは、東京に向かうため荷造りをしている最中だった。二人は日本行きを取りやめ、ニューヨークにとどまった。彼らが借りたアッパー・ウエストサイドのアパートでは、タイプライターの音が毎晩遅くまで響いていた。キャスリンは外交問題評議会向けに調査の仕事をした。デービスはフリーランスで雑誌の記事やフランス軍についての本を書いた。「カレント・アフェアーズ」のような知識人向け雑誌や、後に「アトランティック・マンスリー」誌にも彼の署名記事が掲載された。「食べるために、退屈な文書を書かされずに済んで、わたしたちは幸運だったわ」とキャスリンは言った。

一九三〇年代は現代アメリカ経済史における最低の一〇年間で、労働者の生産量、企業の売上高、生活水準が前の一〇年より低下したのは後にも先にもこの時期だけである。財とサービスの減少は、消費者不足のせいではなかった。米国の人口は一九三〇年代に一五〇〇万人も増えていたのだ。ただ、その大半は移民で、産科病棟からではなかった。一〇年間に及ぶ不況のあおりで、子供を産む女性が激減し、アメリカで生まれた赤ん坊はたった一〇〇万人だった。大統領夫人のエレノア・ルーズベルトも事態を憂慮し、国民にもっと子供を作るように呼び掛けた。

株式投資については、「バイ・アンド・ホールド」の古い考えが、「素早い脱出」という考えに取って代わられた。前者を大いに宣伝したエドガー・ローレンス・スミスのベストセラーも、後者を推奨して一九三五年にヒットしたジェラルド・ロウブの『投資で生き残るための戦い（The Battle for Investment Survival)』に主役の座を奪われた。ロウブは株式仲買人と新聞コラムニストを兼業する人物で、一九二九年の大暴落前に株をうまく売り抜けたことで一躍有名になった。タイミングよく脱出した経験から、彼は「株は機敏に売買するもので、じっと抱え込むものではない」と確信した。本のタイトルから分かるように、彼は投資を戦争に見立てた。彼によると、戦争に勝つには、常に新鮮な資産（現金）を用意して、「ウサギが身を隠しながら俊敏にあちこち動くように」株を頻繁に売買する必要がある。

ロウブの戦略は、一〇％下げたら「売り」、上げたら「買い」が基本で、常に脱出ボタンに指を掛けるように、トレーディングデスクの電話はつなぎっぱなしにした。「四〇ドルで買って代金を払うだけより、四〇ドルから一〇〇ドルに上がる過程を何回も売買するほうが安全」と主張した。彼は下げ相場のにおいを嗅ぎ取ると、現金に逃げ込み、債券にも手を出さなかった。債券も常に勝てる資産ではないと実感していたからだ。

ロウブは下げ相場の嗅ぎ取り方や機敏な売買についてはヒントをほとんど与えていないが、ティッカーテープの動きが「悪い」ときや値段が「怪しい」ときは、株を避けるようアドバイスしている。彼が自分の戦略を実践して儲けたかどうか証拠はないが、精神的に疲れ切った当時の人々には彼の言葉は受け入れやすかっただろう。それでも、景気が良くても株式市場が急落することもあれば、景気が悪くても株式市場が急騰することもあった。景気がどん底だった一九三二年から三五年にかけては、新聞は「四人に一人が失業」など暗いニュースばかりで、ラジオでは「Brother, Can You Spare a Dime?（兄ちゃん、小銭を恵んでくれよ）」という歌がよくかかり、企業収益は悲惨だった（一九三二年はダウ採用企業の一株利益が全体で五一セントの赤字と二〇世紀で唯一マイナスを記録した年）。そして、預金を引き出そうと列を作る預金者を銀行が締め出せるように、フランクリン・D・ルーズベルトはバンク・ホリデー（銀行法定休業日）を宣言した。

しかし、ウォール街はそこから反撃に転じ、史上有数の上げ相場が幕を開けた。株は捨て値同然で取引されていた。ダウ採用の優良銘柄ですら、保有する工場、設備、銀行預金の市場価値の半分で売られていた。デービスが結婚した時代、周りの意見に耳を貸さず二束三文で売られている株を買う金と勇気を持った投資家がいたら、たった四年で手持ち資金を四倍にできた。ダウは四一から一六〇に上昇し、S&P五〇〇はそれよりさらに好調だった。それを見て彼は、株は新聞を読まないし、恐ろしい見出しにも卒倒しないことに気づいた。株が絶望的な状況を織り込んでいるときは、実際にそうなっても株が値上がりすることもある。会社が苦境にあえいでいても、株はいち早く窮地を脱するものだ。デービスは彼としては予想外に、投資の世界に足を踏み入れようとしていた。東京での仕事が駄目になり、キャスリンの兄が彼を雇った。

不況でなければ、デービスがウォール街で働くことはなかっただろう。彼はジャーナリストとして就職できる学歴も知性も兼ね備えていた。しかし、メディア業界に確たる展望を見いだせず、彼は義兄の申し出を受け入れ、「統計家」（当時はまだ「株式アナリスト」という言葉はなかった）になった。

デービス夫妻は、有名なリッテンハウス・スクエアに近いフィラデルフィアのダウタウンにあるアパートを借りた。デービスは、郊外のジャーマンタウンにあるキャスリンの実家で日曜ごとに開かれる優雅なブランチでワッサーマン家の人たちと次第に打ち解けていった。

ワイルド・ビルはこうした集まりでは一番早口でしゃべり、一番たくさん食べた。デービスは控え目だったが、義兄はばか騒ぎした。デービスは慎重だが、ビルは向こう見ずだった。デービスは倹約家だが、ビルは派手好きだった。「ビルは使うために金を稼いだが、デービスはもっと儲けるために金を稼いだ。ビルは途方もない借金をし、破産寸前まで追い詰められたこともあるが、投機で大儲けしたこともあった」と、おいのルイス・レビーは語った。

大恐慌の真っ只中、ワイルド・ビルは大金を払って有名な建築家のジョージ・ハウを雇い、自らスクエア・シャドーズと名づけた大邸宅を設計・建築させた。スクエア・シャドーズは一九三六年に人気建築雑誌から「年間最優秀住宅賞」を受賞した。敷地内には子供のための巨大プールのほか、別棟のゲスト用の建物があり、ワイルド・ビルはそこに愛人を住まわせた。スクエア・シャドーズは荘厳で霊感漂う風情だったので、ワイルド・ビルが売却した後は、教会に改装された。

ワイルド・ビルは結婚しても、女遊びが激しかった。彼の妻は、夫は「カザノバ（女たらしで有名な一八世紀のイタリア人）病」なので仕方がないとあきらめ、浮気を大目に見た。その時代の妻は離婚より耐えることを選んだ。

ビルは投資に関してもいろんなことに手を出し、多くの投機話に金をつぎ込んだ。一九三二年、彼はある銀行家からドイツマルクが下落しているとの耳よりの情報を仕入れ、マルクを売って莫大な利益を手に入れた。それを元手に投資会社を作り、自分の名をウォール街に刻んだ。アトランティック・マンスリー誌に掲載された記事の中で、彼はイギリスが金本位制を廃止することを正確に予測した。世を覆う悲観ムードを横目に、彼は一九三四年にデラウエア・ファンドを設立し、デュポン一族を説得して最初の株主になってもらった。ワイルド・ビルが自分のファンドを立ち上げたとき、一九二〇年代からあるミューチュアルファンドの半分が廃業していた。

新ファンドの統計家兼「調査員」として、デービスは有望な銘柄を発掘するため、アメリカ中の会社を訪問した。航空、自動車、鉄道、鉄鋼、ゴムなど主要産業について動きを追っていた。それから一〇年後にニューヨーク州保険局で講演したとき、このころを振り返り、調査旅行について次のように語っている――「業界の見通しを調べるため、決まった場所を定期的に訪問しました。鉄鋼ならピッツバーグ、農業ならシカゴ、自動車ならデトロイト、機械ならクリーブランドです。全体的なビジネス見通しも、これら四都市の状況で決まる感じでした。その後、もうひとつの都市が次第に旅程に組み込まれるようになりました。ワシントンです。ワシントンは、わが国の経済全体がそれを中心に回る支点になっていました」。

デービスは自分が「第二のアメリカ革命」と呼ぶ労働ストライキについても語った。全米ゴム労組がオハイオ州アクロンのタイヤ工場を閉鎖したとき、彼は現場にいた。ラジオ時代からの使い古したプレスカードのおかげで、ストの戦略を練っている労働者の集会所に入ることができた。そこで彼が目撃したのは、資本主義者の悪夢に出てくるような爆弾を投げる共産主義者ではなく、「ロバート議事法」(議会手続きの公式ガイドで、会議を円滑に進めるための手本)をつかえながら読んでいる普通の服を着たアメリカ人だった。

「こうした労働者が、皆があんなに恐れる野蛮な男たちに見えますか」と彼は大げさに問い掛けた。

彼は一九三七年のゼネラルモーターズ(GM)の大ストライキを目撃している(大恐慌以降、当時はあらゆる災難に「大」がついた)。スト参加者はGM車でパレードしながら、自分たちが一時的に操業を停止したフィッシャー・ボディー工場を通過した。デービスも一緒に車に乗り、スト参加者の不満を聞いた。低賃金は我慢できるが、自動車の売り上げが落ち込むたびに行われるレイオフには我慢できない、というのが彼らの言い分だった。彼らの最大の不満は、労働者をひどく疲れさせる高速の組み立てラインに向けられた。デービスによれば、アメリカ中の労組が現代のペースをのろっていた。

デービスが企業を分析するため国中を歩き回っていたとき、キャスリンはペンシルベニア州で社会保障制度を分析するリサーチの仕事を得た。彼女はそのテーマについて雇用主を感心させる論文を書いた。一方、デービスもその金融的才覚で義兄を感心させていた。「お前の亭主は、いつか俺より金持ちになるよ」とワイルド・ビルはキャスリンに言った。

一九三六年までに、アメリカは不安を断ち切る兆しを見せていた。鉱工業生産、自動車販売、小売売上高は増加傾向にあり[2]、株価も四年連続で上げていた。強気相場の勢いに乗ろうと、たくさんの民間企業が株式を公開した。アート・ルームはすでに株を公開していたが、相場が好調なうちに追加発行することにした。ジョセフ・ワッサーマンはこの売り出しの主幹事としてウォール街のある引受会社を選んだ。そうした問題では一族の専門家を自認する彼の息子、ワイルド・ビルは、ジョセフの選んだ会社の提案より高い価格での株式売り出しに合意したライバルの引受会社を見つけてきた。しかし、ジョセフはコストが余計にかかるのを承知で、約束どおり最初の契約を貫いた。株式の売り出しは一九三七年に実施された。その年はワッサーマン家、デービス家、そして世界全体にとっても重大事件が起きた年だった。デービスはワイルド・ビルが経営する投信の財務部長に昇格し、キャスリンはもう一人のシェルビー・デービスを出産した。ナチスは軍備を増強していた。ジョセフ・ワッサーマンはがんで死亡した。株式市場では上げ相場が終わった。デービスはワイルド・ビルとたもとを分かった。デービスはビルの短気ですぐ強気に出るところに腹を立て、ビルはデービスのワッサーマン一族を避けようとするところが気に入らなかった。ヒトラーの権力が強大になればなるほど、デービスはユダヤ人の親戚とかかわりを持ちたがらなかった。彼とキャスリンが日曜日のブランチに出席する回数が減った。デービスがアメリカ紳士録に提出した資料によると、キャスリン・ワッサーマンはキャスリン・「ウオーターマン」となっていた。

ワッサーマン家の人々は、デービスが急によそよそしくなったのはヒトラー危機のせいだと考えた。キャスリンと結婚したのだから当然、デービスは本心では反ユダヤ主義者ではなかった。だが、ヒトラーが米国を侵略する場合を考えて、自分自身とキャスリンを反ユダヤ主義の犠牲にならないようにするため、反ユダヤ主義者のふりをしていたのである。一九三七年には、ドイツの世界征服は十分考えられたので、デービスはその可能性を警戒していた。多くのアメリカ人も彼と同じ認識で、民主主義の未来は確実なものとは程遠かった。

ワッサーマン家とかかわりがあることを隠そうとしたことに対する明らかな仕返しとして、デービスはワイルド・ビルの投資会社でパートナーへの昇格を見送られ、彼よりも若くて才能のない二人の社員が代わりに昇進した。ほかのパートナーが身内びいきを認めなかったというワイルド・ビルの釈明も、デービスには空々しく聞こえた。自分の昇進見送りがワイルド・ビルの差し金であることを確信したデービスは、辞表を提出した。後任が見つかるまで六カ月残ると申し出たが、「さっさと辞めたらどうだ」というビルの言葉に、デービスはすぐに退職した。ジョセフ・ワッサーマンはデービスが辞める数週間前にこの世を去ったので、二人のけんかを見ずに済んだ。南米クルーズに妻を連れていったとき、彼は自分の死期が近いことを悟った。港から港に向かう船上で彼らはダンスに明け暮れ、帰る途中にボストンの病院で検査を受けるまで、彼の末期的な病気については一切触れなかった。彼がボストンを選んだのは、ワッサーマン家の夏の別荘があるケープコッドに近かったからだ。彼はその病院のがん病棟で最後の数日を過ごした。

デービスとキャスリンも病院に駆けつけ、ジョセフをみとった。その後、ユダヤ教の慣習に従って死後七二時間以内に葬儀を行うため、ほかの家族と一緒にフィラデルフィアに戻った。墓地では、デービスはワッサーマン家の人々に混じって、花を墓に投げ入れた。「世界の将来はカーペット産業の肩にはかかっていない」というワイルド・ビルの鋭い読みは、まるで予言のように現実となった。やがて米国の織物産業は輸入品に押され、行き詰まった。すでにアート・ルームの株価は、大半の公開銘柄とともに急落していた。五年続いた強力な上げ相場も、ついに幕を閉じた。株高を終わらせた主犯は、一九三八年初めに金利を引き上げたＦＲＢだった。

その年の三月までに、ダウは半値に落ち込み、複利の魔術も逆に作用した。この五〇％の値下がり後に元手を回復するには、株式は一〇〇%上がらなければならず、実際にそうなったのは一五年後だった。たとえ一〇〇%回復したとしても、典型的な株は一九二九年の高値には遠く及ばなかっただろう。株式市場が値上がり分を失うにつれ、景気も後退期に逆戻りした。さらに二〇〇万人のアメリカ人が失業者となり、鉱工業生産も大恐慌の最中よりも速いペースで減少した。デービスが書いているように、「景気の底が抜け、ビジネスは一九二九年から一九三二年のころより激しく落ち込んだ」のである。一九三九年九月にヨーロッパで戦争が勃発したことによって、株式市場の急反発は絶望的になった。エドガー・ローレンス・スミスのベストセラーで見られたような強気の論調も、一九三七年のサタデー・イブニング・ポスト誌に掲載されたロバート・ロベットの記事のような弱気の論調に取って代わられた。[3]「投資はけっして安全ではなく、『持っているのを忘れられる』ほど値が変わらないものではない」とロベットは当時落ち目だったバイ・アンド・ホールド理論を真っ向から否定した。その証拠として、彼は一流企業の倒産や無配転落が多発していることを挙げた。しかも、倒産した企業はダウやS&P五〇〇などの主要株価指数から除外されるので、株式投資からのリターンは、見た目よりはるかに低いとロベットは主張した。株を買った会社が倒産し元手を失った投資家が被った損失全体は、株価指数からは分からないのである。

株式相場の低迷にうんざりしたワイルド・ビルは、父が死に、義弟が辞めた後すぐに、デラウエア・ファンドを運営する会社を売却した。せっかく手に入れた将来有望なものをさっさと投げ出してしまうのは、いかにも性急なワイルド・ビルらしかった。おいのルイス・レビーはビルの投資スタイルを「道路を疾走する象」と称した。ワイルド・ビルは衛生便座から現代のRVやトレーラーハウスの前身である「移動式住宅ユニット」まで、ありとあらゆる独創的な製品に惜しげもなく金をつぎ込んだ。ビルは製品の斬新さに心を奪われ、そうした発明家が実際に会社を運営できるかなど細かい点は気にしなかった。たいていの場合、経営はうまくいかず、画期的な製品の会社に投資した彼のポートフォリオも必然的に傷ついた。時たま当たりをつかむこともあったが、現実離れした世界での宝探しは、退屈な保険会社に的を絞ったデービスのポートフォリオよりはるかに成績が悪かった。ビルはデラウエア・ファンドを売ったことを死ぬまで後悔した。同ファンドとその運用会社はその後五〇年にわたって栄えた。

一方、デービスは株の分析をやめ、文筆業に戻った。キャスリンは母親になった。一九三七年の下げ相場が始まったころ、もう一人のシェルビー・デービスがこの世に生を受けた。アイルランド人の看護婦がシェルビーの面倒を見てくれたので、キャスリンは地域活動に専念できた。地元の計画出産団体でボランティアをし、地域の婦人有権者連盟の代表に選ばれた。彼女は家事奉公人を訓練する国が出資したプロジェクトに参加し、彼らに自分たちの権利についてアドバイスした。デービスは大恐慌の原因を考察する仕事を引き受け、不況が長引いた背景や今後の回復の足取りについて意見を述べた。かつて歴史に熱中した人間が経済について本を書いた。彼は『一九四〇年代を前にしたアメリカ（America Faces the Forties）』の原稿を一九三八年末に出版社に送った。

その本はまずまずのヒットで、評判もよく、かなりの読者を獲得した。読者の中に、ニューヨーク州知事で共和党の有力大統領候補のトーマス・E・デューイがいた。デューイはデービスをスピーチライター兼経済顧問として雇った。

第三章　バックミラーの向こう

デービスが『一九四〇年代を前にしたアメリカ（America Faces the Forties）』を書いたのは、投資を本業にする数年前だったが、その作品は投資家としての土台を築いた。それを書くことによって、同時代の大半の人間を一生株嫌いにしたトラウマに向き合った。大恐慌についての一般的な分析では、原因として欲望や資本主義の行き過ぎがよく指摘され、証券取引委員会（SEC）が開いた公聴会では、ウォール街の銀行家が大衆を犠牲にして私利私欲に走ったとさらし者にされた。そうした犯人探しから多くの人が学んだ教訓は、株は不正に操作できるゲームで、正直者はばかを見るということだった。株に懲りた投資家は、債券に熱を上げた。

一九三〇年代は、二〇世紀で唯一の債券高・株安の一〇年間である。ただ、実際に投資家が確実に利益を得られたのは一種類の債券、つまり米国債だけだった。多くの企業が利払いにきゅうきゅうとし、社債には常に不安がつきまとった。熱心な証券会社がアメリカの大衆に大量に売り込んだ中南米の債券（大衆が海外投資に熱中したのはこれが最初）はデフォルト（債務不履行）が相次ぎ、だまされやすい買い手はまたしてもばばをつかまされた。しかし、ワッサーマン家お気に入りの資産である国債は、利息収入がある安全確実な商品で、リターンはほかの資産より断然良かった。

国債のパフォーマンスが特に素晴らしかったわけではないが、ほかがひどすぎた。金利が横ばいから低下気味で、国債が価値を保つ一方、消費財、住宅、ほかにも金で買えるものは何でも軒並み値下がりした。一九三二年から三五年の株高を経験した者でないかぎり、株式保有者は債券を持っていればと後悔し、ワッサーマン家のような債券保有者は株を持たなかったことに大得意だった。

一九三〇年代を振り返り、デービスは国全体が貧しくなった本当の原因が一般的な答えとかなり違うことに気づいた。彼は義兄の会社で、企業と産業の栄枯盛衰を研究した。そして今度は大きな全体図を研究することによって、一九二九年の株価大暴落から何年も続いた景気低迷の最大の原因が、企業の金銭的な無節操さではなく、政府の政策にあるとの結論に達した。彼の意見では、工場が「不自然に活気がなく」、国民が靴、服、その他必需品に不自由している責任は、ウォール街よりワシントンにあった。現実離れした根拠のない株価が大暴落につながったことは否定しようがないし、FRBが一九二九年に利上げをして強気相場が変調を来したのも事実である。しかし、ウォール街の評論家が飽きずに主張するように、どん欲な資本主義者が大恐慌の原因だとしたら、英国と対照的な経済的結果をどう説明すればいいのだろうか。

一九三〇年代は両国とも株が大きく値下がりしたが、米経済が不振を極める一方、英国の生産は実際に増えた。逆に、一九二〇年代は英経済の低迷をしり目に、米経済は活況を呈した。大西洋をはさむシーソーのような動きを解明する一番有力なカギは、投票箱にあるとデービスは見抜いた。米国では一九二〇年代は企業寄りの政策をとる共和党が政権の座にあったが、一九三〇年代には反企業的な民主党が政権を奪回した。英国では一九二〇年代は企業に厳しい自由党が政権を担当し、一九三〇年代は企業寄りの保守党が政権に返り咲いた。確かにデービスの結論は単純すぎるが、政治や規制の失敗が株式市場の動揺を世界的な大混乱に発展させた点は否定できない。

デービスはアメリカで不況を長引かせた要因を探った。ルーズベルト大統領は経済学者、ジョン・メイナード・ケインズの理論を実践し、景気を刺激してよみがえらせようと、政府支出を大幅に増額した。ケインズ流の刺激を与えるため、ホワイトハウスは道路の舗装、ダムの建設、国立公園の整備などに莫大な資金を投じた。しかし、一九三〇年代末までに、こうした政策は成功しなかったことが明らかになった。

ルーズベルトの政策はどこで間違ったのだろうか。支出を増やした政府は税金も増やし、「税負担が増えれば増えるほど、民間投資は抑制された」とデービスは指摘している。ルーズベルトによる付加税の導入で、個人所得税の最高税率は一九三二年に五六％と一九二五年の二倍に達した。それから四年後の一九三六年には最高税率は六二％まで引き上げられた。一九三七年には、企業の未配分利益に税金が課された。デービスによると、その税金がウォール街には致命傷となった。「企業は事業を縮小し、資本は投資されず寝たままだった」とデービスはその余波について語っている。そして、一九三二年から三七年まで上げ続けた株式市場が一気に失速した。

デービスに言わせると、米国の税体系そのものが間違っていた。地方債は連邦所得税が免除されるおかげで、それで資金調達する州・地方政府のプロジェクトには資金が流れ込んだ。価値があるかどうかは別として、政府のプロジェクトは国民経済の拡大には貢献しなかった。民間企業は国を富ませ、生産性を高め、新たな雇用を作り、新製品を発明した。それなのに、民間企業への投資家には株式と社債に高い税金が課される半面、公共事業への投資家は税金を免除された。結局、ゆがんだ税制が繁栄を阻害したのである。

政府が厳しい徴税活動で産業界の足を引っ張る一方、ルーズベルトは反資本主義的な熱弁を振るってビジネスマンや投資家を震え上がらせた。政府高官は、新聞やラジオで「富の有害さ」や「組織的資金の身勝手さ」を事あるごとに非難した。報道機関とホワイトハウスにおいては、利益は公衆の敵ナンバーワンで、世界中の苦しみや貧困の原因と名指しされた。ルーズベルトの顧問だったスチュアート・チェースは、ニューディール政策のゴーストライターたちに宛てた極秘メモの中で、スピーチや記事で使われる「良い言葉」と「悪い言葉」を細かく指示した。「公共の利益」は良い言葉。「貯蓄」はベン・フランクリンや彼の金言を思い出させるので、良い言葉。「利益」はタブーだった。

労働会館や失業者の列では政界の大物たたきが盛んだったが、起業家や銀行家は政界の大物を恐れて現金を寝かせたままにした。本来は新会社の設立や会社の再建に使われるはずの金が、中長期や短期の国債に滞留していた。金融業者が投融資に二の足を踏んだため、ケインズ流の刺激策にもかかわらず景気は低迷が続いた。

悪しき税制とルーズベルトの演説以外にも、デービスは大恐慌をひどくした要因として、①議会が国内産業保護のために外国製品に法外な関税を課したこと、②外国通貨の急落、③企業の合併――の三点を指摘している（M＆Aブームと一九九〇年代後半の数度の通貨危機、そして自由貿易についての激しい議論という現代の問題は、これら三つと通じるところがある）。

企業合併がいかにして経済を圧迫するかについて、デービスは次のように説明している。大企業は合体してより巨大になり、それぞれの業界を支配する一握りの巨大企業（ゼネラル・エレクトリック、デュポン、ゼネラルモーターズ、USスチールなど）が生まれる。こうした業界の巨人たちが絶大な影響力を行使すると、規模が小さい革新的な企業は生き残りに必死になる。自動車業界だけでも、スタッツ、レオ、オーバーン、ハップモービル、ウィリー＝オーバーランド、ハドソン、パッカード、スチュードベーカーなど数多くのメーカーが倒産したり、より強力なライバルに買収されたりした。

外国通貨の急落は、一九三〇年代初めのドイツマルクの下落に端を発した。デービスの義兄が賭けに出て人生最大の大儲けをしたマルク安相場だ。第一次世界大戦に敗れたドイツは、連合国に対する膨大な賠償金の支払いでまだ多額の借金を抱えていた。連合国は敗戦国に返済の猶予を与えるため、ドイツの戦争債務に関するモラトリアムを提案したが、フランスは強硬姿勢をとり、いかなる債務救済にも反対した。これを受け、ドイツは即座にデフォルトに踏み切り、ほかの債務国も追随したため、通貨市場は大混乱に陥った。「英国とほかの三〇カ国は、数週間で自国通貨の価値が四〇％も暴落する経験をした」とデービスは書いている。米国ではドルは価値を保ったが、穀物や木材など一次産品の価格が急落した。強いドルは米企業を圧倒的に不利な状況に追い込んだ。海外の競争相手は絶大な強さを誇るドルで支払われるので、米国で販売する商品を値下げする余裕があったのだ。一方、海外の消費者は自国通貨が購買力を失ったため、米国製品を買う余裕がなくなった。国内から輸入品を締め出した国もあった。

米国務長官コーデル・ハウは、自由貿易が国内経済に大打撃を与えているにもかかわらず、市場の開放に尽力した。外国製品がアメリカに押し寄せる一方、アメリカ製品は倉庫、穀物サイロ、貯蔵庫に積み上がった。「米企業がそれまで経験したことのあった普通の不況を大恐慌に発展させたのは、外国人だった」とデービスは書いている。

企業はコスト削減のため労働者を解雇した。米国の失業者数は七八〇万人から一三七〇万人に跳ね上がり、政治家を行動に駆り立てた。株価大暴落から間髪を入れず、議会は輸入品を駆逐するため、外国製品に法外な関税を課すスムート・ホーリー法を制定した。しかし、この法律も世界的なデフレの前にはなすすべがなかった。ほとんどすべての物の価格が下落を続け、企業は利益を確保するのに悪戦苦闘した。フーバー大統領の消費促進キャンペーンにすでに閉口していた国民は、ルーズベルト政権下ではさらに消費しなくなった。米国農業審議会は、食品の供給が減れば値段は確実に上がると考え、農家に減産を命じた。しかし、農家は現金収入がのどから手が出るほど欲しいので、逆に作付けを増やした。

同時代の大半の人間とは違い、デービスは悲しい話に落ち込んで、来るべき回復への希望を失うようなことはなかった。ビジネスや金融について、デービスは根っから楽観的で、株式保有者として不可欠な性質を備えていた。市場が活況を呈しているときに証券会社が言うように、「過去の実績は将来の成功を保証するものではない」が、近代史における最悪の一〇年が終わろうとしていたときにデービスは、過去の相場が将来の失敗を確実にするものではないことを認識していた。彼は大学で歴史を専攻し、何事にもサイクルがあると信じていた。また、株式投資は長期的には報われるとのエドガー・ローレンス・スミスの教えを疑わなかった。食糧配給を待つ人の列、憂うつな見出し、デフレの猛威、ウォール街に対する国民的な嫌悪といったものの先に、彼は視線を向けていた。デービスが見つめていたのは、技術革新に関するアメリカの卓越した才能だった。

当時、「もう発明するものは残されていない」という愚痴がよく聞かれたが、デービスはそれに対する反論材料がアメリカの一般家庭にあることに気づいていた。ゼネラルモーターズがすべての新車にバッテリーを搭載したことで、手回し式クランクがお払い箱になり、女性が自動車に乗るようになった。便利な省力化装置が次々登場して家事が楽になる半面、電力需要が増えた。また、家庭当たりの電力消費量は一九三〇年代にほぼ倍増し、電力に関しては大恐慌の影響はまったく見られなかった。もし発明が時代遅れなら、米国特許庁に申請が殺到しているのをどう説明したらいいのだろう、と彼は自問自答した。ざっと数えただけでも、当時の画期的なものには、エアコン、ナイロン（一九三八年にデュポンが発明）、テレビ（後の一大産業）、ラジオ・ファクシミリ放送、無爆燃ガソリン、連続紡績機、新プラスチックと繊維製品、栗の殻で作った段ボール（ミード・コーポレーション）、ラテックス泡スポンジ（USラバー）、殺菌ランプ（ウエスティングハウス）などがある。

周囲でエキサイティングな出来事が起きていたにもかかわらず、当時、多くのアメリカ人は経済的苦境が続くと予想していた。「テクノクラート」（技術家主義者）のリーダーであるハワード・スコット（実は反テクノクラート）は、各地の講演に引っ張りだこだった。彼は多くの聴衆の前で、大恐慌の原因は労働者の仕事を奪った機械的・技術的進歩にあると力説した。ニューヨークの豪華ホテルで開かれた晩餐会の席上、大勢の財界著名人の前でも、スコットはアメリカの苦境に対する解決策としてラッダイト（機械打ち壊し）運動を提唱した。「機械を壊して、手工芸、くわ、馬引きすきの時代に帰れ」と彼は叫んだ。

デービスはテクノクラートの嘆きに耳を貸さなかった。彼は三つの業界（鉄道、公益事業、建設）の「眠れる巨人」が一九四〇年代に目覚めると予想していた。彼はまた、一億三〇〇〇万人の消費者が財とサービスに対するうっ積した需要を満たすため再び店を訪れ、国中が買い物客でごった返すと予想した。デービスの水晶玉で見ると、アメリカの繁栄にとって最大の脅威は、国が製造業を保護したのと同じように、地元産業を関税で保護するために各州が提案した法案だった。彼はそうした関税が導入されるとは考えておらず、現にその見込みは正しかった。

彼は、世界戦争が間近に迫っており、それゆえに景気回復が早まると確信していた。デービスは大衆が数十年前よりも、自分たちの資本主義システムについてはるかに多くの情報を持っていると感じていた。彼はルーズベルトのファンではなかったが、ウォール街の因果応報がビジネスを永遠に変え、それが悪い方向ばかりではないことを認めるだけの寛大さはあった。まず、ルーズベルトの巨大な政府は「準管理経済」を作り上げた。社会保障、失業手当て、公務員給与など常に一定の資金が消費者の銀行口座に流れ込んで、市中に現金が流通し、将来の景気後退の度合いを和らげる働きをする。預金保険は銀行業界のリスクを軽減し、国民の貯蓄を守る。半分死んだ経済をよみがえらせるのに必要なのは、企業が自信を取り戻すだけと彼は結論づけた。そうなれば、アメリカ国民の反応はすごいはず――そう彼は思っていた。

「車が可能にする人口の大移動が起きる下地がすでに整っており、金の借りやすさも追い風になる。……生活水準が高まるのはほぼ確実だ。そして、同時に社会やビジネスを活気づける政策がとられれば、その時期は早まるだろう」

インフレについては、デービスは別に心配していなかった。「予言はいつも危険だ。しかし、わたしが予想するように、実業家が工場の生産能力を十分大きく保ち、農業生産に巨大な潜在力があり、物価抑制のために断固たる措置をとる決意が政府にあれば、インフレが高進する危険性は一九四〇年代以降に先送りされるはずだ」。ルーズベルトのニューディール政策の欠点については、「今では何が間違っていたか分かっている。最新の分析をニューディール初期のそれと比較すればいいだけ」と述べている。一九三七年にはすでに、富を公然と非難したルーズベルトの演説がもはや遺物として語られることに、デービスは満足していた。

第四章

債券黄金時代のたそがれ

一九二九年から三二年に株式市場が大幅に下落した後、普通株はすべて本質的に投機的なものと広く認識された。ある有名評論家は、投資として買えるのは債券だけときっぱり言い切った。

ベンジャミン・グレアム『賢明なる投資家』（パンローリング）

一九三七年にシェルビーが、翌三八年には妹のダイアナが生まれた。ダイアナが生まれてからすぐ、デービスがデューイ知事に雇われたので、家族はフィラデルフィアを離れ、ニューヨークのスカボロ・オン・ハドソンに移り住んだ。そこでは地元の大きな屋敷の離れ家を借りた。キャスリンは乳母とコックを雇った。その地域では家事手伝いは安かったのだ。彼女は女性有権者連盟でボランティアの仕事をした。デービスは知事官邸のあるアルバニーで働き、週末に家に帰る生活を送った。デューイが一九四〇年の共和党大会で大統領候補指名選に敗れた後、デービスはフリーランスに戻った。彼は、当時広く読まれていたカレント・ヒストリー誌の関連誌であるイベンツ誌の金融編集長に就任した。また、アトランティック・マンスリー誌で米国の主要産業について長期連載記事を担当しながら、『自らを守るために（Your Job in Defense）』という二作目の本も書き上げた。

一九四一年、デービスは一風変わった方法でウォール街に投資した。キャスリンには三万ドルの蓄えがあった。彼女の父は、住宅購入資金として子供全員に同じ金額を与えていたのだ。持ち家は維持費がかかりすぎるというデービスの考えから、二人はそれまで借家に住んできた。彼はワイルド・ビルが大邸宅スクエア・シャドーズに莫大な資金をつぎ込んだのを見て、そんな無駄遣いをしまいと心に誓っていたのである。家に金を使うのを拒んだ彼が、一九四一年にニューヨーク証券取引所（NYSE）の会員権を買った。会員権を使う当てはなかったが、ナサニエル・S・シーリーという人物から購入した。この時点では、以前しばらく携わった投資の世界に戻る気はなかった。それを買ったのは、三万三〇〇〇ドルという値段に買わずにいられなかったからだ。一九二九年には、同取引所の会員権は六二万五〇〇〇ドルもしていた。デービスにとって、それはガレージセールで貴重な古美術品を発見したようなものだった。

買ってから一年後の値段は一万七〇〇〇ドルで、彼は一番安いところで取得したわけではなかったが、それでも非常に安く買ったといえる。会員権相場は一九四六年に九万七〇〇〇ドルまで跳ね上がった後、一九五〇年代初めに値下がりしたものの、三万八〇〇〇ドルを下回ることはなかった。デービスが死去した一九九四年、会員権には八三万ドルの価値があった（一九九四年五月時点）。金を惜しみながら買うのが、デービスの一八番になった。

奔放なワイルド・ビルは大陸から大陸を転々とした。彼は陸軍航空隊に入り、それから経済顧問団の一員として船でオーストラリアに派遣された。メルボルンで魅力的な女性に出会い、「スミス夫妻」としてホテルにチェックインした後、彼女を自分の部屋に誘った。翌朝、地元紙の一面に、ワッサーマンが市を訪れたことを歓迎する（大きな写真入りの）記事が載った。彼がガールフレンドを連れてフロントを通り過ぎようとしたとき、係員がその新聞を持ちながら、「当ホテルにお泊まりいただきまして光栄です。スミス様」と言った。

デービスは目が悪かったので、軍隊に入れなかった。彼はヒトラーと戦うための米軍派兵に反対し続け、「アメリカ・ファースターズ」（米国第一主義者）という、政府に国内問題だけに専念することを求める団体の主要メンバーになった。しかし、この団体は世間ではあまり人気がなく、キャスリンは（夫を応援するため）加入したせいで一九四一年にウエストチェスター郡婦人有権者連盟の委員会ポストから除名された。彼女の除名をめぐる騒動は、ニューヨーク・タイムズでも取り上げられた。

孤立主義を唱えながらも、デービスは反ヒトラー運動へ資金や物資を提供することには反対しなかった。一九四二年、彼はワシントンの戦時生産局に就職した。この役所は、アメリカの製造業を軍事物資の供給会社に転換させる手助けをした。彼はプリンストン・クラブに部屋を取った。夜遅くドイツ大使館のそばを車で通ると、まだ明かりがついていた。ナチが残業している証拠だ。ここでも彼は単身赴任で、家に帰るのは週末のみだった。

三番目の子、プリシラ・アルデンは一九四二年に産科病棟で呼吸困難のため死亡した。看護婦が酸素テントから早く出しすぎたのが原因だった。キャスリンは小さな亡きがらを見るに忍びなかったが、デービスは感情を抑えてそっとのぞき、赤ちゃんにはかわいい足がちゃんとあったと妻に言った。優秀な看護婦や医師が軍隊に参加し、国内には寄せ集めのスタッフしか残っていなかったため、キャスリンにはプリシラも戦争の犠牲者に思えた。悲しみに打ちひしがれた母親は、フィラデルフィアの実家で数週間過ごした。プリシラはペオリアにあるデービス家の墓地に埋葬された。

当時は、アメリカ中の家庭が戦時配給で何とか生きていた。ガソリン、石炭から靴、肉に至るあらゆるものがクーポンと引き換えに分配された。農産物を軍隊に送れるよう食糧を自給しようとの呼び掛けに応え、デービス家は裏庭の「ビクトリーガーデン」に野菜を植え、家の前の芝生でジャガイモを育てた。シェルビーとダイアナは父の命令で早起きして、草むしりや鶏小屋の卵集めをした。デービスは子供たちがこうした田舎仕事を楽しんでいるのかと思っていたが、キャスリンは子供たちが嫌っていることを彼に伝えた。「多分、二〇年くらいして自分の庭を持つようになったら、もっと好きになるわよ」と彼女は明るく言った。土曜日にはいつも、一家そろって国道九号線を二マイル歩いて隣町のオッシニングに行き、映画を観てアイスクリームを食べた。キャスリンは車を敷地内の車道に残していった。軍隊が一ガロンでも多くのガソリンを必要としているときに、浪費するのは非愛国的な行為だったのだ。夜に部屋の電気をつけるとき、カーテンを開けたままにしておくのも、非愛国的行為だった。敵の飛行機に住宅地域を標的にされないように、アメリカ国民は窓を閉め、庭を暗くした。窓から一筋でも明かりがのぞくと「灯火管制」違反で、近所の住民はそれを地元の空襲警備員に通報するように言われていた。

家庭の娯楽としては、家族がラジオや手回し式レコードプレーヤーの周りに集まった。デービス家のレコードプレーヤーは、「デービス・ナイトクラブ」と名づけた二階の寝室に設置されていた。そこで子供たちは両親が踊るのを見たり、初めてジャズアルバムを聞いたりした。一階では、朝食テーブルのところで「バーンヤード（納屋）・オーケストラ」が結成され、指揮者の合図でロバ、豚、ニワトリ、牛、犬、羊などの鳴き声を出した。シェルビーはニワトリの担当に任命された。彼は鶏小屋から集めた卵をダイアナと一緒に売って小遣い銭を結構稼いでいたので、ニワトリが好きだった。「卵を売り歩くよう勧めたのはわたしたちだけど、まさか家の分まで全部売るとは思わなかったわ」とキャスリンは当時を語った。

欧州での戦争を受け、ニューヨーク証券取引所は閑散としていた。一九三九年初めに見られた活発な買いも秋には終わり、その後はだらだらと下げ続けた。ダウが一九一五年に記録的な上げを演じてから定着した「戦争は買い」という通説も否定され、NYSEは疑心暗鬼の総弱気ムードの中で一九四二年に一五〇周年を迎えた。同年二月一四日には、三二万株しか売買されなかった。退屈を絵に描いたような取引風景で、トレーディングフロアには南国リゾートの気だるい雰囲気が漂っていた。一九四〇年八月一九日、一二万九六五〇株しか商いがなく、同取引所は一九一六年以来最低の出来高を記録した（注　NYSEの売買高をはじめとする本章で引用した事実や数字の一部は、ジェームズ・グラントの『繁栄のツケ（The Trouble with Prosperity）』［タイムズ・ビジネス／ランダムハウス、一九九六年］に掲載されたものである）。

デービスが自著で予言したように、第二次世界大戦は米産業界にルネサンスをもたらした。ひとたびアメリカが参戦すると、株価は急反発した。ダウは一九四二年から四六年の間に二倍以上になった。政府が国内最大の消費者になった。鉄鋼からゴム、織物類、軍需品に至るまで、企業はたった一人の大事な客、アンクル・サム（米国政府）に納入する製品を作るため、工場に新たな機械を据えつけた。軍需景気で息を吹き返した何千もの企業の中に、アート・ルームもあった。じゅうたんの代わりに軍服を作るために織機は改造され、それに伴って会社の利益も増えた。ジョー・ワッサーマンは政府の契約に頼って「調子に乗りすぎる」ことを戒めたが、調子に乗ることは少なくとも一時的には報われた。最終的には、アート・ルームもカーペット業界最大手のモホークに買収された。

自らが作り出したインフレを鎮めるため、ルーズベルト政権は小麦や砂糖からナイロンストッキングに至るすべてのものを配給制にすることで、物価を統制しようとした。消費者は規制や政府主導の耐乏生活にいらだった。電話会社の従業員は賃上げを求めて、炭鉱労働者は肉を求めてストをした。小麦不足は必然的にパン不足につながり、ホワイトハウスは連邦政府による初の公式料理本『パンなしの昼食と夕食の作り方』を出版した。

そのころ、スカボロではキャスリンが家事のことで頭を痛めていた。家政婦が辞めたからだ。「このままだと、子供たちが飢え死にするわ。わたしは料理が恐ろしく下手だから」と彼女は夫に訴えた。するとデービスは彼女に、スピード・シェフとして料理をゲーム感覚で楽しむことを勧めた。彼女は時計をにらみながら、キャンベルのスープ、バーズアイのエンドウ豆、(手に入るときは)焼いたステーキを、一五分以内で夕食のテーブルに並べる技を習得した。

家事を一人でやるコツをのみ込むと、キャスリンはレディース・ホーム・ジャーナル誌向けに、「家事使用人はもういない」と題した記事を書いた。その中で、彼女は戦時中の有能な家政婦不足を嘆き、薄給で仕事はきつく酷使されることも多い使用人の窮状を取り上げた。その文章はリーダース・ダイジェスト誌に転載され、議会などでも議論された。一九四四年、デューイはニューヨーク州知事に返り咲き、選挙の功績に報いるためデービスを州保険局の副局長に抜擢した。彼が交通局か広報室の幹部に指名される可能性も十分あったが、この偶然が彼に莫大な財産をもたらす業界との運命的な出合いを作ったのである。

彼が勤務したのは、ウォール街のはずれブロードウエー六一にある州のマンハッタン合同庁舎だった。彼の職務は、書式の簡素化、手続きの合理化、保険報告書を理解しやすくするための会計規則の改定など、お役所らしからぬものだった。彼は当初、スカボロの借家からマンハッタンに通っていたが、半年ほどして通勤圏内に掘り出し物の住宅物件があることを知り、キャスリンが家探しに走った。

不動産屋は彼女をタリータウンにある三エーカーの敷地に建つコロニアル風の三階建て家屋に案内した。ハドソン川までの景色を遮るものは何もなかった。売り主はニューベリー夫人という、五セント・一〇セント均一店チェーンの創業者の未亡人だった。キャスリンは川の眺めは気に入ったが、郊外には住みたくなかったし、夫の好みを考えると彼が農場に住みたがるのは分かっていた。いったんは興味がないと断ったが、不動産屋に丸め込まれ、とりあえず五〇〇〇ドルの購入希望価格を示した。彼女はニューベリー夫人がこんなに安い値段を承知するはずがないと確信し、あえてデービスに相談することなく契約書を作成した。

ところが、一時間もしないうちに不動産から電話があり、「おめでとうございます。ニューベリー夫人が売却に応じました」と知らされた。「彼女は税金対策として売却損を出すことにしたんです」とキャスリンは言った。「その夜、夫が帰ってきたとき、タリータウンに家を買ったことを伝えたら、彼は値段を聞いて大喜びだったわ。それ以来、わたしは一家の家探し人に任命されたの」

〔家を現金で買ったデービスは、やがて株を借金（マージン）で買うことになる。一九二九年から三二年に損をして以来、大衆は株の信用取引を非難したが、住宅については当たり前のようにモーゲージ（住宅ローン）で購入した。彼らはそうは考えていなかったが、実は住宅用不動産のレバレッジ（てこ）こそが、長期的に見れば住宅所有者に最大の投資利益を与える主な理由であった。デービスは株に適用されるレバレッジはモーゲージより格段に大きな利益を生む可能性があると自信があったので、前者を追及し、後者を無視したのである〕

結局、デービス家は一九四一年にＮＹＳＥの会員権を購入し、一九四五年には住宅を取得した。そのころ、兵士が戦地から帰還し、戦時の株高は終わりかけていた。戦時の上昇をもってしても、ダウやその他主要指数は一九二九年の水準には届かなかった。潜在的な投資家は、恐慌再現の恐怖を頭から追い払えず、配当所得への高い税金（キャピタルゲイン税は比較的低かったが、売却益などだれが手にしたろう）に意欲をそがれたうえ、平和はビジネスに悪いと思い込んでいた。出生率の低下が将来の繁栄を損なう（経済学者のジョセフ・シュンペーターが唱えた説）と心配する人もいた。大半の人は一九三〇年代に好成績を残した資産、つまり債券を引き続き選好した。

デービスは人とは違う考え方をした。確かに一九三〇年代は債券が勝ったが、彼は富の創造に関しては株のほうが上だと見抜いていた。株は企業の所有権の一部なので、もし会社の業績が好調なら、株価上昇に上限はない。これに対して、債券保有者が受け取れるのは、会社の業績がどんなに良くても、元本プラス利息だけである。しかも、政府はその活動をファイナンスするため国債の売却に頼ってきたが、歴史はあらゆる種類の政権が忠実な債券保有者をインフレ的行為の犠牲にしてきたことを示している。大きな戦争の最中と後は、特にそうだった。第二次大戦も例外ではなかった。産業を復興させた戦争努力は、驚くほど高いものについた。コストは一番大胆な予想すらはるかに上回った。一九四三年には連邦政府の支出が実に七二〇億ドルと、戦費のため一六〇億ドルも予算をオーバーした。NYSEに当時上場された全企業の株式時価総額が三六〇億ドルであることを考えると、赤字がいかに大きな金額か分かるだろう。要するに、年間予算からの超過額は、米国一流企業の全市場価値の半分にも及んだのである。

その結末はある程度予想できた。たがの外れた戦時の出費を賄う資金がない政府は、増税、国債発行、紙幣増発という古典的なやり方で問題を解決した。これは典型的な戦略だ。つまり、チープマネー（低金利政策もしくはその結果としての価値の低い金）はインフレを招くにもかかわらず、戦時債務はチープマネーで返済されたのである。財務省は投資家をなだめる苦肉の策として、国債の金利に「上限」を設定した。金利が上がらなければ、債券は値下がりしないので、国債保有者は一時的に損失を免れた。さもなければ、一気に国債離れが起きていたかもしれない。

だが、執行猶予は短かった。アンクル・サムの債務を買った投資家は、①金利に上限が設けられたことで適正なリターンを受け取れなかった、②政府の紙幣増発が引き起こしたインフレによって元本の価値が浸食された、③最高所得層は、国債の利息収入に九四％もの税率を課された――という三重のペテンの被害者だったのだ。従順な愛国者は「国債を買うことは愛国的行為」という政府のキャンペーンに踊らされ、政府があつかましくも印刷した国債の在庫を恭しく購入した。

国債は一〇万ドル単位で売られるのが通例なので、平均的な投資家は手が出なかった。何百万人ものアメリカ人は、新たに創設された連邦預金保険公社（ＦＤＩＣ）によって保護される地元の銀行や貯蓄金融機関の口座に金を預けた。金融機関は申し訳程度の金利しか払わなかったが、預金者は気にしていない様子だった。彼らは利殖より元本の保全に関心があったからだ。

この三重詐欺の最大の被害者は、個人富裕層と機関投資家（年金基金や保険会社など）だった。これらの洗練された投資家なら一九四〇年代末に国債を保有することの愚かさに気づきそうなものだが、実際にそう思った人はほとんどいなかった。債券の強気派は、非現実的な議論をすることで平静を保っていた。過去一〇年に好結果を残した債券は次の一〇年もうまくいくと信じられていた。ＦＲＢについても、金利の上昇をいつまでも防いでくれるとの見方が定着していた。豚肉の切り身の値段をコントロールした政府なら、お金の値段も制御できると広く思われていた。

しかも、第一次大戦中に高まったインフレが戦後に沈静した経験から、「歴史は繰り返す」と考える金融界の人たちは、第二次大戦中に生まれたインフレもすぐに消えると予想した。また、一九三〇年代のデフレの影響から、デフレがさらに続くとの見方が強かった。

デービスはこうした議論を否定した。彼は数少ない債券の弱気派だった。多くの人々はそれまでの実績から債券は魅力的で安全と考えたが、現実に目を向けるデービスには、債券は醜く危険なものに思えた。金利は「すっきりして分かりやすい」とケインズが皮肉ったゼロ％に急接近していた。ケインズは誇張していたが、まんざら大げさでもなかった。長期国債の利回りは一九四六年四月に二・〇三％まで下がった。国債の買い手は元手が倍になるまで三五年も待たなければならず、デービスには大変割の悪い話に思えた。彼は財務省が莫大な戦費を調達するため国債を乱発したことに危惧を感じていた。[1] 政府は首まで借金漬けで、足元の歳入不足を補うため七〇〇億ドルをさらに借りざるを得ない状況にあった。このため、デービスは貸し手が間もなく金利の低下ではなく上昇を求めると確信していた。一九四六年には最も信頼できるインフレ指標である消費者物価指数（CPI）が急上昇した。債券の強気派は突然のインフレ発生に対して見て見ぬふりをし、「CPIが上がっているときは、債券を買うな」という投資の鉄則を無視した。デービスは「金がかかった戦争の後には、債券を買うな」という二つ目の鉄則を肝に銘じ、国債の黄金時代は終わったと確信した。

彼は州保険局のオフィスを飛び出し、まるで街頭演説のようにあちこちで国債の危険性を訴えた。保険会社や年金基金は過去一〇年、ポートフォリオに「安全な」国債を目いっぱい組み入れていた。しかし、デービスはハイリスクで低利回りという債券の現状を踏まえ、業界の指導者たちに国債保有額を圧縮し、不動産や住宅ローン債権あるいは株式をもっと買うよう助言した。彼は講演でも印刷物でも、当時はびこっていた株式に対する偏見そして債券保有者の根拠なき熱狂と闘った。一九四五年七月に発行されたアナリスト・ジャーナル誌のトップ記事の中で、彼は次のように書いている。

生命保険会社は債券の呪縛から解き放たれるどころか、過去四年にわたり国債を史上最大の規模で購入する愛国心を発揮した。……しかし、運用を健全化するには、以前と同様、米国経済の多様な分野への投資を維持することが大切である。

生保が株を買わない責任の一端は行政にもあったので、デービスは規制の変更を推し進めた。ニューヨークを含む数州では、保険会社は株式の保有を法律で一切禁じられていた。寛大な州でも保険会社には少量の株式の保有しか認めていなかった。一九二九年の株価大暴落とその後の株安で痛めつけられた苦い経験から、保険会社の幹部は規制当局と同じくらい株を恐れ嫌っていた。一九四一年の有名な公聴会において、メトロポリタン・ライフの社長フレデリック・エッカーは、大恐慌時代にニューヨーク以外で六〇の生保が破たんしたのは株のせいだと主張した。ニューヨークでは生保が一社も倒産しなかったという事実は、生保に株式を保有させない州の政策の正しさを証明しているとエッカーは述べた。

債券から株への乗り換えを勧める彼の聖戦は多勢に無勢で、デービスには支持者が数えるほどしかいなかった。一族の中では、義兄がワッサーマン基金に株を組み入れるよう働きかけてくれ、国債やほかの政府銘柄は「没収証明書」以外の何物でもないという点でデービスと意見が一致した。政財界では、ルーズベルトの有名な顧問であるサムナー・パイクとエクイタブル・ライフのトーマス・パーキンソン社長が彼の意見に賛同した。二五年にわたってエクイタブルを経営し、歯に衣着せぬ語り口で知られるパーキンソンは、政府が紙幣を乱発することに文句を言わない業界の仲間を酷評した。「この国は、ＦＲＢの社会的信用にかこつけて虚構の金をどんどん作る無軌道な財務省に利用されてきた」とパーキンソンは語っている。

パーキンソンのほかにも運用成績の向上に必死な保険業界の大物は、「名誉を失墜した電力・ガス会社や経営難の鉄道会社」が発行したジャンク債に高い利回りを求めた。ただ、リターンが有利な代わり、これら不安定な企業はデフォルトを起こしかねないという余分なリスクがあった。そのうち、多くの銘柄が実際にそうなった。デフォルトになったジャンク債は保険会社のポートフォリオに大穴を開けた。

「少なくともこの一〇年、生命保険業界は契約者に支払いを約束した水準より低い利回りしか利益を上げていない。何とかしないと、保険業界は破たんする」とデービスは危惧した。

デービス同様、パーキンソンも債券利回りがずっと低いままであるはずがないと考えていた。「意見の一致は危険の兆しだ。だれもが金利は低位安定か低下すると思っているときは、用心したほうがいい」と彼は一九四五年一一月にシカゴ債券クラブで語った。一方デービスはほとんど懇願するように、保険会社に対してポートフォリオに株式を加えるよう訴え、規制担当者には株式保有禁止の撤廃を求めた。だが、彼の願いはたいてい無視された。

それぞれの時代で一番人気のある資産が実はその所有者を貧乏にするというのは、悪い冗談だろうか。二〇世紀ではだいたい二〇年ごとに、その時代に最高の結果を残した資産が頂上を極めた後に、長期の下げが始まっている。こうしたターニングポイントをうまくとらえた少数の異端者は金持ちになったが、大多数の人は「昨日までの優良資産」に投資したままだった。このような忠誠心は後でとても高くついた。

一九二〇年代後半においては、昨日までの優良資産は株だった。そして、株への愛はその世代の財産を台無しにした。懐疑的な少数派だけが国債に逃げ込み、その行動はそれから一七年間も彼らに素晴らしい収入を着実にもたらした。株はけっして完全には復活しなかった。一九四〇年代後半に転機が再び訪れた。その時点では、債券が昨日までの優良資産で、最も安全で賢明な投資と称賛されていた。しかし、実際に待ち受けていたのは、トルーマン時代からレーガン時代まで続いた三四年に及ぶ債券の下げ相場だった。一九四〇年代末に二〜三％だった国債利回りは一九八〇年代初めに一五％まで上昇した。利回りが上昇するにつれ、債券価格は下落し、債券投資家は損失を被った。一九四六年に一〇一ドルで売られていた同じ国債が、一九八一年にはたった一七ドルの価値しかなかった。つまり、一九四六年に国債を買って三〇年余り持ち続けた忠実な債券投資家は、投資した一ドルにつき八三セント失ったことになる。デービスはバックミラーに映った光景に惑わされることなく、未来を航海することだけに集中した。

第五章

保険の歴史

第二次大戦後、デービスはデューイの政治チームの一員として働き、ニューヨーク州保険局では歯に衣着せぬ役人だった。彼は四年間、保険会社が州当局へ提出を義務づけられた報告書を丹念に読んだ。勤務時間に読み切れなかった書類は、くたびれたブリーフケースに入れて自宅に持ち帰った。夕方決まって書類を読む場所は、暖炉の前のふかふかした椅子だった。

彼は保険会社に債券から株への乗り換えを勧めたが、ほとんど相手にされなかった。彼のNYSE会員権は株の将来に対する間接的な投資だったが、まだそのころは自分が予言したアメリカ経済の偉大な復活から恩恵を受けるには至っていなかった。保険局の仕事に手いっぱいで、貸借対照表や損益計算書など財務書類の山といつも格闘していた。そうするうちに、デービスは退屈と思われていた保険業界の内部の仕組みに精通するようになり、細かなことまでとことん調べた。

歴史から学び続けるデービスは、本章にまとめたような保険の歴史をその起源から勉強した（こうしたテーマに興味のない方は、本章を飛ばして第六章へお進み下さい）。

学術文献によると、保険の始まりは紀元前四〇〇〇年までさかのぼり、世界で二番目に古い職業といわれているもののひとつである。何世紀にもわたり、さまざまな文化が新しいタイプの保険を生んできたが、基本は昔から変わっていない。

聖書の時代には、カエル、バッタ、伝染病、洪水などに関する保険はなかった。最初の保険証書として知られる「冒険貸借契約書」では、船荷が保険対象となった。冒険貸借（船主が船を抵当に入れて航海資金を借りること）は、海に生きるバビロニア人とフェニキア人に人気があった。ハムラビ法典（紀元前約一七五〇年）では陸上での保険に関する記述があり、「もし命が失われたら、市か地区総督が遺族に一ミナ（古代の通貨単位）の銀を払う」と記されている。ハムラビ王は団体保険のパイオニアであるだけでなく、消防士の火事場泥棒を厳罰に処した。消火作業中に他人の家財を盗んでいるところを捕まった消防士は、火の中に放り込まれた。

ギリシャでは船荷と一緒に沈んだ荷主の未亡人に、定期的な収入が保証された。これが記録に残る最初の生命保険である。アテネの政治家デモステネスは、これら初期の保険証書に関する記述において、何世紀も物書きを退屈させたテーマに最初に取り組んだ文学界の大物となった。

保険の歴史におけるローマの貢献は、埋葬組合である。それは前払いの優遇団体料金で埋葬サービスを提供する組織だった。埋葬保険からさらに健康保険が生まれた。友愛組合はローマ兵に退職給付金や障害給付金を払った。紀元二〇〇年には発明の才に富む計理士、ドミティウス・ユピアヌスが年金価値計算表を考案し、イタリアの保険業者が保険料を算定するのに使われた。イタリア中西部のトスカーナでは、ユピアヌスの計算表が一六〇〇年後も一般的に利用されていた。

欧州の火災保険は紀元一二四〇年のベラムバシュ村にさかのぼる。地元の法律によると、火災で家を失った人には、村全体からすぐに補償金が支払われた。一五〇〇年代の英国では、ギルド労働者に病気から詐欺まであらゆる災難に対して基金から補償金が払われた。英国の埋葬組合は、上流階級式の埋葬を希望する人の経費もカバーした。ロンドンでは、一五八三年に発行された生命保険証書がそれから四〇〇年後に見事な保存状態で発掘されている。契約者はウィリアム・ギボンズという人物で、保険が切れる一七日前という絶妙のタイミングで死亡していた。

ナポリの銀行家、ロレンツォ・トンチンが一六五三年に初めてトンチン式（契約者が死亡するごとに保険金が残りの契約者に移っていく方式）生命保険を発売した。さまざまなプレーヤーが毎月一定の掛け金を払う、イタリア版の恐怖の「サバイバー」（テレビ番組）といえる。最初の契約者が死ぬと、その遺族にわずかな保険金が支払われ、最後に生き残った契約者が巨額の保険金をほぼ総取りするまで、このゲームは続く。トンチン式保険は人気が高く、多くの楽しみや殺人の原因となった。

一六〇〇年代末に彗星を発見する前に、天文学者エドムンド・ハレーは死亡率統計表を発明した。それは保険会社が顧客にどのくらいの保険料を求めるか計算するのに役立った。この時点で典型的な英国の顧客は職場、寝室、屋外において保険で自分を守れた。その後、追いはぎ保険、貞操保険、結婚保険、洗礼保険、徒弟保険、未亡人保険、失業保険などが登場した。[1]

一六六六年のロンドン大火は八七の教区協会を含む半平方マイルの不動産を焼き尽くし、多くの保険会社を廃業に追い込んだ。保険会社は支払う金がないことを認めるよりも廃業を選んだのだ。やがて焼け跡から新しい会社がいくつか誕生し、その後の火災保険ブームに乗って繁盛した。こうした会社のうち三社が今でも近代的複合企業の一部門として存在している。

ロンドン大火から四〇年後、ロンドン取引所をバブルの崩壊が襲った（「南海泡沫事件」）。現代のドットコム企業同様、当時も確たる実績のない多くの会社が破格の高値で株式を公開していた。保険業界では新顔が少なくとも二〇社登場し、その中には大酒飲みを対象にした「ラム酒の過剰消費」に対する保険を提供する会社もあった。バブルがはじけて株価が七〇～九〇％も下がると、保険会社もそうでない会社もあっけなく消滅した。[2]

有名なロンドンのロイズは株を公開していなかったおかげで、バブルを生き残れた。ロイズはもともと酒類販売免許を持つコーヒーハウスで、船乗りに人気があるのはそのせいだ。彼らは酒を飲む合間に、ここで手紙を受け取り、美しい女給が最新の航海でのゴシップを読み上げるのを聞いた。一七一三年にオーナーのエドワード・ロイドが死んだ後、店は仕切り席のある上品な趣に改装されたが、海の雰囲気は残った。荷主たちは酒の合間に、代理店から海上保険を購入した。保険がコーヒーやウイスキーより儲かることが分かると、ロイドは保険の引き受けを始めた。

保険料率の決め方が抜群にうまく、ロイズは支払う保険金が受け取る保険料を常に下回った。「ネーム」と呼ばれる個人会員は二世紀以上にわたって大幅な利益をほぼ確実に手に入れた。

アメリカの保険市場では、業界は愛国心を装い、独立の英雄たちの名声を利用した。一九二三年九月に創刊された「ジャーナル・オブ・インシュアランス」の第一号ではトップ記事の見出しの上にアメリカの国鳥、白頭ワシが描かれている。一七五二年にはベン・フランクリン率いる「祖先たち」が火災保険を組織するため、フィラデルフィアの裁判所に集まったという記録がある。教科書ではこの集会はあまり取り上げられないが、この国の住宅所有者にとっては今でも重大な意味を持つ。米国では初期の火災保険会社は長年、誉れ高いボストン茶会事件の実行犯たちより多くの人々の役に立った。

フランクリン以前の時代は、フィラデルフィアの地元保険会社は社会的信用がなかったので、典型的な入植者は英国の保険に入らざるを得なかった。しかし、契約者が実際に損害を被っても、保険金の支払いどころか、ロンドンで請求が認められるまでに数カ月待たされた。

保険に関する手柄はすべてフランクリンのものになったが、米国初の保険が発売されたのはサウスカロライナ州チャールストンだった。たこを使った電気の実験で有名な発明家が初めて保険を引き受ける一五年前のことである。チャールストンの契約者には気の毒なことに、保険が爆発的に売れた四年後、市を焼き尽くす大火事が発生した。この結果、保険金の支払請求が殺到し、米保険業界のパイオニアであるその会社は倒産した。保険会社が契約を取りすぎて、資金が足らなかった例はそれが最後ではない。フィラデルフィアで支払請求が急増したことを受け、フランクリンの会社は庭に木がある家については保険の引き受けを断った。ライバルのグリーン・ツリー・ミューチュアルはその機に乗じて木のある家にも保険を提供した。

一方、ほかの有名な愛国者たちは、新しい国、特に木造の家が多い国は不動産への保護なしに長く生き延びられないことに気づいていた。アレクサンダー・ハミルトンが政争の場から離れてミューチュアル・アシュアランス・オブ・ニューヨークを設立したほか、合衆国最高裁判所の初代長官、ジョン・マーシャルはバージニアで住宅火災相互保険組合を立ち上げた。マーシャルの上得意の一人はトーマス・ジェファソンで、彼はモンティセロの邸宅に保険を掛けた。

一八〇〇年代半ば以降に生まれた保険会社は長寿、伝統、高潔というイメージから、フランクリン、ジョン・ハンコック、ポール・リビアーなど他界した愛国者にちなんだ社名をつけた。彼らが存命中に誕生した保険会社の中にも、疫病、戦争、海賊、火災、地震、無謀運転、保険金詐欺、強欲弁護士などに負けず二世紀をしたたかに生き残ったところが数社あり、賢明で慎重な保険会社は大半のビジネスより長続きできることを証明している。

インシュアランス・カンパニー・オブ・ノース・アメリカ（ＩＮＡ）は一七九二年、欧州から「トンチン」式保険の概念を輸入した二人の投機家によって設立された。[3] しかし、その保険はうまくいかず、同社はフィラデルフィアで火災、海上、生命保険を扱う普通の路線に転換した。火災保険では、ベン・フランクリンと直接競合した。最初の年は儲かり、投資家にたっぷり配当を払ったが、フィラデルフィアで黄熱病が流行したことで事態は一変する。住民は葉巻を吸ったり、焚き火をしたり、空砲を撃ったり、窓を閉めたり、ベッドの周りに酢をまいたり、肌にヒルをはわせたり、ありとあらゆることをして身を守ろうとした。こうした努力にもかかわらず、葬儀屋は残業続きで繁盛した。感染を逃れるため、ジョージ・ワシントンとトーマス

・ジェファソンはともに町を去った。

保険金の支払請求が怒とうのように押し寄せたことから、ＩＮＡは生命保険をやめ、火災保険と海上保険に特化することにした。当時は、幅の広いイギリスの平底貨物船より速く大西洋を横断したアメリカの快速帆船の全盛期だった。快速帆船の運航会社が海上保険に加入し、保険会社は短期間ながら非常に高い保険料と少ない支払請求のおかげで大儲けした。ＩＮＡはその利益をモーゲージと、全国の道路、橋、運河の建設資金調達のために発行された債券に投資した。

この業界は結構予想しやすく、好調が数年続いた後は不調が数年続いた。ＩＮＡもいくつかの分野で挫折した。英国との小戦闘による貿易の停滞で損害を被ったほか、海賊や米国船の意図的な「難破」がさらに損失を大きくし、英国の蒸気船が快速帆船から仕事を奪った。だが保険会社にとって最悪の敵は、船の沈め屋でも、蒸気船でも、砲艦でもなく、東海岸沿いのＩＮＡの縄張りを荒らしたライバル会社だった。高収益が競争者をたくさん引き寄せた。「アウトオブドア・アンダーライター」と呼ばれるフリーの外務員は、戸外で激安の保険を販売した。悪しき価格戦争は全員の利益を台無しにした。

それでも、ＩＮＡはまだ強運に恵まれていた。ニューヨークに進出しなかったことが幸いし、一八三五年の大火による莫大な保険金の支払いを免れた。同市ではその影響で三社を除いて保険会社がすべて破たんした。また、ＩＮＡは一八三七年の金融パニックも生き残った。だが銀行や保険会社が相次いで倒産したうえ、全米一裕福なペンシルベニア州までもが債務不履行に追い込まれた。

投資の視点から見ると、保険会社には二種類ある。ウォール街で株が売買される「株式会社」と保険契約者がオーナーの「相互会社」である（同じく、相互貯蓄銀行は預金者によって所有されている）。東部では株式会社が一般的だったが、中西部では相互会社が普及していた。一八三七年のパニック後は、相互会社の人気が高まった。

一八五〇年、ニューヨーク州は包括的な保険法を初めて制定した。ほかの州もニューヨークに追随し、不心得者を引き寄せ続けるこの業界を監視する機関を設置した。やがて連邦政府も独自の規制を設けたが、最高裁による違法判決を受けた。一八六九年のポール対バージニア裁判では、保険は州際通商に該当せず、連邦政府の監督や反トラスト法に縛られないとの判決が出た。

州規制当局によって急上昇する保険販売の人気が沈静化されることはなかった。一八五七年の新たな金融パニックでは、何百もの商人が破たんした事業をたたみ、保険事務所を開いた。こうした資本力の弱い会社の大半は、南北戦争による被害の賠償請求が膨らんで倒産したが、戦争が終わると、財務基盤の怪しい会社がまた新たに続々と誕生した。南北両軍に分かれて戦った元兵士たちが各地で保険販売員となり、地元の零細企業へと市場を拡大した。株を公開する会社もあれば、相互会社として営業するところもあった。理屈だけは立派で大災害に備えた資金がないところもあれば、巨額の支払い義務が発生した途端に徴収した保険料を持ち逃げする詐欺師もいた。どちらにしても、契約者に正当な保険金は払われなかった。

南北戦争後の製造業ブームで保険の対象になり得る工場の数が倍増し、工場保険が増加傾向をたどった。INAは内陸へ営業部隊を派遣し、「若者よ、西部を目指せ」というホレース・グリーレイの言葉に突き動かされた開拓者たちに保険を販売した。保険の対象は土地・建物、大荷馬車隊、酒場、食堂、鉄道、鉱山などだった。有力保険会社はうさん臭い同業者を規制するための法改正を求めてロビー活動をした。二〇世紀の石油王たちと同じように、一九世紀の保険王たちも料金を押し上げ、価格戦争を回避するためカルテルを形成した。

「一律の保険料と手数料」を導入し、だれでも参加できる破壊的な自由市場を終わらせるため、全米火災保険引受業者協会が一八六六年に設立された。その目的がそもそも不純なうえ、会員も偽善者ばかりだった。加盟企業は当たり前のようにこっそり値下げをし、表面上は支持している一律料金をなし崩しにした（カルテル形成という同じ目的でアメリカ保証業者協会が一九二一年に設立されたが、やはり結果は同じだった）。

一八七一年、オレアリー夫人の牛がランタンをけり倒したことが原因でシカゴに火災が発生し、被害総額九〇〇〇万ドルの大惨事となり、保険を引き受けていた二〇〇近い会社が倒産した。ＩＮＡは豊富な銀行預金から一八〇名の請求者に六五万ドルの保険金を支払った後でも、株主に年一〇％の配当を払えるだけの現金を持っていた。契約を守ったことにより信用が増し、ＩＮＡはさらに新たな顧客を獲得した。

それから一三カ月後にボストン大火が発生、一億ドルの損害を残し、五〇の保険会社を破滅させた。一九〇六年のサンフランシスコ大地震・火災は不動産の損失四億ドルと二〇の保険会社の倒産という被害を出した。同市では給水本管が地震によって破壊されたため、ホースに水がいかず、火を消すすべがなかった。その火事の八カ月前に、全米保険引受業者協会は無謀な保証についてサンフランシスコの会員をたしなめ、「火事が起きたときは、消防署ばかりを当てにできない」と警告していた。

疑り深い人には「軽はずみな一時的流行」と呼ばれたが、自動車は保険業者にとって広大な新しい事業分野を創造した。古い記録によると、最初の契約者はニューヨーク州バッファロー在住の医師、トルーマン・マーチンだった。ドクター・マーチンの保険証書は一八〇〇年代末における最強の損害保険会社、トラベラーズのもので、自分の車による対人傷害の保険だった。

トラベラーズの創業者、ジェームズ・バタソンは、墓石で財を成したコネティカット州の石屋の息子で、ラテン語とギリシャ語を学び、エーブラハム・リンカーンとも親交があった。一八六四年、彼は旅行者に事故保険を提供し始めた。この分野での最初の引受業者として彼は思いどおりに保険料を設定した。一八六六年、トラベラーズは生命保険に事業を拡げ、その後、自動車保険にも進出した。

ＩＮＡはすでにその時点で一八一九年、一八三七年、一八五七年の金融危機を乗り切っており、一八七三年、一八九三年、一九〇七年に発生する同じような危機も無事生き残った。保守的な運用のおかげで、ＩＮＡは一九二九年の大暴落すら比較的軽傷で切り抜けた。株が大底を付けた一九三二年時点ではさすがに同社の株式・債券ポートフォリオの時価も五二〇〇万ドルと大暴落前のピーク七七七〇万ドルを下回った。ニューヨーク・カーブ取引所（アメリカン証券取引所の前身）に上場されていた同社株は高値が八七・五〇ドル、安値が三二ドルと、ほかの銘柄に比べて穏やかな下げにとどまった。一九三五年末までに、株価は七六・五〇ドルまで回復した。これほど見事な復活を果たした銘柄はごくわずかだった。

一九三〇年代半ばから末にかけて、保険業界は急回復し、中でもいくつかの銘柄はずば抜けた反発を演じた。国内最大の損害保険引受会社であるＵＳＦ＆Ｇの株は一九四〇年代半ばにかけて一一四五％も上昇した。この間、Ｓ＆Ｐ五〇〇が七七％の上げにとどまる一方、（ベスト損保株指数で見た）典型的な損保株は二四八％値上がりした。

最高裁も最終的に長年の持論を翻し、一九四四年に「保険は州際通商に該当する」との判決を下した。南西部の保険引受業者協会がシャーマン反トラスト法違反の談合で起訴されたとき、裁判所は正念場を迎えた。司法当局が突然翻意して一世紀に及ぶ州当局の緩やかな規制を終わらせようとしたことに驚いた保険団体は、ワシントンに駆けつけ、州だけに業界を監督する権限を与える新たな法律（マクファレン・ファーガソン法）を成立させるよう議会に働きかけた。

トラベラーズとともに、アテナ、シグナ、ＩＮＡも、人災や天災（戦争、洪水、台風、地震、米国三大都市で発生した火災）による財産被害の長い時代を生き延びた。こうした一握りの保険会社は鉄道、繊維、鉄鋼、小売り、卸売りなどの破たん企業の屍を乗り越えて、生き延び栄えていた。度重なる大災害で膨大な補償金請求を受けながらも、これら有名企業は自らの力量を証明してきていた。一八七一年に設立されたロンドンのロイズもそうだった。二〇世紀までに、ロイズは世界で一番有名な保険業界の巨人となり、大英帝国と同じくらい磐石で永遠の存在とみなされた。不沈艦のような絶大な信頼から、ある作家は一九一一年にロイズを「保険界のタイタニック」と呼んだ。その年に進水した同船は、まだ氷山に衝突して沈没する前だった。

保険会社による投資は、安定的で信頼できる魅力的なリターンを常に生んだとは到底言えない。この業界の老舗企業は、パニック、不況、甘い引き受け審査、高額示談、膨大な支払請求、不適切な経営、不運などで多くの会社がつぶれるなか、巧みに生き残ってきた。一九六〇年代以降は、あのロイズでさえ金儲けのコツを忘れて一時は存続すら危ぶまれ、現代のタイタニックになりかけた。ぎりぎりの利益で何とか生き延びてきた多くの保険会社に投資した人たちと同様、ロイズの投資家（ネーム）も大損をした。デービスは最初に株を買ったとき、このことに気づいていた。

第六章

役人から投資家へ

一九四七年、デービスは安定した州政府の仕事を捨て、プロの株式投資家に転向した。キャスリンは家族の反応について「みんな無謀とあきれたわ」と語っている。

その年は、ベル研究所がトランジスタを世に送り出し、ソニーが誕生した。フォーミングクレンザーのエイジャックスが発売され、バーナード・バルークの造語「冷戦」が一般的に使われるようになった。ジョージ・C・マーシャル将軍がハーバード大学での講演で、戦争で荒廃した欧州の復興を助けるためのマーシャル・プランを発表した。議会は労組の弱体化を狙ったタフト・ハートレー法を可決した。レビットタウンでは最初の組み立て式住宅が発売された。

ジャッキー・ロビンソンが野球界で人種の壁を打ち破った。エレキギターが登場した。株はまだ全般に信用を失ったままで、ダウは一八〇ドル台と一九二九年の高値の半分程度で不安定な足踏みが続いていた。化学株と自動車株は一九四六年に最安値を更新した。鉄道株と航空機株は一九四七年に下落した。その一年後には薬品株と公益事業株も下げた。

投資家は債券か株かという選択に直面した。債券の場合、表面利率は三〇年物でたった年二・五％なのに、過酷な税金を課された。当時は、個人退職口座（ＩＲＡ）、キオ・プラン、４０１ｋプランなど非課税の複利運用口座はまだなかった。債券を買う余裕がない大多数の国民は、引き続き普通預金口座に流動資産を蓄えた。金融機関は競争の激しい自由経済体制に資金を供給する役割を担いながら、自らは金融当局に手厚く保護され、その過酷さとは無縁だった。例えば、どの銀行も預金者に同一の低い金利しか払わなかった。そのおかげで銀行は安く調達した資金をより高い金利で貸し、十分な「利ザヤ」を稼げた。利ザヤが拡大すればするほど、銀行の利益率と安全性が高まり、破たんの可能性が下がるというわけだ。銀行家は心配事が減り、短時間営業（月曜から金曜の午前一〇時から午後三時まで）を続け、ゴルフにいそしんだ。

一方、預金者はわずかな金利からさらに税金を引かれるため、実際の受取利息ではインフレに追いつくどころではなかった。このため、預金口座に金を寝かせると、確実に目減りした。誠実な貯蓄者は何年も損をしたのに、めったに文句を言わなかった。

株へ投資した場合はどうだろう。デービスはアナリストとして一〇年のブランクがあったが、相場の動向は常に把握していた。彼は株がまだ十分買い得なことを知っていた。ダウ採用銘柄の株価は一株利益の九・六倍で、純資産価値を若干上回る程度だった。配当は平均五％と国債利回りの二倍もあった。ダウ採用銘柄以外でも、ほぼすべてのセクターで配当利回りは債券利回りよりはるかに高かった。利回りに加え、株式保有者にはキャピタルゲインのチャンスもあった。

それでも、大衆は株を買おうとしなかった。FRBの調査では回答者の九〇％以上が普通株の購入に反対と答えた。デービスが言うように、大衆は「株式市場に対する集団的な恨み」を持っていた。先の大戦で地上最大の悪魔との戦いに勝利した国は、ウォール街の悪魔の金を回避した。一九二〇年代に大人気だった投信業界では、ほとんどの会社が姿を消した。投信を通じて株を保有する米国人は三〇万人しかいなかった。ほとんどだれも米国企業の将来に賭けようとしなかったなか、デービスはビジネスが上り調子であることをはっきり認識していた。外国の競争相手が戦争で消え、世界中で頼れるのはアメリカの工場だけだった。米国の多国籍企業は何の抵抗も受けることなく欧州市場を獲得し、海外での利益を大きく伸ばした。かつて敵だったイタリア、オーストリア、ドイツ、日本の四カ国は連合国の中庭となった。そしてアメリカには原子力兵器があった。

戦後のエネルギーの発散は原爆より強烈で、まだ残っていた大恐慌の傷を癒した。一九三〇年代を経て一九四〇年代に入るまで、アメリカには大衆市場はほとんど存在しなかった。レストラン、モーテル、そして大半の商店は地域ビジネスだった。アメリカの家庭の半数近くは収入が週二〇ドル未満で、衣食住を賄うのが精いっぱいだった。必需品を買うだけで財布が空っぽになり、生活を楽しむ物に費やす金は残らなかった。必要最低限の生活費を稼ぐのがやっとの人間にとって、「思い切り買い物する」という言葉はネットサーフィンと同じくらい無縁のものだった。

しかし、戦後の繁栄のおかげで、何百万人もの新たな消費者は、必需品以外の物に使う金を突然手にした。経済学者はそれを「純可処分所得」と呼んだ。この余分な現金には素晴らしい乗数効果があった。戦時中はだれもが配給とクーポンに頼り、ガソリンを浪費、バターや砂糖をぜいたく品、肉を宝、ナイロンストッキングを高根の花とみなした。国民は長い耐乏生活の間にたまったうっ憤を晴らすかのように、買い物の自由を存分に楽しんだ。欲しい物は何でも買い、「必需品」の定義を気に入ったものすべてにまでに拡大した。

勝利の美酒と多額の除隊手当てを手にした復員兵は、それまでのどんな労働者階級が蓄えたより多くの金を持っていた。彼らは軍からの支給金で住宅、車、大学の学位を取得した。住宅ブームは電化製品、増改築、家具のブームにつながり、ベビーブームはオムツ、洗濯石鹸、乳母車、ベビーベッドのブームをもたらした。アメリカ中の製造業がうっ積需要のおかげで栄え、「アンクル・サム御用達」の看板を素早く「地元買い物客向け」に切り換えた。東海岸から西海岸まで国中のレジスターが元気よく鳴り、商売繁盛で気を良くした商人は売り場面積を増やしたり、新しい店を開いたりした。景気はより高いギアにシフトした。インフレは上昇傾向にあったが、機械の性能が向上したおかげで労働者の時間当たり生産量が増えたので、利益はそれ以上のペースで拡大した。もしデービスが配属されていたのが交通局か公益事業局か広報室だったなら、自動車株か電力株か新聞株に大きな可能性を見いだしたかもしれない。だが結局彼は、後にピーター・リンチが人々にアドバイスするように、自分が一番よく知っている業界、つまり保険業界に特化した。

保険はアナリストやブローカーに無視され、ウォール街ではノーマークの業種だった。多くの保険株は株式市場のマイナーリーグである「店頭」市場で取引されていた。デービスの思惑どおり、戦後は大型株より小型株のほうがいい成績を残した。デービスはその理由について、小さな会社は「議会の調査や労組の圧力を恐れず」値上げや賃金抑制をできるからと推測した。理論上は典型的な保険会社にもこうした利点はあったが、デービスは利益を伴わないことに気づいていた。ダウ採用企業が一九四二年から四七年までに利益を二倍にしたのに、火災保険会社は利益がゼロだった。「火災保険業界は一九〇六年のサンフランシスコ火災以降のどの時期よりも利益が少ない」とデービスは講演で語っている。「米国ビジネス界のほかの業種は史上空前の大鉱脈の発見に沸き返っています。……シャツは以前より高くなり、石炭もパンも豚肉の切り身も値上がりしました。ほとんどすべてのものが戦前の二倍近くします。ただし、火災保険だけは例外です」

デービスは保険会社の収益低迷の原因がポートフォリオ内の債券利回りの低さにあると指摘した。保険業界はその資本から微々たる収益しか上げられず、契約者からの将来の支払請求に備えて十分な「準備金」を積み立てるのに苦労していた。「通常、生保にとって最大の問題は保険を売ることとですが、現在は収入をいかに投資するかです」とデービスは一九四六年に業界のリーダーたちに話した。

見た目には利益がないことは不安材料だが、株式には全般に驚くべき上値余地があり、中でも保険株は最小のリスクで極大のリターンを提供してくれると、デービスは確信していた。デービスは正式に公認会計士の訓練を受けたわけではないが、投資家向けではなく州規制当局を満足させるための保険会計のやり口を知り尽くしていた。金鉱を掘り当てたことを悟られないように採掘権事務所にぼろぼろの服を着ていく金鉱掘りと同じように、保険業界は自らをできるだけつまらなく見せようとしたのである。代理店が新たな契約を取ると、最初の月の手数料は保険料の一二〇％で、新規契約のたびに数字上は赤字が増えていったのだ。

デービスはこうした業界独特の変則会計で生じる実態との差を解明するため、独自の方法をいろいろ考案した。彼は典型的な保険株が「純資産価値」より安く売られていることに気づいた。保険会社の確定利付ポートフォリオに含まれる債券とモーゲージは、その会社の株式時価総額よりはるかに価値があった。そうした株を買えば、投資分の価値はもちろん、ポートフォリオの一部も手に入る。おまけに、買い手は継続している保険ビジネスを捨て値で買えるうえ、これでもかというように、だれもが愛する長期国債利回りの二倍、年間四～五％の配当も受け取れる。

ちょっとした計算で、有形資産と無形資産を評価できた。さえない収益の下で、保険会社のポートフォリオは債券とモーゲージの利息収入によって資産が複利でどんどん増えていた。ワイルド・ビルの会社でアナリストとして働いていたころのデービスは、複利装置とその他の会社を区別しなかった。しかし、監督官庁に勤務したことによって、この重大な違いが分かるようになった。製造業が売れる製品を考案し、機械を更新、そして製品を改善するために投資するのに対し、保険会社は新規顧客すべてから集金し、後に支払請求があるか契約が満期になったときに支払いをする。

保険会社が保有する債券やモーゲージは、顧客の金で買われる。予想外の保険金支払いでポートフォリオの中身が空っぽにならないかぎり、保険会社は莫大な含み資産を築くことが可能で、それはいずれ株主のものになる。我慢強い投資家は含み資産が増えるのを待ってもいいし、ほかの投資家がそれを発見して株価を押し上げることも期待できる。株主は、他人の掛け金と利息を自分の財産にできる。

株主のこの錬金術には、ぐつぐつ沸騰する大がま、毒薬、魔よけ、呪文などは必要ない。どんな株式投資家でも利益を得ることは可能で、ベンジャミン・グレアムの『証券分析』（パンローリング）にはいわゆる「バリュー投資」のノウハウが余すところなく記されている。株式保有者は何を買ったか、それにいくら払ったかで、投資家にも投機家にもなるとグレアムは主張した。この定義によって、投機と投資の間の一般的な混乱は解決された。グレアムは資産の清算価値より安い企業の株を買うことを勧めた。そうすれば、損をする可能性を劇的に減らせる。最小のリスクでより高いリターンを求めるのが、投資である。一見有望そうな未知数の有名新興企業にばかげた値段を払うのは、投機である。

グレアムの一般的な知名度はあまり高くなかったが、専門家の間では信者がたくさんいた。一番弟子はウォーレン・バフェットだが、デービスもグレアムの著書を勉強し、彼の理論に心酔した。一九四七年、デービスはグレアムが作った株式アナリスト団体の代表に選ばれた。

保険会社は割安銘柄としての魅力に加え、保険需要の急増という追い風も期待できた。新居と新車を持つ新婚所帯は、生命、住宅、自動車という三種類の保険が必要になる。チェンジング・タイムズ誌の一九四八年七月号のトップ記事がデービスの目に留まった。「若者は自分の金で何をすべきか」というタイトルで、最初のアドバイスは「最低二万ドルの生命保険を買うことから始めよ」だった。その一〇年前は国全体の貯蓄の三分の一が生命保険で、一九四〇年代はその比率がさらに高まっていた。戦争は保険代理店にとって好材料で、真珠湾攻撃後に保険契約高は過去最高を記録した。大衆はより多くの保険に入り、きちんと保険料を払った。一九四〇年代は「失効」（不払いに関する業界の婉曲表現）と「解約」（満期切れも含む）が過去最低だった。一九四四年には米国全体の有効保険契約は一億五九〇〇万件で、そのうち一六〇〇万件は軍関係だった。五年の保険に入っていた兵士は説得されて二〇年の契約に転換した。デービスは保険業界にとってもうひとつ大きな恵みがあることに気づいた。それは「寿命の強気相場」である。つまり、契約者は長生きして保険料を払い続けた。本人が死んで相続人が保険金を受け取るパターンの逆である。デービスは保険会社を「変装した成長企業」と呼んだ。一九五〇年代は電力会社がこれに該当した。それからずっと後のこと、デービスの息子は一九八〇年代に消費関連会社の中から、そして一九九〇年代に金融会社の中から隠れた成長企業を発掘した。

自分が監督する業界について知れば知るほど、デービスは主鉱脈を発見したことを確信した。

純資産価値より安く売られ、配当は非常に高く、長期的に大変有利な複利運用が期待できる銘柄が次から次に見つかった。上司であり師でもあるデューイが一九四八年の大統領選で勝つ見込みは五割以上あり、デューイについてワシントン入りすることも夢ではなかった。しかし、連邦政府の高官の座も保険ビジネスほど彼の興味をそそらなかった。自分が監督する会社を説得して株をもっと買わせることができなくても、少なくとも彼は世間に対してなぜ保険株を自分のポートフォリオに組み入れたか説明できた。だから、彼は辞表を提出した。

デービスは活動の足場を得るため、自らを「一番古い保険株のスペシャリスト」と宣伝したフランク・ブロコウ社の経営権を取得した。ブロコウは一九三〇年代から保険株一筋の営業姿勢を貫いてきたが、タイミングの悪さがあだとなり、彼の会社は倒産寸前だった。デービスは「一番古いスペシャリスト」という肩書きに魅力を感じた。社名から「ブロコウ」を消し、シェルビー・カロム・デービス社と改名すれば、ブロコウ社は買い得と判断した。以前購入したニューヨーク証券取引所の会員権が役に立つ時がきた。それによって、彼は立会場へのアクセスと、ウォール街の大手投資銀行と伍してビジネスをする免許を手に入れた。彼の会社は今やあらゆる権利と特権を付与された「NYSEの会員」になった。デービスはブロコウが少なくとも一時的にパートナーとして残ることを許したが、新体制が発足してから数カ月後に彼は大西洋で溺死し、このパートナーシップは解消された。検死官は彼の死を自殺と断定した。

会社はデービスだけのものになった。事務所はウォール街から少し離れたオフブロードウエーの金融版、ウィリアム・ストリート一一〇にあった。二つの机と二台の電話があり、キャスリンは電話番をした。「簡単な仕事だけど退屈だったわ。だから、そこに座って本を読んでいたの」と彼女は当時を振り返った。

アメリカ全体では、戦時の耐乏生活に代わり平時の支出が当たり前になったが、デービス家では相変わらず倹約が当たり前だった。プロの株式投資家になったデービスは午前六時に起床、バスルームのホットプレートで自分の朝食を作り、服を着ながら食べた。何を着ているか分からないまま服を着て、ブリーフケースをつかみ、キャスリンを呼んで車で駅まで送ってもらった。彼はタリータウン発ニューヨーク行の午前七時の通勤列車に乗った。近所の人は、車中でゆっくりできる快適な午前八時のクラブ・カー（休息、軽食、談話などができる客車）を好んだ。デービスは出発が早いこととだれにも邪魔されずにウォールストリート・ジャーナル紙を読めることが気に入っていた。彼はウォール街が慌しくなる前に到着できる点にも満足しており、午前七時の列車は運賃が安いというおまけもあった。

一九四八年五月一二日にホテル・ニューヨーカーで開かれた保険会計士協会の会合で、デービスは民間セクターの会員として講演した。「本日の話題は、家財に対する火災保険を求める人の心だけでなく、まさに命そのものと関係があります」と、まるで部屋いっぱいの勇士に呼び掛けるように熱く語った。「保険は偉大な業界です。言うまでもなく、アメリカで最も古く名誉ある産業のひとつで……」といった具合に、彼は演説で「非常に」とか「本当に」あるいは「言うまでもなく」といった言葉を多用した。

彼は、活気ある保険業界から恩恵を受けるのが契約者だけでないことを具体的に説明した。大学、病院、教会を含む株主の「巨大で静かな集団」は蓄えの一部を保険株に投資していた。「規制当局が保険料の引き上げを認めず、業界の利益を台無しにしたとき、彼らはみんな損をしました。利益が増えれば雇用も増え、業界全体がさらに繁栄します」と彼は強い口調で話した。

一九四七年から四八年にはアメリカ中を飛び回り、保険株の魅力を必死で訴えた。溺死したかつてのパートナーが一〇年前にしたように、彼は財団、年金基金、個人富裕層に保険株を熱心に売り込んだ。自分の推奨に基づいて株を買う人は取引の仲介を自分に委託するはずで、そうなれば手数料が入ると彼は皮算用した。「スタンダード・オイル株が今の半分の値段なら買いますか？」と彼が聴衆に尋ねると、いつも「イエス」という大きな返事が返ってきた。彼はこの論法で保険株も同じくらい割安であることを訴えた。典型的な保険株はその保有資産価値のわずか半分だったので、「史上最大の大安売り」と彼は言った。

株式を公開した保険七社について「わたし自身もドアを激しくたたいて売り込みました」と

彼は資金調達の苦労話をした。彼の会社はこの案件に関与した引受団メンバーの中で一番小さかった。彼は自分がアメリカ全土で行ったロードショー（株式や債券の発行に当たり、潜在投資家に対して発行証券のメリットなどをプレゼンテーションすること）が買い手を目覚めさせると期待したが、結果は空振りだった。「どうやらこの国の無骨な貯蓄者は、こうした資産にはびた一文払わないつもりのようだ」とデービスは不満を述べた。

新たに株式を公募した会社のひとつにエトナがあった。既存株主にまず優先的に新株を購入する権利が与えられたが、割り当て分の半分しか売れなかった。デービスとほかの引受団に入っていた彼の仲間は残りを売りさばくのに苦労した。

「これほどの状況なのに、どうして客の尻をたたいてまで買わせなければならなかったんだろう」と彼は問うた後、その答えを自ら語った。第一に、株はまだほとんどの人にひどく嫌われていたからだ。ハリー・S・トルーマン大統領が一九四八年の選挙戦でウォール街を大喜びでからかったため、メリルリンチの創業者、チャールズ・メリルは大統領の攻撃に反論するため新聞に次のような嘲笑的な広告を出した。

「みんなと同じようにミスター・トルーマンも知っている。ウォール・ストリートなどどこにもないことを。それは伝説にすぎない。ウォール・ストリートはサンフランシスコのモンゴメリー・ストリートだ。デンバーのセブンティース・ストリートだ。アトランタのマリエッタ

・ストリートだ。ボストンのフェデラル・ストリートだ。テキサス州ワコのメーン・ストリートだ。それはミズーリ州インディペンデンスのあらゆる場所だ。そこでは倹約家たちが投資に励み、証券を買ったり売ったりしている[1]」

潜在的な投資家は、彼の薦める保険株を買いたくない理由として以下の点を挙げた。①戦争でモラルが全般に低下し、帰還兵が近所で放火したり強盗を働いたりすることで、保険会社はそうした被害に対して賠償金を払わざるを得なくなる、②保険会社は、五七六名の死者を出したテキサス州テキサス市の硝酸塩工場の爆発事故で巨額の保険金を支払ったばかりで、同じような大惨事がまた起きたら保険会社は破たんするかもしれない、③今後も予想される原子力戦争は保険会社にとって悪夢であり、第三次世界大戦が起きれば被害額は想像もつかない、④原子力発電所の操業により放射性廃棄物が生じることで、巨額の保険金請求が起きかねない。

ロードショーの失敗はデービスのいらいらを募らせたが、実は幸運だった。有名な『証券分析』の続編『賢明なる投資家』の中で、ベンジャミン・グレアムは次のように書いている。「継続して平均以上の結果を残すチャンスをつかむには、投資家は①本質的に健全かつ有望で、②ウォール街で人気のないやり方をしなければならない」。デービスはこの金言を糧に第二の人生を歩んだ。見る目のない投資家が彼の意見を無視するのなら、自分でそれを実践するまでだった。すぐに自分のポートフォリオが第一となり、引き受け・仲介業務は二の次になった。

彼はこの不人気な業界で健全かつ有望な企業を買うことに全力を注いだ。

証券免許のある自分の会社を通じて売買することによって、彼は普通の投資家より二つの点で有利だった。①SECは個人より大きな借り入れ限度枠を会社に認めていたので、信用取引でより多くの株を購入できたこと、②会社は払う金利も個人より低かったこと――である。一九二九年は熱狂した大衆が軽率に信用取引で株を買い、全財産を失った。しかし、デービスはSECの許容限度いっぱいの五〇％強まで借りても平気だった。信用取引で株をとんでもない高値で買った二昔前の不幸な人たちと違い、デービスは保険株を破格の安値で買えば、そのこと自体が安全網になるとちゃんと計算していた。

「父は税金を憎んでいましたから、信用取引は内国歳入庁（ＩＲＳ）に対抗するのにもってこいの武器でした。借入金の金利は税控除の対象なのでその分、配当にかかるはずの税金が帳消しになりました。また、投資金額を上げることで、信用取引は彼の集中力を持続させました」とシェルビーは語っている。

デービスはその後も各地を旅したが、今度は他人に株を売るためではなく、自分のために企業を分析することが目的だった。彼はハートフォードやほかの会社のＣＥＯを訪問し、最近の業績や将来の計画について詳しく質問した。企業のトップと直接会うことによって、「はったり屋」と「行動家」の見分けがつくようになった。現在はアナリストが会社を訪問するのは当たり前だが、デービスはその草分けである。CEOは決まって将来の目標を明言していたので、デービスは彼らに詳細を示すよう求めた。会社が長期の利益目標を明確にしても、それを達成するための計画がおざなりだと、彼はうんざりした。「もしあなたが競争相手を撃つ銀の弾丸を一発持っていたら、どの競争相手を撃ちますか?」という質問をデービスはよくした。その答えを聞くと、後で調査するため社名を書き留めた。ライバルに恐れられる会社には必ずそれなりの理由がある。それを確かめにアポなし訪問することを彼は「パートナーとの遭遇」と言った。偉大な文明は偉大な指導者によって築かれることを歴史から学んだ彼は、企業の役員室に偉大な指導者を探しにいった。

デービスは自分の会社を始めたとき、バフェットのコロンビア大学時代の恩師であるグレアムの意見を聞こうとした。グレアムは、株式分析を粗野な仕事から専門的職業に発展させることを自分の使命と考えていた。そのため、ウォール街の調査部員の訓練と資格認定の改善や、株式公開企業に対してはより信頼できる会計情報を求めて精力的に活動した。グレアムの努力は報われ、ニューヨーク証券アナリスト協会(NYSSA)が設立され、同協会は一九四〇年代半ばまでに一〇〇〇人の会員を集めていた。

証券業界を盛り上げ、グレアムの運動を応援するため、デービスもNYSSAの会員になった。当時、アナリストはまだ給料の安い地味な職業で、ウォール街での地位は低かった。彼らは年金基金などの機関投資家向けに調査業務を行ったが、個人投資家とも最低限のつながりを保っていた。彼らの予算は厳しく、一般経費を賄うための年五ドルのＮＹＳＳＡ会費と、毎週開かれる昼食会のための小額の追徴金を払うことに文句を言う者もいた。昼食会ではいつも、企業から派遣された社員が自社の最近の活動について自画自賛の報告をした。昼食代を払うことを渋る会員は、無料の「食事なし聴衆」パスをもらった。

議事録から判断すると、ＮＹＳＳＡ執行委員会会議での主な議題は、昼食会が開かれるレストラン、シュワルツの食事の質とテーブルサービスだった。会議では食事の話題に何時間も費やされ、スタッフの時間もそれに割かれた。例えば、執行委員会は一九四六年七月八日、シュワルツの支配人、ハリー・ベックが食事代を一ドルから一・一五ドルへ値上げの要請をしたと報告した。ベックがメニューをもっと充実させる約束を守るという条件付きで、この要求は認められた。その後の会議では、値上げ分の一五セントをどう払うかという問題が議題になった。会員でない人からゲスト料金を徴収することをだれかが提案した。当時、プログラム委員長を務めていたデービスは、その問題を検討するよう依頼された。

デービスは一九四七年のＮＹＳＳＡ会長選で六七票を獲得し、プログラム委員長からすぐに会長へ昇格した。彼は就任早々、以前からのレストラン問題に忙殺された。もっといい場所を探すための委員会が設立されたが、アナリスト側の弁護士がシュワルツ側の弁護士と話し合って新たな契約に合意したため、場所探しは中止された。新しい契約書の条項では、シュワルツの昼食はライバル店で出される昼食と「少なくとも同程度に良質」でなければならないと定められた。

一九四七年九月の会議では、シュワルツが自費で新しい階段を取り付けたと報告された。翌年二月に協会はシュワルツがクリスマスシーズンにアナリストたちの食堂をほかの団体に貸すことを認めた。その見返りとして、シュワルツは未払いの昼食代を棒引きにした。エアコン代金や次回パーティーの飲み物代一五〇ドルの前払いの件とともに、事務所に書類戸棚を据え付けるかどうかの問題も持ち上がった。

一九四八年一月の会議では、シュワルツの昼食代を一・二五ドルに値上げする問題が話し合われ、アナリスト側はまたシュワルツに食事の改善を求めた。三月には、不満を抱いたあるアナリストが会費を滞納している者の名前をNYSSAの掲示板に張り出すことを提案した。デービスの会長としての任期が切れた五月は、もっと面白い講演者を探すことのほか、食堂の装飾の改善、新しい天井の照明とコルクボードパネルの取り付け、足元の電気照明をなくすことなどが話し合われた。

この間ずっと、ベンジャミン・グレアムは話を本題に戻そうとした。議事録が示すように、当時、アナリストはさほど重視されておらず、暇な時間がたくさんあった。さもなければ、シュワルツの分析よりまともなことをしていただろう。

一方、デービスが初めに選んだ株はうまく彼の資産を増やしていた。彼の会社はスタート時点の資産が一〇万ドル（現金五万ドルとNYSE会員権の評価額五万ドル）だった。一年目の終わりまでに、純資産は二三万四七九〇ドルになっていた。保険株七銘柄が今日のハイテク株を思わせる大幅な値上がりを見せた。保有額が一番多いのは比較的大きな保険会社、クラム・アンド・フォースター（後にゼロックスが吸収）で、それ以外は有名でない小粒の会社だった。これらの株は店頭市場として知られる金融市場の片隅で取引され、売上高や利益をマイクロソフト並みに伸ばしていた。

ダウは一九四七年から四九年にかけて二四％下落したが、デービスのポートフォリオは資産が急激に増えた。銘柄と業種の選択が正しかったほか、信用取引を活用したことも大きかった。彼は最初の年に二万九〇〇〇ドル借りて以来、投資人生を通じてずっと限度額いっぱい借り続けた。なぜだか分からないが、彼のポートフォリオには、USスチールとユナイテッド航空の「優先株」が若干含まれていた。たいていの資金運用担当者は彼に、世界最強の鉄鋼会社を買い増す一方、弱小保険会社を減らすようにアドバイスしただろう。しかし、彼は自分のプランに固執し、ノスタルジックな投資より戦略的な投資を実践した。アメリカの重厚長大産業に対する郷愁に浸っていたら、大損していただろう。USスチール株は一九五四年に天井を付けると、その後四〇年に及ぶ下げが始まった。

第七章

株高の一九五〇年代

株にとって一九五〇年代は、一九二〇年代以降で最高の一〇年間だった。ダウは二三五ドルから六七九ドルへ上昇し、三倍近くになった。より広範なS&P五〇〇は年率二一・一%も上昇、それに連動する投信に一九四九年に一万ドル投資していたら、一九五九年には六万七〇〇〇ドルになった。これほど強烈な株高は一九八〇年代まで訪れなかった。

一九三〇年代と四〇年代の気のめいるヨーヨー相場は上げては下げ、下げては上げの繰り返しだったが、一九五〇年代の長期上昇相場では「バイ・アンド・ホールド」戦略がかつての輝きを取り戻した。下げてもすべて一時的なものだった。一九五〇年は朝鮮戦争が投資家の肝を冷やしたが、市場はすぐに立ち直った。同じく、一九五七年はソ連戦車のブダペスト侵攻や有人人工衛星打ち上げとともに、スエズ運河をめぐる騒動が再び相場を一時的に動揺させた。これら二回の株価急落後に景気は後退局面に入ったが、いずれもすぐ回復した。企業収益が伸び、株価収益率（ＰＥＲ）は拡大したので、投資ゲームに勝つのは簡単だった。

毎度のことだが、株を保有するのに一番いい時に限って、人は最も株を保有したがらなかった。株の数字的な大底は一九三〇年代だったが、心理的な底を付けるまでにはもっと長い時間がかかった。一九五〇年代に入ってもしばらくは、大衆は株を保有することの意義を引き続き疑った。

一九五〇年は確かに株が安かった。ダウはまだ一九二九年の高値に届いておらず、スタンダード・オイル・オブ・ニュージャージーやクライスラーなど一握りの銘柄を除き、普通の優良企業は株価がずっと低迷していた。ＧＥ株は繁栄のクーリッジ時代より安かった。アナコンダ・カパーとＲＣＡは五〇％安かった。バロンズ誌は一九五二年、米国の主要企業五〇社のうち三〇社を負け組に分類した。投資家は約三〇年も値上がり益を待ち続けて年をとった。

当時は大半の人が収益ではなく配当に着目して株式を保有しており、ＩＲＳは引き続き最高所得層の収入に八〇％という過酷な税金を課していた。投資信託を世に広めたジョン・テンプルトンは顧客に、低配当もしくは無配の急成長企業の株を保有することで、この情け容赦ない取り立てを逃れることを勧めた。投資家が金を必要なら、いつでも保有株を切り崩し、ずっと低いキャピタルゲイン税を払うことを勧めた。所得の源泉として株を使うという彼の発想は、大衆には受け入れられなかった。

デービスを百万長者にした一九五〇年代初めの強烈な上げ相場の後ですら、大衆は株に懐疑的だった。一九五四年、フォーチュン誌は当時の一般認識を反映して、「ウォール街は時代遅れか？」というカバーストーリーを掲載した。米企業は急に景気づいたが、証券取引所は依然として眠気を催しそうな場所だった。米国で株を保有しているのは一〇〇人中たった四人だった。

ニューヨーク証券取引所（ＮＹＳＥ）の一日の出来高は約一〇〇万株と一九三〇年代半ばと同じ水準だった。トレーダー、仲買人、引受業者は動意を見せない大衆に当惑し、いらだった。こうした無気力と戦うため、ＮＹＳＥは「米国ビジネスの自分のシェア（分け前、株）を所有しよう」と銘打ったプロモーションを展開した。ＮＹＳＥのＧ・キース・ファンストン理事長は、デービス家に夏の別荘を賃貸した人物でもあった。このキャンペーンは株を持っていない中流階級を対象にしたもので、個人投資家は車、家具、家電などと同じように株を分割払いで買うように勧誘された。ＮＹＳＥは最初の反応について「期待できる」と述べたが、ファンストンの「投資は今、支払いは後」キャンペーンを利用したのは二万八〇〇〇人にとどまった。

同プログラムは初年度に一一五〇万ドルの新規投資しか呼び寄せることができなかった。結果として、強気相場を演出するのに大衆は必要なかった。世間は株を買いたがらなかったが、株式保有者たちも株を売りたがらなかった。株価を押し下げる売り手が少ないと、買い手が比較的少なくても株価を押し上げられた。

ビジネス好調を受けて景気後退の懸念が薄らぎ始めても、インフレが忍び寄っていた。朝鮮戦争の最中と後に、インフレが頭をもたげた。軍備増強は例によって紙幣の過剰印刷によってファイナンスされた。一九五〇年から五一年にかけて消費者物価が二ケタのペースで上昇し、FRBは短期金利の引き上げという古典的な手法で対処した。その処方はいつものように副作用があった。前述の穏やかな景気後退である。

FRBは一九五一年、数年前に長期金利を押さえつけるために載せたふたを外した。当局の抑圧から解放された長期金利は、インフレの上昇気流に乗って上がった。この時点で、債券が国民の財産を台無しにする長期下落局面の序盤にあると気づいた人はほとんどいなかった。実際、一九五七年には株安を受けて投資家が信用取引で「安全な」国債を積極的に買った。

一九二九年の大暴落後、軽率な株の投機を抑制するため厳しい新ルールが導入された。例えば、一〇%の証拠金では株を買えなくするといった措置である。しかし、軽率な債券の投機を阻止するルールは何も設けられておらず、彼らは五%の証拠金で国債を買えた。一九五七年にはこうした投機家がまるでギャンブルのように、銀行から借りた金で新発国債を買いまくった。おう盛な需要を満たすため、財務省は償還一九九〇年、表面利率三・五％の国債を新たに一七億ドルも発行した。満期が一九九〇年であることから、ウォール街のいたずら者たちはその国債を「ゲイ（陽気な）・ナインティーズ」と呼んだ。

「人々は列をなして買った」とジェームズ・グラントはゲイ・ナインティーズ国債に対する熱狂ぶりを伝えた。しかし、彼らが買った途端に、債券市場は急落した。信用買いがなかったら、下げはもう少し穏やかだったかもしれないが、猛烈な投機の反動はすさまじかった。投機筋が散々損をしたすぐ後に、ＦＲＢが利上げによってインフレ率を押し下げ、債券市場も落ち着きを取り戻した。その後六年はインフレ率が二％以下にとどまった。

デービスは債券の乱高下には関心はなかった。彼は保険株、中でも小粒で元気な企業にこだわり続けた。そして、独立七年後の一九五四年までに財を成していた。株式市場ではどの業種に投資しても儲かったが、デービスは一番妙味があるのに一番人気がない業種に賭けていた。生保は派手さこそないが、後世のコンピューター、データ処理、医薬品や、マクドナルド、ウォルマートなど優良小売企業並みのハイペースで業績を伸ばした。一九五〇年、保険会社の株価は一株利益の四倍だった。一〇年後にはＰＥＲが一五～二〇倍になり、利益は四倍に増えた。インシュアランスＵＳＡ（架空の会社）の一株利益が一ドルのとき、デービスが同社株一〇〇〇株を四〇〇〇ドルで取得したとしよう。この会社の一株利益が八ドルに増え、大勢の投資家がそのチャンスに飛びつくまで、デービスはこの株を持ち続けた。デービスが一ドルの四倍で買ったものを、彼らは八ドルの一八倍で買った。彼の四〇〇〇ドルはミスター・マーケットの評価では一四万四〇〇〇ドルの価値があった。デービスは元手を三一六倍にしたうえ、保有期間中に配当も受け取った。彼はこうした成功例を「デービスのダブルプレー」と呼んだ。会社の業績が伸びると、株は第一弾の上げを演じた。投資家がその業績にもっと高い値札を付けると、株は第二弾の上昇局面に入った。デービスの場合は、信用取引を利用することで第三弾の押し上げ効果を手に入れた。

彼は個人的な消費のために金を借りたりしなかった。彼にとって、新車や冷蔵庫を買うために借金をすることは、金に対する侮辱だった。一方、もっと金を儲けるために借金をすることは、積極的にチャンスをモノにするための手段だった。保険会社には、製造業より断然有利な点がいくつかあった。保険会社が提供する商品はけっして流行遅れにならない。しかも、顧客の金を投資することで利益を得るので、金のかかる工場や研究所は必要ないし、環境を汚染することもなかった。そして何より、この業界は不況に強かった。家計が苦しくなると、消費者は家、車、家電など高価な買い物を先送りするが、家、車、生命に掛けた保険を失効させる余裕はない。景気が悪いと人は節約し、車にあまり乗らなくなるので、自動車事故が減る。賠償請求が減ると保険会社は助かる。景気が悪いときはたいてい金利が下がるため、保険会社の債券ポートフォリオは価値が高まる。

こうした要因が保険会社の収益を通常の景気循環から解き放ち、全般に不況抵抗力の強い収益構造にした。一方、債券をたっぷり組み込んだポートフォリオからの収入は増え続けた。

デービスは手当たり次第に保険株を買ったわけではない。保険局の役人時代に、勝ち組と負け組の見分け方を編み出していた。彼は一九五二年の大ニューヨーク保険仲介業者協会での講演でそれを披露した。講演のタイトルは「あなたの保険会社はどのくらい健全ですか？」で、聴衆は株選びの極意についても貴重な指導を受けた。

まず、「会社が儲かっているのか、大損をしているのか調べるため」、数字の裏を徹底的に探った。それには、業界で広く使われている会計上のトリックを見抜く生きた知識が必要だった。会社が儲けていることを確信すると、次にポートフォリオの中身を調べた。ここでは、信頼できる資産（国債、モーゲージ、優良株）と不確かな資産を区別した。実際、ポートフォリオを詳しく調べたおかげで、難を逃れたことがあった。一見したところ魅力的な保険会社があり、彼は投資するつもりだった。しかし、ジャンク債を大量に保有していることに気付き、間一髪で購入を見送った。その後、これらハイリスク銘柄のいくつかはデフォルトになり、その保険会社は破たんした。

第三ステップでは、どんなに有望そうな会社についても自分なりの市場価値をざっと見積もった。つまり、より大きな会社に買収されるとしたら、どのくらいの値段がつくかということだ。デービスが保険株を買う場合、彼の見積もった価値がその時点のミスター・マーケットの評価額を大幅に上回ることが絶対条件だった。企業に自分自身の値札を付けることによって、デービスは確信と持久力を持てた。

自分が持っている株の本当の価値を知らない投資家は、簡単に手放してしまう。価値に関する彼らの唯一の尺度は株価なので、価格が下がれば下がるほど、保有株を売却してしまいがちだ。デービスはけっしてパニックに陥らなかった。ウォール街が日、週、月、年単位でどのように変動しても、彼の戦略は変わらなかった。自分のポートフォリオの中身に対する絶対的な自信から、市場の評価のほうが間違っていると考え、どんなに下げても株を持ち続けた。弱気相場も彼を動揺させることはなかった。

株価の変動はデービスの指標の中で最も重要度が低かったが、彼は株価から目を離さなかった。株価の低迷が長引く場合、その会社は一般には認識されていない問題を抱えている可能性があると彼は警戒した。内部事情に通じたインサイダーが持ち株を処分するとき、思わぬ事実が発覚することが多い。つまり、企業には分かる人にしか分からない部分があり、それがいずれ表面化するということだ。

数字で企業を一通り把握すると、デービスは次に経営陣に照準を絞った。企業の役員と会うため、いつも各地を回っていた。営業部隊や苦情処理に関する質問から、競争相手と戦い新規顧客を獲得するための経営戦略まで、彼は企業トップを質問攻めにした。

どんなに詳しく調べても、会社の致命的な欠点を発見できないこともあった。具体例として、デービスは朝鮮戦争の犠牲になった名高い自動車保険会社を挙げた。戦争とその後遺症でアメリカではいつものインフレに加えて「無謀運転」が急増し、車の修理費と事故補償金の支払いが大きく膨らんだ。契約引き受け審査の甘さも追い打ちをかけ、この会社は連邦破産法の適用申請に追い込まれた。この話の教訓は、予想外の不幸よりも幸運が多くなるように、株は十分多くの銘柄を保有することである。

彼は複雑な性格だった。本来は一匹狼なのに、有名人と知り合いであることを自慢した。現場労働者と昼食をとる親しみやすい表情の下には、先祖がジェームズタウンやプリマスの出身であることを誇りにする親英派の顔が潜んでいた。コロニアル・ウォーズ、サンズ・オブ・ジ・アメリカン・レボルーション、ザ・ピルグリム・ソサエティー、メイフラワーなど、多くの愛国的団体に入っていた。ザ・サンズ・オブ・シンシナティに関しては、ジョージ・ワシントン将軍の下で戦った将校の長男の子孫という一番大事な資格を欠いていたが、何とか入会した。

デービスはウォール街でアナリストを育成し、彼らの意見も聞いていたが、その意見を評価することもなければ、それに基づいて行動することもなかった。トレンドを避け集団思考を無視する一匹狼なのに、自分の仲介・引受ビジネスに客が集まらないとむっとした。しつけに厳格で、手本を示したり命令したりして子供たちに労働倫理を教え込んだ。オフィスでは無駄話を許さず、社員が会社で新聞を読むのをとがめた。ののしりや汚い冗談は言うのも聞くのも嫌いだったが、彼はパーティー、ディナー、祝典に出席し、談笑を楽しんだ。

おしゃれに関心はなかったが、所属する多くの組織やクラブが主催するパレードや愛国的祝典に正装で参加するのは好きだった。燕尾服と三角帽を身にまとい、メダルやリボンがたくさんついたサッシュを胸に飾り、デービスはうれしそうに旗を振った。彼は会員になったすべてのクラブで最高位まで上り詰めた。会員は男性のみで、時折開かれる男女参加のディナーパーティーを除いて会合もそうだった。あるとき、デービスはピルグリム・ソサエティーの行事でロンドンに旅行し、祝典用のサッシュを忘れたことに気づいた。キャスリンが何時間もロンドンの衣装屋を探し回って、ようやく代わりのものを見つけてきた。

デービスは生保・損保業界ではすでに有名だった。保険会社で働いたことは一度もないのに、業界の人はいつしか彼を「アメリカ保険の学部長」と呼ぶようになった。彼は業界著名人の間で顔が広く、大小の引受業者についても詳しく、経理から収益、資産、債務のデータに至るまで保険のことなら何でも知っている生き字引だった。デービスは人の名前や顔を写真のように思い出せる特技があった。数字には強かったが、数字だけに頼って株を選んだりしなかった。「会計はいつでも片手間に学べるが、歴史はしっかり勉強しなければならない。歴史は視野を広げてくれ、人と違うことの大切さを教えてくれる」と彼は息子に言った。

彼の元にはいつもあちこちから招待状が届いた。デービスは保険業界の親睦会に出席し、会議で講演し、国内外の年次旅行でCEOたちと親交を深めた。彼の事務所のマネジャーで、少数持ち分パートナーであるケン・エビットは、ボスがどこにいるか常に知っていた。デービスがチューリッヒ、パリ、ローマ、ロンドンなどで講演した後は、出席者から彼の推奨した株を買いたいという電話が必ずあるからだ。どこで講演しても、保険の学部長は大勢の聴衆を集めた。ウォール街の投資銀行は、彼が講演で何を話すか把握し、質疑応答でどの株を買うべきか尋ねるため、密かに社員を潜り込ませた。デービスは注目されるのを楽しんだ。

デービスが業界の集まりで家を留守にしたとき、キャスリンは時々旅に出た。一九五三年、彼女は母、エディスと一緒にインドを旅行した。二人のワッサーマン家の女性は、エドムンド・ヒラリー卿がエベレスト登頂から帰ってすぐにダージリンの彼の自宅でお茶を飲んだ。「ヒラリー卿はその偉業を誇りにしてたけど、それより自慢だったのは、インド政府から功績をたたえて贈られたアメリカ式のキッチンだったの」とキャスリンは思い出した。エディスは、電気コンロや急速冷凍庫を完備した何から何までアメリカ的なその厨房を見なかった。彼女はヒラリー卿の犬が怖かったので、家の外に立ったまま中に入ろうとしなかったからだ。

登山は世界中から新たな転向者を引き寄せた。その中に、キャスリンのおい、スティーブ・ワッサーマンもいた。スティーブは一五歳のときにアルプスに登り、その二年後の一九五七年に登山技術をカリフォルニアに持ち帰った。登山の費用を稼ぐため彼と友人は父、ワイルド・ビルが出資者の一人だった鉱山で働き、自由時間は山の斜面で過ごした。ある週末、彼らはマウント・ホイットニーの険しい東壁をよじ登った。そして、スティーブは転落死した。


デービスとキャスリンはウェストバージニア州の豪華なグリーンブライヤー・リゾートで開かれた保険業界の年次パーティーに出席した。このイベントは部外者立ち入り禁止で、デービスは会議には参加できなかったが、食事と催し物に招かれた。パーティーでは、デービスは業界のゴシップを集めたり、降格、昇格など各社の人事についていろいろ聞いたり、新しい役員と会って彼らが行動家かはったり屋か品定めした。彼はまるでリポーターのように会場を歩き回り、ウォール街に知れる前にスクープをつかもうとした。

デービスは顔が広く尊敬されていたが、彼の仲介・売買ビジネスには客がほとんど集まらなかった。彼は、自分の推奨した株を買う人が別の会社で取引することにずっと悩んでいた。アドバイスに従うのなら敬意の証として自分に売買手数料を払うべきだと考えていた。

彼の会社は保険会社の株式公開に関する引き受け業務を獲得しようと他社と競争したが、デービスにはこうした案件で主幹事を務めるほどの影響力も資金調達力もなかった。彼はいつも、ツームストーン広告――最新の公募案件の引受団メンバーを知らせる新聞広告――の一番上に名前が載るモルガン・スタンレーなどの一流投資銀行に従った。デービスはたいてい自分の会社の名前がツームストーンの一番下に載ることを渋々承知せざるを得なかったが、ジュニア共同幹事としてツームストーンの右側に会社の名前が載ることも時折あった。

彼は六つの都市に、従業員が各一名の小さな事務所を開設した。デービスはほとんど金を使わなくて済むように、仲買人たちが事務所の経費と自分たちの給料を払えるだけの手数料を稼げればと思った。彼の格安仲介会社はあまり繁盛しなかった。実際、彼の会社は、営業手数料で月々の経費を賄い、本当の儲けは投資ポートフォリオから稼ぐ保険会社に似ていた。仲介業務が暇なおかげで余計なことに煩わされず、自分のポートフォリオの運用に専念できた。

彼は保険株を保有することによって、業界で出世して高給取りになった保険会社の役員よりもはるかに金持ちになった。一九五〇年代半ばまでに彼の純資産は急激に増えた。保険株三二銘柄への投資は一六〇万ドルの価値があり、キャスリンの最初の五万ドルは三二倍になった。

最初にポートフォリオに組み入れた銘柄はすべて売却していた。六年にわたってポートフォリオをいろいろ入れ替えた末、コンチネンタル、コモンウエルス・ライフなど安心してずっと保有できる企業をようやく見つけた。これ以降、デービスはこうした銘柄を持ち続け、増えていく資産を担保に借りた金で新しい銘柄を組み入れていった。一九五九年までに信用取引で八〇〇万ドルを運用しており、純資産はおそらく八〇〇万～一〇〇〇万ドルくらいだっただろう。

このころ、オーストリア人のディック・マーレーがデービスと出会い、彼に再保険ビジネスを紹介した。ハリケーンや地震など将来の災害時に発生する巨額の保険金支払いのリスクを減らすため、欧州の保険会社は再保険会社に手数料を払ってそうしたリスクを部分的にカバーした。マーレーは米国でもこの概念を広めようとしていた。二人はよくデービスお気に入りのクラブ、ダウンタウン・アソシエーションで昼食を共にした。メーン州にあるデービスの夏別荘に招待されたとき、マーレーは彼が締まり屋であることを痛感した。

「二つのゲストルームに対して浴室はひとつしかなかったので、使用中かどうか確かめるのにノックする必要がありました。あるとき、わたしが浴室を使っていたら、隣のゲストルームの女性がノックして、『お湯が必要なら、洗面台は使えないわよ。もう三年も壊れたままだから。浴槽の蛇口を使いなさい』と大きな声で忠告してくれました」とマーレーは言う。

ニューヨークに戻ると、マーレーはデービスをNYSEに上場予定のフランスの保険会社のCEOと会わせた。「わたしたち三人はパイン・ストリートにあるデービスの一部屋だけのオフィスで会いました。デービスが部屋の真ん中にある机の前に座り、少人数のスタッフが周りで働いていました。フランス人もわたしもデービスの靴がぼろぼろなのに気づきました。フランス人は後で、机の周りに何か仕切りを作るように、そして新しい靴を買うように彼に伝えてくれと、わたしに言いました」とマーレーは語った。

デービスはいつもマーレーに再保険のことをあれこれ質問した。彼はデービスに海外の有望な企業をいくつか教え、それ以降デービスは海外投資を考えるようになった。マーレーは大金に興味のない「哲学的なクエーカー教徒」で、けっして自分の株式情報を利用して儲けようとはしなかった。

デービスが自分のポートフォリオを運用し始めてから一一年間、株の配当はたいてい国債の利回りより高かった。二〇世紀を通じて配当が債券利回りより高いときはいつも、株式保有者が順調に資産を増やした。

債券利回りは一九五八年に配当に追いついた。戦後の強力な株高は、この時点で半分が過ぎたところだった。ダウ採用銘柄のＰＥＲは一八倍と割高感があったが、一〇年に及ぶ上昇で懐疑派も株高が本物と思うようになった。復活の兆しは明らかだった。ＡＴ＆Ｔの年金基金は一九一三年以来初めて株を購入した。新たに設定されたリーマン・ブラザーズの投信は販売高が予想をはるかに上回った。大衆は株を買い、値上がりすればするほどさらに買ったため、株式市場は上昇し続けた。金利の上昇や中東戦争の脅威などの悪材料にもかかわらず、上げ相場は持続した。これといった材料もないのに株価が空中に浮き上がっているように見えたので、専門家は「インドのロープ魔術」と呼んだ。

ライフ誌の記者、アーネスト・ヘイブマンは「大衆の株式市場――楽観的で予想もつかない買いにウォール街のプロも当惑」と題した一九五八年の記事でこうした奇妙な現象を取り上げた。「われわれはいま本物の大衆資本主義の下で生きている」とヘイブマンは書いた。彼は一九二〇年代に向こう見ずな投資家がいかに信用取引でギャンブルをしたか描き、一九五〇年代の投資家については「保険や預金のような感覚で株を買っている。株高が長く続いているので、一時的に下げてもうろたえない」と指摘した。

このように大衆が突然心変わりして「バイ・アンド・ホールド」理論を熱心に信奉するようになっても、ベテラン投資家は感動しなかった。下げ相場が自称長期投資家を一夜にしてパニック的な売り手に変えるのを目撃したことがあったからだ。しかし、ヘイブマンは一九五〇年代について「狂乱の一九二〇年代」に一般的だった意見を引用し、企業やその株主が企業経営という新進の「科学」から恩恵を受ける「新時代」と表現した。「しかも、ウォール街は当時より保守的で、規制され、個人投資家との取引において正直になった」と書いた。「買い手は用心しろ」という言葉は死語になった。

しかし、株高の裏にも危険が潜んでいた。アメリカ合衆国が繁栄する一方、その消費者は厄介な貿易赤字をどんどん増やした。彼らの外国製品購入額は外国人の米国製品購入額を上回っていた。いつものように、米国は貿易相手にドルで支払ったが、英国、ベルギー、スイス、イタリアなどはドルがその価値を保てるか疑い始め、金（ゴールド）での支払いを要求した。まだ効力のあった修正金本位制に基づき、米国にはそれに応じる義務があった。米国政府はほかの国を合計した以上の金を保有していたが、一九五〇年代末には大量の金が海外に流出し、この国の金準備高は急速に減っていた。

エコノミストや金融界の専門家は、より少ない量の金で勘定を払えるように、米国はやがて金価格を引き上げざるを得なくなると予想した。金価格が上がると、一オンスの金を買うのにより多くのドルが必要になるので、ドルが自動的に安くなる。ドル安は外国製品をより高くするため、インフレ押し上げ要因である。超インフレは株にも経済にも悪材料だが、ニクソン大統領が正式にドルを切り下げて金が見事な復活を果たした一九七一年まで、そうした悲惨な結果にはならなかった。ジェームズ・グラントは一九五〇年代の貿易赤字について、「金融の飛行機はあのまま進めば山にぶつかりそうだったが、パイロットの計算ミスはごくわずかで山までの距離もたっぷりあるので、衝突することは何年もないだろう」と述べた（本章で引用した一九五二年バロンズ誌、一九五四年フォーチュン誌、一九五八年ライフ誌の記事からの引用文やそれに関する参考文、並びにニューヨーク証券取引所の株式保有プログラムやゲイ・ナインティーズ国債に関する詳細は、ジェームズ・グラントの『繁栄のツケ（The Trouble with Prosperity）』［タイムズ・ビジネス／ランダムハウス、一九九六年］に掲載されたものである）。金融的混乱は徐々に進行するので、実際に被害が発生する前に将来の災難はたいてい察知された。

第八章
デービス　海外投資に目覚める

株高は一九六〇年代に入っても止まらなかった。しかし、国際情勢は緊迫の度を増し、核兵器による攻撃を心配して自宅の地下に核シェルターを作る人もいた。多くの国民がロシア人を恐れ嫌う一方、国中の投資家は投資信託に夢中になった。かつて閑古鳥が鳴いていた証券取引所も一躍活気づき、一九六〇年の売買高は一〇億株とNYSEにとって一九二九年以降で最も忙しい年となった。投資家はより高い値段を払い、より長く株を保有した。

強気相場がぐらつくこともあったが、ごく短期間だった。一九六〇年は一〇カ月の景気後退で株高のペースは鈍ったが、長期上昇トレンドそのものは崩れなかった。一九六一年のキューバ侵攻失敗ですらウォール街の勢いを止められなかった。フィデル・カストロの共産軍が侵入者を撃退した翌週に、株価は急上昇した。一九六二年はジョン・F・ケネディ大統領と鉄鋼業界の衝突から株が全面安となり、最高値が一〇九ドルのUSスチール株も三八ドルまで急落した。しかし、株式市場はまたも反発し、弱気筋は撃退された。

ミスター・マーケットは弱気材料にも動じず、ケネディ暗殺でさえ強気材料にした。大統領が暗殺された一九六三年一一月二二日こそ投資家もショックを受けたが、翌週に取引が再開されると、株価は何事もなかったかのように大きく跳ね上がった。エレクトロニクスやその他ハイテク株が投機買いで高騰したことに不安を感じたファンストンNYSE理事長は、「新しいというだけで、未知数の会社を買うのは不健全」と大衆に警告した。[1] 投機の網ですくい上げられたこうした稚魚の大半はすぐに買い手を失望させたが、ポラロイド、ゼロックス、リットン・インダストリーズなど少数の銘柄は異彩を放った。

デービスのポートフォリオには、貴婦人のような落ち着きがあった。買った株が期待外れだと処分したり、大きな会社に合併・買収される場合は利益を確定して別の銘柄に乗り換えたりもした。しかし、こうしたケースは例外で、彼はたいてい一度買った銘柄をずっと持ち続けた。何年も何年も同じ銘柄にこだわり続け、ポートフォリオではコンチネンタル、コモンウエルス・ライフなどがずっと保有額上位にとどまった。

デービスの保有株は会社の元帳に簿価で記載され、純資産は計算できないが、信用取引の記録から規模をある程度つかめる。彼はポートフォリオの時価総額の半分近くの資金を借りていたので、（一九六二年のように）いくつかの銀行から一〇〇〇万ドル借りたとしたら、保有株式の時価総額は二〇〇〇万ドルと推計される。一九六五年までに銀行債務が二〇〇〇万ドルに増え、保有株は四〇〇〇万ドルと三年で倍になった模様だ。

ダウは一九四七年にデービスが投資を始めてから四倍になったが、彼の保険株ポートフォリオは実に二〇〇倍になった。「デービスのダブルプレー」が真価を発揮した。保険会社の利益は業界全体で四倍に増え、熱心な投資家がそうした利益に対して一九四七年の三倍の値段を払った。信用取引のレバレッジによる素晴らしい押し上げ効果に加え、値上がりする銘柄を選ぶデービスのずば抜けた才能がそれから四〇年後に、野球のスーパースターかハリー・ポッター級の超ベストセラー作家くらいしか得られない利益をもたらした。

デービスが成功した一因は戦後の株高期を通じて一貫して株を保有したことにある。一方、普通の投資家は株高が終わりかけの一九六〇年代半ばから行動を起こした。そのころには、市場が悲観論一色だった時期よりデービスの株への情熱は冷めていた。もはやアメリカに割安な株は見当たらなかった。自分の好きな保険株が購入時の「安値水準」をはるかに超えて上昇するのを目の当たりにしたデービスは、保険株を安く買う新たなチャンスを国外に見いだした。

彼は海外へ買い物に出かけた。

この点でも、彼は大衆のはるか先を行っていた。熱心な証券会社によって全国的に売り込まれた中南米の債券で大損をした一九三〇年代以降、米国民は海外投資をずっと敬遠していた。それから三〇年後のウォール街の資金運用者にとって、外国の証券取引所は未開の地だった。エマージング市場はまだ登場しておらず、グローバル投信もなければカントリーファンドもなく、海外への分散投資もほとんど話題にならなかった。

一九五七年、前年の欧州経済共同体の発足に刺激され、ニューヨークの証券アナリストの一団が現地調査のため欧州に飛んだ。彼らはロンドン、アムステルダム、パリ、ミラノ、デュッセルドルフの会社を訪問した。欧州企業が発表する金融データは分かりづらく信頼できないと文句を言いながらも、彼らは全般に好印象を持った。訪問した会社の役員の中には証券アナリストという言葉を聞いたことがない人もいた。それでも、この旅の結果として、欧州企業数社が初めてNYSEに上場した。だが、あまり注目を集めなかった。

デービスは欧州訪問には参加しなかったが、アナリストが行ったことは知っていた。歴史を勉強したことに加え、欧州、ロシア、中東など世界各地を旅行したことがあったので、彼には国内だけにとらわれず、海外投資を受け入れられる下地があった。このテーマについては、オーストリアからの移民で「再保険」のエキスパートである友人のリチャード・マーレーと以前から話していた。マーレーはまた、アフリカや中南米の反資本主義政権によるゆすりや嫌がらせに長年悩む複数の米国企業の非公式「大使」として各地を回った。

旅から帰るといつも、マーレーは自分が発見した現地の有力保険会社についてデービスに話をした。マーレーのお気に入りの会社は国境の南にあったが、デービスはそこでの好機に乗じようとはしなかった。「国境の南に投資したら大損をする」と彼は主張したが、海外投資のアイデアそのものは頭の中に染み込み始めていた。そして、一九六二年に彼は日本へのアナリストの視察旅行に参加した。

当時、日本は鋳鉄製の自由の女神のミニチュアやその他安っぽいみやげ物を米国に輸出し、「メイド・イン・ジャパン」は「安物」の代名詞だった。アメリカ人の多くは敗戦国日本の国民について、床の上で寝たり、ドアを紙で作ったり、ペコペコ頭を下げてばかりいる姿を思い浮かべ、そんな国が欧州や米国にかなうはずがないと思っていた。日本に株式市場があることすら、ほとんど知られていなかった。

妻たちも旅行に招待されたので、デービスとキャスリンはロングアイランドのアイドルワイルド（現在のケネディ・インターナショナル）空港から飛行機に乗った。キャスリンの姉が見送りにフィラデルフィアから車でやってきた。飛行機は給油のためアラスカのアンカレッジに立ち寄った。乗客には窓越しに、翼に立て掛けた高いはしごを整備員が登り、いくつもの缶からオイルらしきものを穴に注ぐのが見えたので、自分たちは燃料が漏れている飛行機に乗っているかと思った。

一行は、フランク・ロイド・ライトが設計し、周囲を日本庭園に囲まれた東京の帝国ホテルに泊まった。建物は荒れていた。「少なくともネズミは出なかったわ」とキャスリンは思い出しながら語った。彼女は、日本人はネズミがよく出る建物を取り壊したと聞いていた。当時、日本は一九六四年の東京オリンピックの準備に追われていたが、戦争の傷跡がまだあちこちに残っていた。妻たちは神社を訪れたり、海女の真珠採りを見物したり、富士山の麓までハイキングしたりした。着物姿の給仕係が彼女たちにコカ・コーラを注いでくれた。夫たちは寿司を試食したり、要人と会ったり、芸者と戯れたりした（ツアーに参加した五〇名のアナリストのうち、四六名が男性だった）。ナイトクラブでは、それぞれのアナリストの後ろに芸者が一人ずつ立ち、タバコに火をつけたり、マティーニのお代わりを注いだり、ネクタイを引っ張ったりした。「デービスは芸者が大変気に入りました」とツアーを組織したフランシス・ハイドは言った。「彼女たちがどのようにしてパタケーキ（二人で向かい合い歌を歌いながら相手の手のひらを打ち合わせる遊び）の日本版をしたか話してくれました。わたしがもっとエキサイティングな遊びはしなかったのかと尋ねたら、『そういうのは芸者の仕事じゃないよ』と彼が言いったのでわたしは笑いました」

一行は歓待を受け、日本人が自分の国に二個の原爆を落とした国からの訪問者にも驚くほど親切であることを知った。デービスはこうした東洋のベン・フランクリンたちに親しみを感じた。彼らはよく働き、将来のために貯金をし、消費はできるだけ抑え、まるでフランクリンの金言集『リチャード年鑑』に出てくるような暮らしぶりだった。仲間のアナリストたちは、訪問した工場の素晴らしさに感嘆した。「ソニー」という名の電気製品会社では、ブラスバンドが「ヤンキー・ドゥードル」（独立戦争当時のアメリカ軍兵士の軍歌）を演奏し、案内人がそのイベントを小型カメラで撮影した。彼は米国人たちをモニターの前に座らせ、先ほどの場面をその場で再生して喝さいを浴びた。

トヨタの組み立て工場では、車を生産する最先端の機械に驚いた。しかし、工場を見学して大いに感激した彼らも、日本の会計が欧州の会計以上に分かりにくいことに落胆した。「日本人はあいまいな表現を使い、数字の周りに煙幕を張っていたので、われわれには有益な情報が一切分かりませんでした。ツアーが終わるころには、ほとんどだれも日本に投資したがりませんでした」とハイドは語った。興味を持ったのはデービスと、日本企業の財務諸表を解読するエキスパートであるジェームズ・ローゼンウォルドという名のカリフォルニアのファンドマネジャーだけだった。一行が各地を転々としている間、彼とデービスはバスの後ろで意見交換をし、ローゼンウォルドが計算尺を使って算出した数字に熱中した。

二人はやがてツアーから離れ、保険会社を訪問するアポをとった。デービスもローゼンウォルドも日本語は話せなかったが、東京に何度も行ったことがあるデービスの友人、リチャード・マーレーによると、言葉をしゃべれないことはむしろプラスだった。「日本人はヘタな日本語をしゃべる外国人は好きではありません。外国人が流暢な日本語をしゃべると、ネイティブにとっていい気持ちはしません。だから、日本語をまるきりしゃべれないほうがいいのです」とマーレーは言った。いずれにしても、通訳がついたし、いろんなことを知れば知るほど、デービスとローゼンウォルドは人生最大の大鉱脈を発見したことを確信した。日本企業は全般に国や文化に守られており、自由競争の厳しさにはさらされていなかった。保険会社にはそれ以外にもメリットがあった。日本人が常に恐れる「次の大地震」の犠牲者への補償金が不足しないよう万全を期したいと政府は考えていたからだ。

デービスとローゼンウォルドがすぐ気づいたように、競争相手が一万社もある米国とは違い、日本では二〇の会社が損害保険ビジネスの大半を分配していた。その中でも五社は大蔵省（現財務省）の庇護の下に市場を支配し、保証された市場シェアと、米国の二倍から五倍の保険料を顧客に課す特権を享受していた。自動車事故やその他の災害の被害者は保険会社側から詰問され、賠償請求が正当であることを証明しなければならない。請求が却下されることも時々あり、保険金の支払いは最小限にとどめられた。あれこれ詮索される米国では、日本のように保険会社にこれほど有利な環境はまず考えられない。

ローゼンウォルドの助けもあって、デービスは日本の財務諸表が意外と分かりやすいことに気づき、実態を知れば知るほど、彼は興奮してきた。保険セクター全体が「圧倒的に安かった」とローゼンウォルドは後に書いた。破たんの心配がない企業の株がその投資ポートフォリオの価値の何分の一かの値段で売買されており、本社の価値より安いケースもあった。ポートフォリオが生む収入の大部分は、非課税のまま複利運用が認められていた。「大災害準備金」と呼ばれるこの積立金は、抗し難いほど魅力的な含み資産だった。この準備金は将来の地震発生時の賠償金支払いに備えて積み立てられたものだが、その額は最も悲観的な専門家による被害予想額をはるかに上回っていた。

例えば、日産火災の貸借対照表をざっと見ただけで、同社の株には一株四七円の値を付けられる。この数字には一株当たり二二八円の大災害準備金と同五四五円のその他含み資産は含まれていない。当時の日産火災株は四五〇円と一株利益のたった二倍の水準で売られており、投資家は一株当たり八〇〇円の価値がある同社の株式・債券ポートフォリオに加え、繁盛しているる保険ビジネスを取得できた。こうした資産はバランスシートに簿価で記載されるので、含み資産は一見したときよりずっと大きかった。

ある夜、ツアー参加者が彼ら以外全員食事に出かけていたとき、デービスはホテルの部屋で日本のビールを飲みながら、キャスリンに自分が何を発見したか話した。彼の説明によると、日本にはミューチュアルファンドはないが、膨大なポートフォリオを持つ保険会社は日本の復興に投資するにはうってつけの媒体である。この旅行に参加してデービスは、アメリカが一九三〇年代の不況を克服したように、日本も戦後の低迷を克服できると確信した。「日本の人たちを信じているので、彼らに投資しようと思うんだが、どうだい」と彼はもったいぶって妻に尋ねた。

帰国の途中、アナリストたちは買い物のため香港に立ち寄った。デービスはこの時間を利用して保険会社のショッピングを続けた。彼は日本で耳にしたアメリカン・インシュアランス・アンダーライターズ（AIU）のトップと昼食をとった。AIUはその三〇年前に中国の上海で設立され、アメリカ生まれのCEO、コーネリアス・ファンデル・スタールは極東全域での保険販売で抜群の実績を残した。実際、AIUは日本で競争することを認められた数少ないアメリカ企業のひとつだった。同社は最高司令官、ダグラス・マッカーサー将軍を頂点とする連合軍による占領下の一九四六年に日本に足場を築いた。

AIUは一九五二年までに日本のどの会社よりも多くの自動車保険と個人傷害保険を売っていた。この地域で成功し続けたことが本国の保険会社の関心を引き、AIUは同じような略称のAIG、アメリカン・インターナショナル・グループに買収された。

もうひとつの米国の保険会社、アメリカン・ファミリー（現ＡＦＬＡＣ）は一九七四年に日本人が抵抗を感じると思われたがん保険を発売し、大成功を収めた。日本の役所は国民ががん保険に入るとは夢にも思わなかったので、ＡＦＬＡＣに国内での営業を認めた。彼らの予想に反して、国民はがん保険を必要としていた。ある人が冗談交じりに説明するように、「日本人は心気症患者である」[2]。

デービスは日本訪問後にＡＩＵ株を買ったので、同社が買収されたことによって自動的にＡＩＧ株を保有することになった。彼のポートフォリオにあったほかの二つの米国籍の保険会社もＡＩＧに買収されたので、ＡＩＧ株をさらに取得することになった。ＡＩＧが一九六九年に株式を公開したとき、デービスは大使の仕事で忙しくてポートフォリオの管理をする暇はなかったのに、ＡＩＧ株をさらに買い増した。

デービスとキャスリンはデービスの生涯で一番実り多い旅を終えてニューヨークに戻った。一緒に行った仲間は興奮が冷めて普段の生活に戻ったが、彼とローゼンウォルドは日本株を積極的に買った。彼らのタイミングは完璧だった。為替が円高に傾き、日本経済はより高いギアにシフトした。ツアーには参加しなかった三名の著名な米国人投資家――オリバー・グレース、アル・ヘッティンガー、ジョン・テンプルトン――も日本株を買った。テンプルトンはテンプルトン・ファンドの創業者で、後にエリザベス女王からナイトの爵位を贈られた。グレースとヘッティンガーはローゼンウォルドを通じて日本株を買い、テンプルトンとともに、それぞれ日本株への投資で五〇〇〇万ドル以上儲けた。

ローゼンウォルドは一九六〇年代とそれ以降も米国の投資家の「管制センター」として活動し続けた。デービスが保険株について行ったように、彼は日本株に関するニューズレターを発行した。デービスと同様、彼も筋金入りの長期投資家で、自分を通じて株を買った客に日本株の購入と保有についてアドバイスした。デービスは喜々として日本株を買った。一九六二年の旅から帰ってすぐ、彼は日本の損保大手五社のうち四社――東京海上、住友海上、大正海上、安田火災――に大金を投じた。一年後、デービスは住友海上株を買い増したほか、東京海上株をさらに積み上げて最大の保有銘柄（時価七〇万ドル）にした。日本株は彼の総資産の一〇％を占めていた。

デービスの日本株はすぐに彼の純資産を急増させ、彼に海外投資の魅力を痛感させた。それ以来、彼は南アフリカ、欧州、極東、そしてロシアにおいてさえ、有望な保険会社を常に探すようになった（ロシアがいつか資本主義に転じる可能性があるという遠大な見通しに基づいて、彼は同国の保険業界について調べた。彼の予言は当たったが、三〇年早すぎた）。やがて彼は「保険株の国際連合」を作り上げた。日本以外にも、オランダ、ドイツ、フランス、イタリアの三五社を組み入れた。ポートフォリオが拡大するにつれ、信用取引の借入残高も増えた。借入金は一九六三年が一七〇〇万ドル、一九六五年が二二〇〇万ドルだった。一九六五年は、彼が自らに課した中南米株への投資禁止令を解除し、メキシコの保険会社四社とアイルランドと南アの一社ずつに投資した年だった。

リチャード・マーレーはその南アの保険会社のＣＥＯと会ったが、デービスがすでに株主であることはまったく知らなかった。彼はその有望企業のことをデービスに教えようと思ったが、株価がすでに一〇〇倍になったとＣＥＯが言ったので心変わりした。マーレーは好奇心から、これだけ急激に値上がりする前にその会社の株を買った外国人投資家がいるかどうか尋ねてみた。すると、「いますよ。デービスという名のアメリカ人です」と彼は答えた。

第九章

投機に踊るウォール街

一九六五年の夏、ＦＲＢのウィリアム・マッケンジー・マーチン議長は「現在の繁栄と狂乱の一九二〇年代の不気味な類似点」について、「当時も今と同じように、多くの政府高官、学者、実業家が新時代の到来を確信し、景気循環はもはや過去のもので、貧困はいずれ根絶され、経済的進歩と拡大が永遠に続くと思われていた」と指摘した。

ダウが夢の一〇〇〇ドルに向かってじりじり前進するにつれ、マーチンの心配は無視された。しかし、最も陰気な占い師もまさかと思うように、一〇〇〇ドル突破は一九八〇年代初めまでお預けだった。米軍機のハノイ爆撃に端を発した一九六六年の急激な株安も、多難な前途の序曲にすぎなかった。ＦＲＢが金利を二度引き上げ、住宅メーカーは資金繰りに苦労した。ダウは肩で息をしながら止まった。リンドン・ジョンソン大統領は命令すれば相場の流れが変わるとでも思ったのか、ＮＹＳＥのＧ・Ｋ・ファンストン理事長とマニュエル・Ｆ・コーエンＳＥＣ委員長に株安対策を講じるよう命じた。

いわゆる「ゴーゴー・インベスター」が目先の利益を求めて人気銘柄に飛びつき、ダウに含まれない多くの銘柄が上値を追った。ゴーゴー・ファンドは一九六五年に四〇％超のリターンを稼ぎ出した。ポートフォリオの中身は、アプライド・ロジックなど「新時代」の企業、メディケア（高齢者向け医療健康保険制度）から恩恵を受ける養護施設チェーン（フォーシーズンズ・ナーシング・センターズ、ユナイテッド・コンバレセント・ホームズ）、ケンタッキー・フライド・チキンのような積極的なファストフード・チェーンなどの銘柄だった。フェアチャイルド・カメラを一九六五年初めに買っていたら、投資金は四年で三倍になった。ボイズ・カスケードを一九六七年に買っていたら、投資金は二年で四倍になった。だが、優良株を買っても、投資金は増えなかった。

大衆が猛然と買ったのに優良株が低迷したという事実は、ベテラン株主が猛然と売ったことを意味している。「スマートマネー（情報通）集団」から「ナイーブマネー（素人）集団」への富の大移動は「分配」と呼ばれた。麻薬、自由恋愛、ロックンロールの時代において、それより活発で広範な分配はなかった。NYSEはにわかに活気づき、一九六〇年代は一日の出来高が一九五〇年代の二〇〇万株程度から一〇〇〇万～一二〇〇万株に急増した。一九六八年六月一三日には出来高が二一〇〇万株に達して事務処理が追いつかず、NYSEは取引を中止した。その夏、全米主要都市で暴動が多発したが、ウォール街は大商いに沸き返った。ある専門家は二〇世紀有数の強力な上げ相場の掉尾（とうび）の一振りを「最大の在庫一掃セール」と形容した。メリルリンチは一九六九年に二〇万もの新規口座を開設した。

アメリカ人は投信に熱狂し、業界全体の預かり資産は三五〇億ドルと三〇年前の三五倍に膨らんだ。株式市場における取引全体の四分の一は投信によるものだった。一九六二年の株価急落時に回復力を見せつけて以来、投信は大衆の心をがっちりつかんだ。ただ、相場の底流がいずれまた表面化するので、一度成功したくらいではトレンドは形成されなかった。マサチューセッツ工科大学（ＭＩＴ）のポール・サミュエルソン教授は、上院銀行委員会で過熱する投信ブームについて証言した。急きょ集められた五万人余りの営業部隊が郊外を回りまるでエイボン製品のように投信を売っている現状に、彼は警鐘を鳴らした。週末や夕方にアルバイトの弁護士、事務員、秘書、教師が家々に投信を売り歩いた。全国の投資家七〇人に一人の割合で、商品を積極的に売りつけるウィリー・ローマン（アーサー・ミラーの戯曲「セールスマンの死」の主人公）がいた。営業マンにとって大きな魅力は、八・五％の前払い手数料だった。プロが厳選した銘柄群を買えるのだから当然と、顧客は喜んでそれを払った。市場を支配する感情は恐怖からどん欲に代わった。

ガンスリンガー（早撃ちガンマン）としても知られるゴーゴー・マネジャーたちは上げ足の一番速い小型株に飛びつき、株価が下がり始めた途端に飛び降りた。彼らは驚異のハイテク株を買い、すぐにもっとハイテクな銘柄に乗り換えた。彼らの長期投資は数週間単位だった。そんなガンスリンガーの一人、ゲリー・サイは米国初の著名な株式投信運用者となった。彼はフィデリティの元ファンドマネジャーで、独立してマンハッタン・ファンドを立ち上げた。五番街にある彼の事務所では、サイは「頭をすっきりさせるため」室温を一三度に保ったといわれる。マスコミは彼を謎の人物として取り上げ、東洋系の血筋なので生まれながらに神秘的な投資の才があると絶賛した。サイが二五〇〇万ドルを調達したいと望めば、その一〇倍の二億四七〇〇万ドルが集まった。

ニューヨークでセキュリティー・エクイティ・ファンドを運用するフレッド・アルジャーはライバルに恐れられ、大衆からは喝さいを浴びた。西海岸では、元ブローカーであるエンタープライズ・ファンドのフレッド・カーが事務所をアンティーク家具やオプ・アート（視覚的な錯覚を利用した抽象芸術様式）でいっぱいにして、過去と未来が混在する空間を作った。カーの投資手法はアンティークよりオプ・アートに近かった。彼は大半の同僚が聞いたこともないような派手な新興企業に投資した。一九六九年五月、ビジネス・ウィーク誌は「米国最高のポートフォリオマネジャー」とカーを持ち上げた。もう一人のフレッド、フレッド・メイツは一九六七年に「公徳心」アプローチで一世を風靡した。メイツ・ファンドのポートフォリオには軍需企業、たばこ会社、環境汚染会社は一切含まれなかったので、顧客は罪なきリターンを得られた。メイツは自分のスタッフを「フラワーチルドレン」と呼んだ。創業から一年後、その「フィール・グッド」（いい気持ち）ファンドは実に一六八％のリターンを記録し、顧客をもっといい気持ちにさせた。メイツは資金、客、事務手続きなどが多くなりすぎるのを防ぐため、販売窓口を閉鎖した。一方、「貧しい人を金持ちにするため」、たった五〇ドルから始められる投資商品を発売し、都市のスラム街やその他経済的に恵まれない地域で販売する計画を立てた。

一九六九年までに投信は株式で五〇〇億ドルを運用するようになり、年五〇％のペースで在庫を入れ替えた。一九六二年の回転率二〇％と比べると目が回るような忙しさだ。ファンドの顧客はプロのアドバイスを受け、ファンドマネジャーが持ち株を入れ替えるのと同じくらい容易に別のファンドに乗り換えた。ファンド・サーフィンが流行し、投資家は一番いい波をとらえるため運用成績トップの銘柄から銘柄へどんどん乗り換えた。サーファーたちはそのたびに高い手数料を払ったが、メイツやカーのような腕利きファンドマネジャーが一年で元手を二倍にしてくれると信じ、だれも気にしなかった。

ベテラン投資家だけが、ゴールドラッシュ並みの慌ただしさ、異常に高い値札、新時代の応援団の空虚な宣伝にぞっとしていた。コンピューターやデータ処理という新産業が商業を革命的に変え、ビジネスや金融のルールを書き換えるので、上がった株価はもはや絶対に下がらないと応援団は主張した。新時代フィーバーに感染しないのはほぼ不可能で、シェルビーも一九六五年にそれにかかった。彼は顧客宛ての手紙で、「アメリカ産業会議のような大変高名な団体が『現在の繁栄は景気循環的にかなり高齢でも、一九六〇年代末から一九七〇年代初めの正常なマーケットは従来の尺度では測りきれない』と考えている」とアドバイスした。彼は新時代の強力な推進力として「新製品の開発」と「原子力発電所、海水転換装置、宇宙通信のようなエキサイティングな新産業」を挙げた。彼は株の悪材料としてベトナム戦争と国際収支の問題の二つを正しく指摘したが、それらの及ぼすダメージを過小評価していた。

「株式市場の下降スパイラルは、経済のスパイラル的悪化と同様に考えられない。わが国のような多様かつ裕福で、しかも政治の抑止と均衡をもともと兼ね備えた国においては、われわれは一九二九年型の株式市場の切りもみ的下落の恐怖から解放されている」と彼は書いた。

投機相場がやがて行き場を失う直前だった。ウォーレン・バフェットという無名の投資家は新時代を信じず、独自の路線を歩んだ。浮ついた銘柄を一切含まない堅実なポートフォリオを静かに運用し、抜群の成績を残した。彼のプライベート・パートナーシップへの出資者は、ダウが九％しか上がらなかった一九六八年に五九％ものリターンを得た。主要株価指数に圧勝したバフェットは、次にとんでもない行動をとって金融界を驚かせた。彼は絶好調のパートナーシップを解散し、一通の手紙とともに出資金をパートナーに返したのだ。その手紙には、「手持ちの『有望なアイデア』が尽きました。株にはティファニーの高級品のような値札が付いているので、買うべき有望な銘柄が見つかりません」と書かれていた。彼は自分の資産を退屈な地方債で運用した。ウォール街の専門家たちは有望なアイデアが尽きても、相変わらず一番高価な銘柄を推奨した。メリルリンチはＰＥＲ三九倍のＩＢＭを、ベーチェは同五〇倍のゼロックスを、ブレア・アンド・カンパニーは同五六倍のエイボンを積極的に売り込んだ。フォード財団のマクジョージ・バンディ理事長は寄付金や信託金の運用について保守的すぎると非難し、担当者に株式での運用を強く勧めた。

投資家は「第二のゼロックス」を必死で追い求め、社名に「エレクトロニック」とか「データ・プロセシング」がつく銘柄なら何でも買った。企業も簡単に互いを買収し合い、ウォール街は買収ブームのホスト役を務めた。ＩＴＴ、リットン、ＬＴＶなど寄せ集めの複合企業はどんどん大きく、そしてどんどん不格好になっていった。デービスはそうした銘柄には手を出さなかったが、第一二章で紹介するように、シェルビーは手を出した。

一九六八年はマーチン・ルーサー・キング牧師とロバート・ケネディの暗殺、シカゴの民主党全国大会での抗議者に対する警官の弾圧、国中に広がる大学での暴動、外銀のドル受け取り拒否など政治的にも経済的にも騒然としていたが、軽薄なミスター・マーケットは脚を高く上げてこうした悪材料を乗り越えた。ジョン・ブルックスが書いたように、「愚かな市場は浮かれすぎて自分を見失い、すべてうまくいくと不用意に高く舞い上がりすぎた」のである[1]。

「新規銘柄の異常人気は常に危険なブームの最終段階である」とブルックスは指摘しており、実際、一九六九年も新規銘柄がひしめいていた。これら新顔の中で最も人気のある銘柄は、価格がすぐに急騰したことから、「シューター」（狙撃手）と呼ばれ、取引初日に二倍になることも珍しくなかった。メディケア関連の養護施設などヘルスケア銘柄は「射撃場」の中でも際立った存在だった。

投信のゴーゴー・マネジャーは教祖的な人気を博したが、トゥエンティースセンチュリー・ファンドが出版した一九六〇年から六八年に関する研究によると、市場全般を黙々と買ったほうが、金を払ってプロに銘柄を選んでもらうより良い成果が得られた。だが、一九六九年にこの研究が発表された直後、株式投資の成果が消えた。一九七〇年の春にはダウが三カ月間の下げで八〇〇ドル付近まで落ちていた。エコノミストはインフレと景気後退の共存に当惑し、スタグフレーションと名づけた。国全体が急に元気をなくし、「南北戦争以降で最も暗く沈んだ四月」とブルックスは表現した。

ベトナム戦争、大学紛争（ケント州立大学ではオハイオ州兵の出動で学生が四名死亡した）、人種暴動なども影響したが、富の消失はそれ自体が原因であり結果でもあった。名門鉄道会社、ペン・セントラルが倒産した。ドル安が一段と進んだほか、住宅メーカーは暇を持て余した。ウォール街では、一〇〇社が消滅や合併に直面した。NYSEは「米国ビジネスの自分のシェアを所有しよう」というモットーをひっそり取り下げた。一九七〇年五月までに、ビッグ・ボード（NYSEの別名）に上場された全銘柄一株ずつで構成されるポートフォリオは、一九六九年初めの半分の価値に下がったとブルックスは書いている。

例によって、高く舞い上がった銘柄は下落率三六％のダウ以上に激しく下げた。データ・プロセシング、コントロール・データ、エレクトロニック・データ・システムズなど絶大な人気を誇った銘柄や、社名に「データ」がつく銘柄はすべて、投資家を悲惨な目に遭わせた。下落率は著名なコングロマリット一〇社が平均八六％、ハイテク株全体が七七％、コンピューター及びコンピューター・リースが八〇％とすさまじかった。電算化されたナスダック（店頭）市場[2]は一九七〇年に登場し、ナスダック型の株が投資家に大打撃を与えるのに間に合う皮肉なタイミングだった。

エレクトロニック・データ・システムズが一六四ドルから二九ドルまで下げたとき、オーナーのH・ロス・ペローは一〇億ドルもの評価損を被った。後年、ペローは大統領選に出馬し、

「クイーグ艦長」（ハーマン・ウォークの小説『ケイン号の叛乱』の主人公）的な性格が露呈して候補者として自滅するまで、その現実的なアプローチで大衆の人気を集めた。しかし、一九七〇年に国際的な注目を集めたのは、一〇億ドルの個人資産を失った史上初の人物としてだった。普通の投資家の損害額とはケタ違いだった。ペローの損害の半分近くは地球の日（四月二二日）に発生した。

株のパフォーマンスが悪いと、当然それを保有するガンスリンガーの運用成績も悪くなる。ゲリー・サイは実にうまいタイミングで市場から撤退した。相場が足踏みした一九六八年、彼のマンハッタン・ファンドは収益率がマイナス六％と三〇五ファンド中二九九位に順位を大きく落とした。彼は自分の会社を即座に三〇〇〇万ドル強で売却し、アクティブ運用から手を引いた。市場が二年後に本当の試練に見舞われたとき、彼はすでに退場していた。

三人のフレッドは投資ビジネスにとどまった結果、それまで築いた信用を失い、顧客に精神的ショックを与えた。フレッド・カーのエンタープライズ・ファンドはその価値の半分を失った。カーはビジネス・ウィーク誌で称賛された九カ月後に引退した。ただ、NYSE上場銘柄も半値になったので、市場並みの成績だったことがせめてもの救いだった。「米国ビジネスの自分のシェアを所有しよう」というNYSEの新スローガンは静かにお蔵入りした。フレッド・メイツは取り乱した投資家が自分のファンドから逃げるのを防ぐため、SECを説得してフアンド資産を凍結できるようにした。顧客には気の毒だが、これはせいぜい議論を呼ぶ程度の問題で、事態を深刻にしたのはオメガ株騒動だった。メイツはその会社の「制限株」を大量に購入していた。その種の株は所定の時間が経過しないと公開市場で売却できない代わりに、安く買えて帳簿にはずっと高い値段で記載できた。買ってすぐ儲かった気分になれるので、多くの投信が制限株を頻繁に売買した。例えば、メイツはオメガの制限株を一株三・二五ドルで購入し、一六ドルで記帳した。こうした「利益」のおかげもあり、彼のファンドは一九六八年に運用成績トップに上り詰めた。

その一年後、オメガの制限株は一六ドルで評価する正当性が失われ、メイツのファンドには解約が殺到した。オメガ制限株は売るに売れず、解約者へ支払う資金を調達するのに十分な量の株を売却できなかったため、彼は支払い停止の許可をＳＥＣに求めた。

解約資金を支払う用意ができたときには、株式相場が著しく下落し、オメガ株はたった五〇セントになっていた。株が反発し、顧客が解約を思いとどまることをメイツは期待したが、株は反発しなかったし、顧客も考え直さなかった。最終的に、メイツ・ファンドは額面の九〇％を失った。唯一の救いは、貧しい人にも五〇ドルから投信を買えるようにするプランを彼が実行しなかったことだ。おかげで、貧しい人がもっと貧しくならずに済んだ。

一九七〇年は米国の株主三一〇〇万人のうち三分の一以上が、一九六五年（ダウは九〇〇ドル）から一九七〇年（ダウは六五〇ドル前後）の間に初めて株式市場に資金を投じた初心者だった。ブルックスはその著書『ザ・ゴーゴー・イヤーズ（The Go-Go Years）』の中で、「大衆の資本主義は少なくとも一〇〇〇万人の米国の投資家、すなわち全体の三分の一を以前より貧しくし、その被害総額は数十億ドルに達する」と書いている。ブルックスはこれを「ビンテージの一九二九年物」と呼んだ。値上がりしすぎた保険株も当然、相場急落に巻き込まれた。大半の株と同様、異常に高い評価を維持することは不可能で、その下落はマスコミに大きく取り上げられた。フォーチュン誌の記者とある統計学者はともに、保険は昔から悪質な商売だったと決めつけた。

統計学者の名はアービング・プロトキン博士といった。この二六歳の生意気な青年は、入念な調査に裏づけられた研究論文を一九六八年に発表し、保険業界を激怒させた。論文の対象となった一九五五年から六八年は、デービスがその保険株ポートフォリオを構築した期間の大部分に当たる。プロトキンは保険会社の投資収益がいかにその他業種の営業利益よりはるかに少ないか示した。保険会社は利益が少ないだけでなく、業績そのものが不安定で季節ごとに激しく変動した。

プロトキンの論文は、彼がその正体を暴露した業界によって委託され、彼が勤める著名な会計事務所、アーサー・D・リトルによって配布されたという事実が、彼の主張に信ぴょう性を加えた。保険業界の首脳は、業界の「本当の」利益はプロトキンの言う二倍あると、慌てて反論した。プロトキンはあえて彼らの反論に反論しなかった。そのことがかえって半信半疑の人たちに彼の意見を信じ込ませる結果になった。「何があっても、保険業界が現在、低利益ビジネスであることに変わりはない」と、うるさ型の統計学者は言った。

低利益の理由のひとつは、すべての保険会社が苦々しく思う厳しい規制の首輪である。保険会社はずっと昔から保険料の値上げを求めてきたが、当局は決まってそうした要請を却下してきた。規制当局の観点からすると、保険会社はポートフォリオに貴重な資産を山のように蓄えているので、契約者のことを考えて保険料を上げなくても済む余裕がある。保険会社にすれば、保有資産はエスカレートする支払い請求や将来の災害によって常に脅かされている。問題となったのは、一九七〇年一二月に発売されたフォーチュン誌のカバーストーリー「なぜみな保険会社を嫌うのか」の主題として取り上げられた自動車保険だった。同誌の記者ジェレミー・メーンによれば、一九五〇年代末以降、自動車保険に入るコストは生活費の二倍のペースで上がってきた。これほど恵まれた環境にありながら、保険会社はたいてい経営が楽ではなかった。

メーンによると、損保セクター全体では過去最高益を記録した一九五五年以降、一五億ドルの累積損失を計上している。この慢性的な業績不振の原因として、メーンは経営陣の怠慢、手数料を払う代理店の多さ、契約者からの訴訟を指摘した。

より多くのハイウエーをより多くの車が走り、事故が増え、犠牲者と保険金支払額も増えた。大学紛争、幻覚剤、街中のゲリラ戦がそれに拍車を掛けた。急増する経費と債務を賄うため保険料を上げようとすると必ず、州当局は妨害し、顧客は腹を立てた。

保険は人気ブランドが特に貴重ではない珍しい業界で、解決できない広報の問題を常に抱えていた。消費者はコカ・コーラ、クリネックス、ジョン・ディーアのトラクターをひいきにするが、保険についてはステート・ファーム自動車保険かプルデンシャル生命保険かに特にこだわらない。賢い消費者は、格付け機関から妥当な格付けを取得した保険会社を選び、それから一番安い保険料で一番大きな保障を得るため料金を比較するからだ。

顧客にはGEICO、トラベラーズ、メトロポリタン、エクイタブルのどこでもよかった。地元の代理店が奨める保険なら何でも入る人が多く、新参者には全般に厳しい目を向けた。契約者は死亡、ケガ、苦痛など何か悪いことが起きたときだけ、払った保険料の元を取れたが、悪いことが何も起きないと、保障の割に保険料が高すぎると文句を言った。保険料を上げた会社は、たまにしか儲からなくても、強欲な詐欺行為といつも非難された。

損害保険業界では、好調期と不調期が数年ごとに繰り返した。好調期が始まるのは、ハリケーン、地震、洪水など超ド級の大災害に見舞われて何十億ドルもの保険金支払いを迫られ、財務体質がぼろぼろになった資本力の弱い会社がとうたされた後だった。資本力の強い会社は生き残って業界を再編し、保険料を引き上げ、それからまた新たな繁栄のサイクルが始まった。保険会社にも節約の余地はあったが、経費削減にあまり乗り気ではなかった。過剰な国内支店でぶらぶらしている高給取りは、特にそうだった。一九七〇年代初めには三〇〇〇社が一四〇万人を雇用しており、保険会社は効率性に関しては政府並みの下位にランクされた。標準的な損保は一ドルの利益を上げるのに二ドルの保険料を徴収した。一九六九年に損保は支払った保険金七ドルにつき給料と間接費に三ドル費やした。

メーンが指摘するように、消費者運動家、ラルフ・ネーダーがたった一人でデトロイトと戦ってより安全な車を作らせることができるのなら、どうしてパワフルな保険団体がずっと前にネーダーのようなことをしなったのだろう。主要保険会社はその本業を自ら否定するかのように余剰資金を無関係の事業につぎ込んだ。エトナはホテルチェーンを買収し、エトナとトラベラーズは不動産に手を広げた。ジョージ・ワシントンが大統領だったころに設立されたＩＮＡは事業を多角化するため持ち株会社を設立した。保険会社が非保険会社を買収するのと同じくらい急ピッチで、非保険会社も保険会社をのみ込んだ。アメリカン・エクスプレスはファイアマンズ・ファンドを獲得し、ＩＴＴはハートフォード・ファイアなどを買収したが、収益力の改善にはほとんどつながらなかった。

保険株の投資家は契約者が長生きするのを当てにできないし、信頼されたブランドが好業績につながることも期待できなかった。経営判断を誤ると、あの世界一有名な保険業者ロイズでさえ一九六〇年代に破たんの危機に立たされた。ハリケーン・ベッツィや航空機乗っ取りに見舞われ、ロイズは一九六五年に一億六〇〇〇万ドルの赤字に陥った。

保険に関するこうしたマイナス材料を考えると、デービスの運用成績はなおさら光る。彼は一体どうして一見惨めなこの業界から莫大な利益を上げることができたのだろう。それにはいくつか理由があった。保険会社は本当の収益力を隠していたので、前述の低利益の少なくとも一部は経理上の幻影だった。それに、デービスは保険株が安いときに買った。初めのころは、特に家族経営の小粒な会社に投資した。こうした小さな会社がより大きな会社に買収されると、デービスは棚ぼた利益を手にした。彼は第二次大戦後の住宅、自動車、生命保険ブームにうまく乗った。忠実な株主が損をするエトナのような慢性的な業績不振の会社には投資しなかった。日本の保険会社のほかに、バークシャー・ハサウェイやＡＩＧのような積極的で低コストの優良企業を探した。

ハイテク企業は経営がしっかりしていても、賢い競争相手やライバルの科学的大発見によって没落する可能性が常にある。一方、経営のしっかりした保険会社は競争相手の裏をかき、より長く生き残ることが可能で、ビジネスが時代遅れになることを心配する必要はまるでなかっ

郵便はがき

料金受取人払

新宿局承認

767

差出有効期間
平成16年3月
31日まで

160-8790

6 1 1

東京都新宿区
西新宿 7-21-3-1001

パンローリング㈱
投資セミナー係 行

セミナー資料請求カード

下記の項目を記入して郵送かファクシミリでこのカードをお送りください。
すぐにセミナー資料をお送りします。

フリガナ お名前	性別 男・女 年齢
住所 〒	
電話番号 ( )	電子メール

ファクシミリでいますぐどうぞ! ***03-5386-7393***

たのである。

第一〇章

ウォール街に歩みだしたシェルビー

一九六九年はミシュランの宇宙服を着たニール・アームストロングが月面を歩き、デービス王朝ではデービス時代からシェルビー時代に移った節目の年である。時代の境界線はどちらにもとれる幾分あいまいなもので、この時点ではシェルビーはすでにウォール街で働いていたが、デービスの投資人生はまだ半分も残っていた。しかし、シェルビーが相棒のジェレミー・ビッグズとともにニューヨーク・ベンチャー・ファンドの運用担当者に就任した一九六九年は、王朝にとって大きな転機である。公の場で株を選び、ＳＥＣの監査を受けたのは、シェルビーにはそれが初めてだった。デービスは息子のデビューを身近では見られなかった。そのころ彼は大使としてスイスに赴任し、アメリカにいなかったのだ。リチャード・ニクソン政権下のそのポストを橋渡ししたのは、デューイ知事時代からのデービスの親友、ウィリアム・ロジャース国務長官だった。

デービスは当時六〇歳で、二〇年に及ぶ株高の恩恵を受けていた。この間、債券保有者が一貫して苦汁をなめる半面、株式保有者は莫大な利益を手にした。実際、株に投資して儲からないほうが珍しかった。この空前の株高の間、ダウが四倍になる一方、ダウ採用企業の利益は二倍にしかならなかった。値上がり益は、大衆が企業利益にどこまで高い値段をつけるか次第で、将来の収益に関する投資家の見込みが、実際の収益以上に株価を押し上げた。しかも、企業債務が二〇年で五倍も増え、実際の利益は借入金で押し上げられた面もある。

デービスが株式投資を始めたのは、それ以上ない最高の時期だった。大衆は株に愛想を尽かし、株はもう下がりようがなく、上がるしかなかったからだ。反対に、シェルビーがベンチャー・ファンドの運用を始めたのは、それ以上ない最悪の時期だった。新米ファンドマネジャーが遭遇したのは、大衆が幸福感に浸り現実離れした株価がまかり通っていた時期で、バリュエーションはとてつもなく高かった。デービスは一番いい環境で投資を始めた。典型的な株は一株利益のたった六倍で、配当は八～一〇％もあったうえ、国債利回りが三％以下と金利は低かった。一方、シェルビーは最悪の環境でベンチャー・ファンドの運用を始めた。株式は一株利益の二〇～二五倍で売られ、配当は三～四％で、国債利回りは五～六％だった。二〇年続いた株高も断末魔の悲鳴を上げ、ダウはその後一五年は超えられない天井をつけた。その直後に待ち受けていたのは、債券保有者にとっても株式保有者にとっても期待外れの結果で、債券や株を持ち続けるより早めに売却したほうがましだった。シェルビー時代の序盤は金（ゴールド）や平凡な短期金融商品に軍配が上がり、株式市場に参入するタイミングとしては一九二九年以降で最も危険な時期だった。

デービスとキャスリンは出会いの地、スイスに戻り、ベルンの大使館に移り住んだ。デービスは自分と同じ倹約家がたくさんいる国で勤務できて喜んだ。スイスでは保険は刺激的な業界だった。タリータウンの自宅を空き家にするのはもったいないので、人に貸した。一カ月分の家賃収入は、デービス家が三〇年前にそこを買った金額より多かった。

スイスの外交官たちはデービスの名前覚えの良さに驚いた。大使館ではいろんな集まりが開かれたが、彼はいつもさっと立ち上がって、招待客リストを見ずに部屋にいるすべての人を紹介した。愛国的団体の式典で正装に身を包み祝賀ディナーを取り仕切った経験が、ベルンで物をいったのだ。

デービスは大使の身だしなみとして、仕立てのいいスーツと高級靴を着用するようになった。

「わたしは国を代表している」と妻に対して礼服の仕立て直しを正当化した。彼は毎日、公の式典で襟にカーネーションをさした。「わたしがスイスを去るとき、寂しがる人が確実に一人はいる。それはこの花を届けてくれる人だよ」と冗談を言った。彼は大使館の庭からとってきた花と思っていたが、実は花屋から買っていたことを任期切れ近くに知り、不愉快に思った。もっと早く知っていたら、こんな「税金の無駄遣い」はさせなかっただろう。

デービスは片腕のケン・エビットにニューヨーク事務所の運営と自分のポートフォリオの管理を任せた。エビットは債券トレーダーで株にはうとかったが、彼のボスはさほど心配していなかった。大使は自分の任務に没頭していた。スイスとアメリカの関係を改善したり、スイスの銀行を説得して世界中の悪党が不正に入手した大金を隠している秘密口座を廃止させたりすることである。彼はキャピタルゲイン税を払いたがらず、本国に残した保有株を売却しなかったので、その後訪れる下げ相場を無防備なまま迎えてしまった。国を離れていても損はしたが、株安がもたらすウォール街の混乱やその余波、非難合戦、絶望などからは距離を置くことができた。

シェルビーは幼いころから知らず知らずのうちに投資家になる準備をしていた。いろんな経験や情報源から独自の行動原理や手法を確立した父と違い、シェルビーには最初から、叩き込まれるプログラムがすべて用意されてあった。彼にとって子供時代の生活そのものがまさにMBAコースだった。彼が育ったのは、夕食の席で株の話をしたり、ハートフォードに事実確認の調査に行ったり、家中にアニュアルリポートが散乱しているのが当たり前の環境だった。音楽家の子供がシンコペーションや全音階を自然と身につけるのと同じように、彼もまた金融の知識を自然と自分のものにした。

彼は九歳くらいのときから一歳半下の妹、ダイアナと一緒に父の事務所でアルバイトをした。「一生懸命やれば、それが好きになるさ」とデービスは子供たちに言った。彼らは二週間おきに土曜の午後にオフィスに行って、隔週の保険ニューズレターを謄写印刷し、ページをそろえ、封筒に詰めて封印し、切手を張った。

手紙はすべて「受託者の皆様へ」で始まっていた。子供たちは受託者とは何だろうと思った。彼らはまた、だれがその手紙を読むのかとか、どうして自分たちの報酬は現金ではなく地元レストランでの夕食なのかという疑問を持った。キャスリンは「わたしの料理よりいいでしょ」と言ったが、子供たちにはお金のほうがうれしかった。

シェルビーは子供のころから投資のイロハを教え込まれた。一九五〇年ごろのアメリカで夕食時の家族の話題といえば、マッカーシー上院小委員会の「赤狩り」公聴会、朝鮮戦争、無敵のニューヨーク・ヤンキースなど、政治やスポーツと相場は決まっていた。また、普通の父親は子供と公園や裏庭で野球、バスケット、サッカーをやった。デービスは息子に、保険会社はどのように保険金を支払うのか、何が破滅の原因になりかねないのか、どのように資産を増やすのかなど、みっちり教えた。彼の情熱は伝染性のものだった。

「正直は最善の策」「一ペニー節約すれば、一ペニー稼いだのと同じ」など、当時一般的だった金言と一緒に、シェルビーはビジネスや金融について、次のようなより洗練された教訓を学んだ。

●債券保有者になるな。債券保有者は貸し手である。株式保有者になれ。株式保有者は企業所有者である。成功する企業の株を持てば、その社債を保有するより報酬は断然大きい。

●賢く投資すればするほど、資産はそれだけ早く増える。自分の投資の利益率を知っていれば、「七二の法則」によりそれが倍になるまでどのくらい時間がかかるか分かる。リターンが大きければ大きいほど、資産は複利運用で急激に増える。だから、投資の世界では一～二％のリターンの差が非常に大きな違いを生む。一〇万ドルを年率一〇％で二一年半運用したら、四〇万ドルになる。リターンが一二％なら、元手は五九万五五〇九ドルとさらに大きく膨らむ。

一九五〇年の夏、デービス家はペンシルベニア高速道路を車で西へ走っていた。目的地は、フランクリン・ライフ・インシュアランスの本社があるイリノイ州スプリングフィールド。そこは観光地ではなかったが、保険会社の訪問はデービスにとって楽しいひとときだった。ほかにも、デービスは家族をニューヨーク州グレンズフォールズのグレンズフォールズ・インシュアランス、インディアナ州ウエインのリンカーン・ナショナル、アイオワ州デモインのビジネスメンズ・アシュアランスなどの本社に連れていった。デービスが役員室でCEOやCFOと将来の計画を検討したり、過去の実績を反省したりしている間、キャスリンと子供たちは地元の公園や博物館で時間をつぶした。現地に到着するとすぐに、デービスは役員専用の駐車場をチェックした。もし車がなければ、役員が株主資本利益率の向上よりゴルフの腕前の向上に精を出している証拠かもしれないからだ。

彼はまた訪問した会社の通路や待合室をうろうろして、デザイナー家具やその他高額な装飾品など浪費や非効率を示すものを探した。シェルビーは一三歳のときにフランクリン・ライフを訪れ、高い天井、黒い木の羽目板、金粉を塗った装飾などを見回し、ここにはたくさんの金があると判断した。有名な銀行強盗、ウィリー・サットンがその道に足を踏み入れたのも「そこには金がある」という同じ発想からだった。株を保有することでそこから富を引き出すデービスの手法を教えられてさえいれば、この大泥棒も長年牢獄で過ごさずに済んだかもしれない。

いずれにしても、シェルビーはフランクリン・ライフに強い印象を抱き、自分の金で株を買った。これは彼が初めて買った銘柄で、株価はフランクリンが一九八〇年代にアメリカン・タバコに買収されるまでに一〇倍になった。

スプリングフィールドへの旅行は、シェルビーに株価下落の怖さも初めて教えてくれた。うだるように暑い六月、ペンシルベニア高速道路を車で走っていたとき、彼らはハリー・トルーマン大統領（一九四八年の大統領選でデービスのかつての上司、トーマス・E・デューイを破る番狂わせを演じてホワイトハウスの主になった人物）が北朝鮮に宣戦布告したことをラジオで聞いた。トルーマンの発表を受け、株価は急落した。デービスにとって開業以来初の大きな下げだったが、彼はむしろ株安を歓迎しているようだった。シェルビーは父親がこう言ったのを記憶している——「危機の後にはチャンスが来る。相場が下げれば、立派な会社の株を安い値段でもっと買える。自分を見失いさえしなければ、こうした時期に財産の大半を築ける。だが、お前がそのことに気づくのはずっと後だろう」。

翌年の夏、デービス家はコネティカット州マジソンで別荘を借りた。周りを森で囲まれ、海岸線が美しく、ニューヨーク行きの列車も毎日出ていた。デービスにはニューヨークへ通勤できることが一番の魅力だった。別荘の持ち主はNYSE理事長、G・キース・ファンストンだった。大衆への株式売り込みキャンペーンを立案し、失敗したあの人物である。シェルビーが父と一緒に毎日三時間かけてウォール街に通ったのは、ファンストンの別荘からだった。父と息子は夜明け前に起き、服を着て、朝食をかき込み、マジソン駅まで歩き、六時発グランド・セントラル行きの始発列車に乗った。それから地下鉄に乗り換え、パイン・ストリートの事務所に九時に到着した。シェルビーが雑用をしてくれるおかげで、デービスは市場が始まる一〇時まで自分の仕事に専念できた。当時はＮＹＳＥもゆったりと銀行並みの短い営業時間だった。

市場が閉まる午後三時半を過ぎると、彼らは帰途に就いた。列車の中でシェルビーは、父を通じて株を売買した顧客に送る「取引確認書」を書いた。「大変だったのは、税金の計算でした。当時は電卓などまだなく、紙に書いて計算しました。あらかじめ住所を書いた封筒にその書類を突っ込み、列車がニューヘイブンに止まると、飛び降りて近くのポストに投函しました」とシェルビーは当時を振り返った。

七時くらいにはマジソンのコテージに着いたので、夕食前にロングアイランド湾の冷たい水に浸かる時間があった。それはデービスの日課で、シェルビーも無理やり付き合わされた。夏に快適な別荘暮らしを送るためなら、デービスは一日二四時間のうち一三時間を通勤と仕事に費やすこともいとわなかった。

マジソンでふた夏過ごした後、デービス家はメーン州の避暑地、ノースイーストハーバーにコテージを借りた。そこは通勤圏のはるか外にあり、マンハッタンから車で一〇時間もかかった。一九五〇年代半ばに、その村を見下ろす山の尾根に別荘を購入した。森をくねくね上ったところにあるその別荘からは、港やその向こうの海を臨む絶景が楽しめた。デービスは近くの空港からウォール街まで飛行機で通った。

この不動産を買った以外、デービス家はぜいたくをしなかった。財産がどんどん増えても、家計に目立った影響はなく、普段どおりの生活を続けた。デービスは家の周りでは虫の食ったセーターを着たり、ぼろぼろのズボンをはいたりした。家族でハイキングに行くと、彼は靴底をパタパタさせながらいつも先頭を歩いた。キャスリンがその古い靴を捨てたとき、彼はごみ箱から拾い、靴底を接着剤、テープ、輪ゴムなどで再びつけて下駄箱にしまった。ある夏、雇いのコックが古い調理用コンロからガスの匂いがすると報告した。それはひどくさびていて、金属の破片が食べ物の中に落ちることもあった。メーンバーナーの下のさびた穴をのぞき込みながら、彼女は雇い主に新しいコンロを買うように提案した。デービスはバーナーの周りのにおいをかぎ、その年代物の調理器具を軽くたたいて、「新しいコンロは必要ない。古いやつにペンキを塗るだけでいい」と言い張った。

キャスリンはお金が山ほどあることは知っていたが、彼女にとって紙の上の財産は蜃気楼にすぎなかった。夏の別荘、メーンからウォール街への飛行機通勤、そしてデービスが明らかに転職を喜んでいることは、一家の繁栄を物語っていた。しかし、当時は百万長者が非常に少なく近所に住んでいることはまずなかったので、子供たちは自分の父親が百万長者になったことを全然知らなかった。もっと優雅な所に住むために、健全な生活を営めるタリータウンの家を手放すつもりは毛頭なかった。スキーに行くときも、一家は経済的なシボレーに乗り、飛行機はツーリストクラスで、格安ロッジに泊まった。子供たちはレストランでロブスターを注文させてもらえず、唯一食べたロブスターは、メーンの魚屋か地元の埠頭で買ったものだった。

デービスは「倹約は怠惰な美徳に勝る」という信念を子供たちに伝えた。彼の考えでは、一ドル使うことは一ドル無駄にするのと同じで、使わなければ複利運用に回せた。彼は金銭的な資源を浪費しないように子供たちをしつけた。彼らは家でも外でも、まるで砂漠の民が水を扱うようにお金を大切にし、何に対しても最小限の出費で済ませた。金は本来それがあるべき投資勘定の中においては、喜びに満ちた栄養豊富な物質だが、投資勘定の外、つまり浪費家の手の中あるときは、所有者の自立心を土台から崩し労働意欲をそぐ厄介な毒性の物質になる。

小学三年の終わりに近いころ、ダイアナは仲良しのクラスメートが参加するサマースクールに自分も行かせてほしいと頼んだが、デービスは許可しなかった。すると、彼女はタリータウン地区に住んでいたジョン・D・ロックフェラーに手紙を書き、自分の父を通して保険株を買ってくれるように頼んだ。ロックフェラーが株を買ってくれれば、その手数料でキャンプなどの費用を賄えると、彼女は考えたのだ。ロックフェラーから返事はなかったが、いかにもデービス家らしいエピソードである。デービス家においては倹約と蓄財は、シェルビーとダイアナを甘やかさず自立した青春を送らせるための大事な訓練の一環だった。自分の稼ぎで（できれば収入より少ない支出で）生活をし、残りを投資に回し、複利プロセスをまた新たに始められる人間に育てようとしたのである。

投資の基礎は、普通の高校や大学の授業では教えてくれなかった。多くの学者にとって、資本主義は合法的な窃盗で、ウォール街は泥棒がうろつく場所だった。

一九五八年、シェルビーが二一歳のとき、ジョン・ケネス・ガルブレイスが『ゆたかな社会』（岩波書店）を発表した。豊かな生活を目指して懸命に働く中流階級を生み出したゆとりのない米国経済を冷ややかに批判する内容である。物質社会に異を唱えるハーバード大学の経済学者はこのベストセラーの中で、生産と消費、特に大衆によるそれらを減らすことに取り組む社会工学者が主導する社会が好ましいとした。車、家電、おしゃれな服などを持つために働くより、つつましく暮らしたほうが人は健全で幸福になれるとガルブレイスは説いた。ぜいたくに慣れた昔からの金持ちなら豊かさに対処できるが、ぽっと出の成金は自らの成功に酔って道を誤ると彼は懸念した。また、企業への投資は危険であるとともに本質的に悪いことで、企業の製品を消費しすぎることはけばけばしく恥ずかしい行為であると一般的に認識されており、ガルブレイスもそうした考えを持っていた。

デービスは資本主義の危険性についてはガルブレイスに同意しないだろうが、質素な生活については彼と違う理由から信奉していた。ガルブレイスが人間として向上させるため大衆を富から守ろうとしたのに対し、デービスはその大衆のために富を作る手段として質素な生活が望ましいと考えた。生産を増やして富を創造するには、何かを削って資本を捻出する必要がある。

デービス家の子供たちは友達との雑談から、自分たちは小遣いが皆より少ないうえ、落ち葉かき、薪集め、雪かきなどきつい雑用をたくさんやらされていることを知った。週末にデービス家に泊まった彼らの友達は、くま手とスコップを渡され、デービス家清掃部隊に召集された。シェルビーは八歳くらいのとき、テニスコート（デービス家には珍しいぜいたくなもの）の隣の広い場所にプールを作ってほしいとダイアナと一緒に父に頼んだ。デービスはある条件付きで要求をのんだ。掘削機を借りると高いので、自分たちで穴を掘るという条件である。子供たちはデービスが本気で縦一二メートル、横四・五メートル、深さ二・五メートルもの穴を自力で掘ろうとしているとは信じられなかったが、ほかに代案はないのでデービスの言うとおりにした。賢いキャスリンは家の中にいたが、夫と子供たちは二回の週末にへとへとになるまでつるはしとスコップで穴を掘った。その結果、小さな土の山と、手には大きなたこができた。三回目の週末に、素人穴掘り人たちは硬い岩にぶち当たった。デービスが穴掘りを中止したとき、シェルビーとダイアナは喜びを必死で隠そうとした。デービスは結局、金を払ってブルドーザーを借り、作業を完成させた。

シェルビーとダイアナは学校の成績は良く、特に問題は起こさなかった。ただ、そんな優等生の彼らも、地元紙の一面を飾る大事件を引き起こしたことが一度ある。ハロウィーンの日に、彼らは嫌われ者の隣人の玄関に赤ペンキをまき散らしたのだ。警察が呼ばれ、彼らは現行犯で捕まった。

当時一〇歳のダイアナは、自分とシェルビーが刑務所に送られるものと思い込んでいた。彼らが刑務所に入れられることはなかったが、デービスは隣人に玄関の塗り替え代を支払い、子供たちには罰として屋根裏部屋の壁板取り付けとバンダリズム（芸術文化、公共施設の破壊）の歴史についての作文を命じた。

デービスの家系へのこだわりは、彼の財産と比例して大きくなった。それから数年後、彼はある愛国的団体の会員資格をシェルビーに誕生日プレゼントとして与えた。だが、十代の若者には、正装に身を固め国旗を持ってパレードしたり、伝統についての長演説を聴いたりすることに興味はなかった。「父がどうしてそんな団体にあれほど魅せられたか理解できませんでした」とシェルビー。「父は未来に投資しながら、心情的には過去に縛られていたのは奇妙でした。関係者に興味深い人もいましたが、彼をあそこまで夢中にさせる原因とは思えませんでした。おそらく大学時代に好きだった教科、歴史を生きる彼流の方法だったのでしょう。あるいは、心の狭い人々が依然としてユダヤ人に対して抱いた社会的偏見から母を守るため、あえて自分の家柄を誇示したのでしょう」

経歴だけを見たら、シェルビーは何から何までデービスにそっくりだった。ローレンスビル高校とプリンストン大学の出身であることはもちろん、会計ではなく歴史を専攻し、あえてMBAを取得しなかった点も同じだった。シェルビーは学校が休みのときは父の事務所で働き、大学では日刊紙の記事を書いた（彼の父は同じ新聞、プリンストニアンの編集長だった）。シェルビーは「保険のキャリア」という付録を作成する手伝いをした。それは父と仕事上の付き合いがある人に広告を売ることに関連したもので、保険業界のさまざまな側面について書かれていた。彼は（父の学術的専門分野である）ソ連の政治について記事を書くため、（父の友人の）ロシアの学者たちにインタビューした。その記事はニューヨーク・タイムズに掲載された。彼は（父の投資の専門分野である）保険のキャリアを追求することを考えたが、（父の得意な領域である）ウォール街でのキャリアをすでに夢見ていた。

プリンストンでの三年目を終えたころ、シェルビーは欧州旅行中に将来の妻となる女性に出会った。訪れる都市を選んだのは彼の大学時代の親友、キース・クロージャーで、二人のプリンストン大学生はローマで二人のヴァッサー女子大の学生に出会った。シェルビーには国に何人かガールフレンドがいて、彼の母はその中でパメラという娘が気に入っていた。しかし、彼はローマでウェンディ・アダムズと恋に落ちた。彼はまたしても父と同じ道を歩んだ。デービスも欧州への旅行中に将来の伴侶を見つけたのである。キャスリンはフィラデルフィアの裕福な家の出で、ウェンディはボストンの資産家の娘だった。メーン州にあるデービス家の夏別荘をウェンディが初めて訪れたとき、シェルビーは彼女を軽い山登りに連れて行った。彼女はデービス家の将来の花嫁としての試験に合格した。二人が山登りの最初と同じように最後も楽しそうだったかというテストだ。シェルビーはプロポーズした。彼が二一歳、ウェンディが二〇歳だった。彼らは大学卒業後、次の夏に結婚した。それから二度と一緒に山には登らなかったが、結婚生活は一七年続いた。

機嫌をとるかのような父親そっくりの経歴とは裏腹に、シェルビーとデービスの関係は冷えていた。デービスはプリンストン時代のシェルビーに手紙を出したが、シェルビーが返事を書かなかったことに腹を立てていた。デービスは手紙を書くことを義務と考え、息子からの返事がないことにいらだった。シェルビーは堅苦しい手紙のやり取りを時間の無駄と考えた。電話で簡単に用事を済ませられるときは、特にそう思った。手紙は親しみ深いというより格式ばったもので、耳の痛い忠告や小言にあふれていた。プリンストンにいるころからシェルビーは毎年一回、父から無言の挑戦状を受け取った。それには文章は一切なく、父の最新の運用成績だけが勝ち誇るかのように載っていた。そして、次の章で紹介するデービス家の騒動がニューヨーク・タイムズの一面に取り上げられてからは、彼らの関係はさらに悪化した。

シェルビーが大学四年のとき、父は仕事のオファーをほのめかしたが、シェルビーはそれを無視した。彼はウォール街で働くことを望んでいたが、株式アナリストになりたかった。彼はデービスについて「付き合いにくい人物」で「自分にまともな給料を払うはずがない」とずっと前に結論を出していた。デービスがバンク・オブ・ニューヨークの調査部をほめるのを聞いたことがあったので、シェルビーはその銀行の採用担当者の一人と面接の約束を取りつけた。採用担当者は彼に、銀行窓口や審査部、融資部などで回り道せずに最初から企業を調査するチャンスを与えると約束してくれたので、シェルビーは大喜びだった。週給八七ドルで彼は即座に採用された。

シェルビーとウェンディはマンハッタンのアパートに引っ越した。シェルビーと義父のウエストン・アダムズはすぐに互いを認め合うようになった。アダムズはボストン証券取引所の理事長を務めた人物で、有名な投資会社、アダムズ・ハークネス・ヒルの創業者でもある。彼はまたスポーツ好きの美食家としても知られ、一族はサフォーク・ダウンズ競馬場を所有していた。彼はボストン・ブルーインズを買い、カナダスタイルのホッケーをアメリカに持ち込んだ。彼はシェルビーの労働倫理、謙虚さ、ビジネスセンスに感心し、シェルビーをブルーインズの経理部長に選んだ。才能ある若いホッケー選手を探すスカウト旅行に時折行くときも、彼はシェルビーを連れていった。週末には、ファミリーボックスで一緒にゲームを観戦した。彼らは時々ボストンを探検し、昼にブラディマリーを飲み、たまにロブスターを注文した。デービスならそんなぜいたくは絶対しなかっただろう。

デービスは保険業界では有名だったが、銀行業界やウォール街では無名に近い存在だった。映画スター、著名な作家、有名なレストラン経営者などの息子と違い、シェルビーは「親の七光り」と陰口をたたかれずに済んだ。父と同じ職業で自分だけの名声を確立するのも、彼独自のライフスタイルを切り開くのも、彼の自由だった。

リサーチ・アナリストはまだ地味な職業で、証券会社は自社アナリストに生半可な支援しか与えていなかった。企業や業界に関するリポートを手にするのはほとんど投資のプロばかりだった。普通の投資家が調査リポートを読むことはめったになく、今日の市場で手軽に手に入る情報も一九五〇年代末は秘密情報だった。バンク・オブ・ニューヨークは信頼できるデータには需要があることに気づき、自行のリサーチを年金基金、投信、銀行の信託部、ほかの機関投資家に売り込もうとした。

シェルビーの最初の上司、ピーター・リーベイは好人物で、数字の達人だった。リーベイはシェルビーを一番詳しい業界の担当に任命しなかった。株価が華々しく上昇しても、保険業界は採算が悪く活気のないビジネスとみなされていたからだ。その代わり、シェルビーが任されたのは、米国産業界のヘビー級選手、持続力と経済的影響力のある会社、将来最も成功すると目される会社などだった。「まるで学生時代のようでした」とシェルビーは自分が作成した鉄鋼、ゴム、アルミ、石油、銅、セメントのメーカーや販売業者に関する膨大な期末リポートに言及した。

各期末リポートには図や表が含まれていたので、読者は過去数年分の利益率、最終損益、売上高などを比較できた。「会社がコストを削減して利益を増やし、増益率を高めたかどうか分かりました。ある会社がライバル企業より業績が好調な場合、これらのリポートを読めば、その理由が分かりました。こうしたデータさえあれば、会社の将来について経営陣に、好ましいトレンドが続くのかとか、計画達成のために何をしているのかといった質問をするのは簡単でした」とシェルビーは言った。

シェルビーは勤務時間が終わっても銀行に残り、リサーチの斬新な切り口を探して、金融雑誌、ニューズレター、ほかのアナリストが書いたリポートに目を通した。彼は月並みな見解には興味がなかったし、数字の裏を探るだけでも満足できなかった。ある日彼は、机に座って計算尺や加算機（電卓はまだ簡単に手に入らなかった）を使うだけでは会社の将来は判断できないことに気づいた。着任早々、彼は上司に会社訪問の許可を求めた。経営者に会って彼らに直接質問する、父がやったあのやり方である。大半のアナリストは自分の机からあまり離れず、調査リストに載っている企業を実際に訪問する者はほとんどいなかった。経営陣を評価する機会を持たずに、彼らはどのように行動家とはったり屋を区別できたのだろうか。バンク・オブ・ニューヨークはアナリストを調査的な報告業務に転じさせる彼のプランにあまり乗り気ではなかったが、シェルビーはとりあえず許可をもらい、わずかばかりの旅費を支給された。

当時は投資家向け広報（ＩＲ）部など存在せず、企業はシェルビーの訪問を受ける準備ができていなかったし、銀行にしても彼を送り込むことのメリットを計りかねていた。二二歳にしてシェルビーは、企業の役員室に座り、自分の父親と同年代のＣＥＯから直接話を聞いた。

彼はタイヤ・ゴム担当アナリストとして業界のデトロイトといわれるオハイオ州アクロンに飛び、業界のビッグファイブ（グッドイヤー、ファイアストーン、ゼネラル・タイヤ、クーパー、ユニロイヤル）を訪問した。これらライバル企業は本社が半径一〇マイル以内に密集していたので、シェルビーは一九五九年に一回の出張で全社を訪問できた。タイヤ業界は業績が景気循環に左右されやすく、収益は景気とともに浮き沈みし、タイヤ株もそれに伴って上げ下げした。景気敏感業種のこうした値動きが「株は信用できない」という通説につながった面もある。

デービスの資産を八ケタに押し上げた強気相場の中間点は一九五九年だったが、まだ一般投資家は参入していなかった。大衆はなお全般に「慎重な」投資商品、つまり債券を保有していたが、債券の冴えないパフォーマンスは彼らの慎重さをあざ笑った。債券投資が引き続き期待外れな半面、株式投資は予想外の好成績が続いていた。株式は人気の頂点を極めた一九二〇年代末は負け資産だったが、一九五〇年代は不人気な勝ち資産になった。

ダウには、シェルビーの調査リストに載っているゴム、自動車、セメント、アルミなど重厚長大産業のトップ企業がひしめいていた（今日ではこれらの企業は重要度が大きく低下した）。こうした業界の企業は高クオリティーかつ低リスクで、どんなポートフォリオにおいても長期保有に適した銘柄と称賛された。レイノルズ・メタルズやアルコアはすでにこのころから凋落が始まっていたが、最も悲観的なアナリストですらこの花形業界について、さび放題の閉鎖された精錬所や工場という悲惨な行く末や、収益力を二度と回復できずに二〇世紀いっぱい投資家を失望させるとは想像できなかった。

ファストフード店、ショッピングモール、チェーンストアはやがてアメリカ全土に広がることになる。しかし、マクドナルド、ダンキンドーナツ、ケンタッキー・フライド・チキンがいつの日か、当時最強の名を欲しいままにしたUSスチールを凌駕する、貴重で株主に利益をもたらす存在に成長するとだれが想像しただろう。

シェルビーは出世街道をばく進し、バンク・オブ・ニューヨークの調査部長になった。二五歳のとき、シェルビーはアレクサンダー・ハミルトン以来の最年少でバイス・プレジデントに任命された。その昇格の後、彼は三〇年ほど勤めたら頭取になれると言われた。頭取の椅子に魅力を感じなくなればなるほど、彼はそのことについて考えた。「わたしは接待ディナー漬けの自分に気づきました。基本的に、派手なIRの仕事ばかりしていました。でも、わたしは得意先の一〇〇人を招待したカクテルパーティーのホストを務めるより、一〇〇社の財務諸表を分析し、一〇〇人のCEOに質問したほうがましだと思いました」

シェルビーはリサーチで多くの好結果を残したが、失敗もいくつかした。後者について尋ねると、「アナリストは常に自分の間違いを覚えていて、それから学ぼうとします。わたしはハーツ・レンタカーのことを忘れません。その会社が株を公開したとき、大人気で一株利益の三〇倍から四〇倍の水準で取引されました。わたしはその株を推奨しましたが、これがとんだ間違いでした。会社そのものは良かったのですが、株価が高すぎました」と彼は答えた。年間収益の多くが中古車販売によるものだったが、中古車価格は変動が激しいため、レンタカー収入よりはるかに当てにならなかった。

彼はレイノルズ・アルミのこともけっして忘れなかった。四〇年たった後も、シェルビーは一九六〇年のリポートでその株を推奨しなければよかったと悔やんだ。レイノルズはアルコア、アルキャン、カイザーと並ぶアルミ業界の「ビッグフォー」のひとつで、この四社が世界市場を支配していた。第二次大戦前はアルコアが生産を独占していたが、政府がアルコアの競争相手を作るためアルミ工場を建設し、レイノルズとカイザーに売却した。新規参入二社が生き残れる確率を高めるため、政府は工場代金の支払いについてゼロ金利融資を供与した。そのローンは「必要性の証明」と呼ばれた。一方、反トラスト行動の結果、アルコアはカナダ子会社の分離を迫られ、三番目のライバル、アルキャンが誕生した。

アルミ需要は強く、四社すべてにたっぷり仕事があり、朝鮮戦争中は注文をさばくため残業を続けた。

一九六〇年五月に発表した「アルミ産業の調査」と題したリポートで、シェルビーはアルミ会社について操業コストがかさみ、株価も一九五〇年代の猛烈な上昇により割高になった（PERは二五～四〇倍）と指摘した。それなのに、彼はこれらの欠点を無視し、アルミ業界の明るい将来を前提に買い推奨を出した。「現在の収益に対する株式市場の高い評価は長期的には正当化できる」というウォール街特有の表現を彼は使った。

彼のお気に入りはレイノルズで、株価は一九五六年の最高値より安かった。バージニア州リッチモンドにあるレイノルズ本社を訪れた彼は、その株にますます入れ込んだ。彼と同僚のアナリストたちは、「アルミから作られる」製品の原寸大モデルが床から天井まで展示されている巨大格納庫に案内された。自動車から家具、機関車、橋まであらゆるものがこの軽い金属から作り出せ、航空機メーカーへの膨大な販売が見込まれた。

シェルビーはオフィスに戻ってべたほめのコメントを書き、一株利益の四〇倍のレイノルズ株を推奨した。彼は同社について三年ごとに利益を倍増できるので、割高に思えても将来的には大変な掘り出し物を買ったことになると考えた。すごい成長株だと彼は思ったが、結局、レイノルズは彼が推奨した時点が成長のピークだった。

これは、会社訪問と経営陣との面談がシェルビーを誤った判断に導いたひとつのケースである。彼がリッチモンドの格納庫の中にあるものに驚いていたとき、会社の倉庫では売れ残ったアルミがどんどん積み上がっていた。倉庫の見学はツアーに含まれなかったため、アナリストたちはこの在庫に気づかなかったのである。

アルミにはわくわくするような新用途があったが、供給が需要を圧倒的に上回っていた。当然、アルミ価格は下落し、収益はがた落ち、株価は急降下した。それから四〇年後、レイノルズやほかの非鉄金属株は、アイゼンハワーが大統領でジョニー・マティスが十代のアイドルだったころより安く売られている。シェルビーは割高成長株を買うことの恐ろしさを痛感した。彼はまた企業経営者がたいていプラス面ばかりを強調し、マイナス面にはなるべく触れないことも学んだ。

デービスはウィリアム・ストリート一一〇の事務所で自分の保険株ポートフォリオを運用していた。息子がごくたまに形式的な仕事の話をしに立ち寄ったが、デービスはアルミ、ゴム、自動車、コンクリート会社などに興味はなかった。これらのメーカーは高額な工場を必要とし、修理や更新にも金がたくさんかかる。こうした会社は景気が悪いと赤字になるので、業績は信頼できなかった。メーカーは自分たちを廃業に追い込みかねない新プロセスや新発明の脅威に常にさらされていた。製造業全体の歴史を見ても、長年生き残った会社はほとんどなく、新発明で生き返った会社だけが時代遅れにならずに済んだ。一方、保険会社は社歴が二〇〇年を超えるところも数社あり、これらの会社はまだ基本的に、建国の父たちが生きていたころに売っていたのと同じ商品を売っていた。保険会社は顧客の金を投資することにより利益を得たが、製造業にはそんなチャンスはなかった。シェルビーは保険業界をフォローした経験はなかったが、バンク・オブ・ニューヨークでの仕事を通じて、銀行は父がお気に入りのセクターと共通点が多いことを学んだ。銀行も保険会社も、巨大な霊廟にも似た大理石や線細工で飾られた立派な本社を構えていた。マネーが流行遅れになることはないので、銀行はけっして時代遅れにならない。シェルビー自身の雇用主がその証明で、バンク・オブ・ニューヨークは一八世紀に設立された老舗銀行である。

長年にわたって生き延びるにつれ、銀行業界には古臭いイメージが定着した。銀行が流行業界になることはなかったので、投資家はその株を保有するのに法外なプレミアムを払ったりしなかった。だから、投資家はいつも銀行株をほかのタイプの株に比べて破格の安値で買うことができ、銀行の成長へ割安に投資できた。

銀行は他人の金から利益を得るが、それは慎重に運用した場合のみである。無謀な貸し付けはこの業界の職業病的なものだが、欲に駆られて自分を見失わない熟練の経営者なら、そのリスクを最小限にとどめられた。

シェルビーが自分の投信のポートフォリオを銀行株やほかの金融株でいっぱいにするのはそれから一〇年以上後のことだが、バンク・オブ・ニューヨークで働いたおかげで金融業界の内部事情に詳しくなった。

シェルビーが銀行でバイス・プレジデントに昇進した直後、再保険のエキスパートでデービスの友人、リチャード・マーレーがメーン州の別荘を訪れた。彼はデービスとは長年の友達だったが、シェルビーがウォール街で働いていることは知らなかった。マーレーは「デービスは自分の子供のことはほとんど話しませんでした。なぜだか分かりませんが、わたしはシェルビーについてはプレーボーイで金持ちのどら息子という印象を持っていました。彼が父のフィールドで早くもあんなに出世していたとは思いもしませんでした」と語った。

第一一章
相続騒動

デービスとバフェットは、相続に関してまったく意見が同じだった。どちらも信託基金には反対で、相続人の間に広がる怠惰、麻薬中毒、自尊心の低さを公然と非難した。バフェットの伝記作家、ロジャー・ローウェンスタインによると、彼は子供たちに感謝の印程度の財産しか相続させないつもりだ。一方、デービスはシェルビーとダイアナのために小さな信託口座を開設したことで、計画が狂ってしまった。彼は一九四〇年代初めにそれぞれの口座に四〇〇〇ドル拠出した。この段階では、将来的に子供の自立心を阻むほどの金額ではけっしてなかった。しかし、ニューヨークの大衆紙デイリー・ニュースが報じたように、「四〇〇〇ドルのドングリは一九六一年までに三八〇万ドルのオークの大木に育った」のである。

複利運用についてどう楽観的に考えても、大学出たての若者を全米トップクラスの金持ちにするほど成功するとは予想すらしていなかった。だが、ドングリはあまりに育ちすぎ、双子のオーク、特にダイアナの木は弁護士やマスコミを巻き込む相続騒動に発展した。

利益を極大化するデービスの手腕は、莫大な財産は子孫をだめにするとの信念を阻む結果となってしまった。彼には、弱冠二一歳のダイアナが人生の目標を失うほどの大金を手にすることが耐えられなかった。自分の父親が主に母の相続した資産に頼って暮らしただけに、デービスは娘には怠惰な人生を歩ませまいと心に決めた。そう思うのなら、シェルビーの三八〇万ドルも問題にすべきだが、これから説明する理由から、デービスは彼女の相続にだけ反対した。

ダイアナの信託問題が持ち上がったのと時を同じくして、デービスはプリンストン大学歴史学部に大金を寄付する決心をした。彼は大学で歴史を専攻し、偉人たちがいかにして偉大な文明を築いたかを学んだ。歴史を金融に応用し、偉大な保険会社を作った偉大なCEOたちに投資したおかげで莫大な資産を築けたので、自分の成功はプリンストンのおかげと母校に感謝していた。彼はクラス会に出席し、メーン州の別荘の居間にプリンストンの校旗を飾り、元教授たちと親交を深めた。また、同大学の卒業生である父、ジョージ・ヘンリー・デービスを記念した講座を寄付する約束をしたほか、「才能ある貧しい学生」のために奨学金を提供することにも合意した。

しかし、いざプリンストン宛ての小切手にサインする段になると、デービスは急に気が進まなくなった。「金は投資ゲームの得点を記録する父流の手段で、父は得点を減らすことを嫌いました」とシェルビーは言う。あいまいな返事で何カ月もお茶を濁した末、寄付を渋るデービスは、得点を減らさずプリンストンを満足させ、なおかつダイアナを信託から解放して「スリル、喜び、満足」に満ちた青春を取り戻させる妙案を思いついた。

信託を寄付に回すことをダイアナには知らせないまま、デービスは弁護士に指示して彼女の三八〇万ドルに関する書類を作成させた（当時は財産の所有者が女性の場合、金の問題については手続きに際して本人に相談しないのが当たり前だった）。

デービスはマンハッタンのダウンタウンで会合を設定し、部屋には弁護士、信託管財人、大学からの使者などが集まった。ダイアナがその席で自分の財産を贈呈する書類に署名してくれるように、デービスはキャスリンを通じて頼んであった。

良からぬ企みを察してか、ダイアナはマサチューセッツに残り、教員試験の面接を受けていた。式場では、専門家やプリンストン大学のロバート・コーエン学長、ケミカル・バンク／ニューヨーク・トラスト会長らの招待客がアンティークの楓のテーブルに着き、世間話をしていた。デービスは怒りを抑えながら式典用のペンを回し、列車が遅れているのかと考えた。午後遅くには、ダイアナが現れないことがはっきりした。

ダイアナと母は、価値ある目的を支援するという立派な名目の裏に、実は暗い動機があることを見抜いていた。彼女には結婚を約束した相手がいた。ダイアナは私立高校の歴史教師、ジョン・スペンサーをとても愛していたが、父は反対だった。どんな相手と結婚するにしても、ダイアナは二一歳とまだ若すぎるというのが彼の言い分で、薄給の教師などもっての外だった。それより以前、デービスは娘を社交界にデビューさせるため、大金をかけてニューヨークとウエストチェスターでそれぞれ大舞踏会を開いていた。パーティーで彼女は前途有望な青年実業家とたくさん出会っているのに、どうして彼らの一人に恋しなかったのだろう。スペンサーは確かにウィンストン・チャーチルの遠縁に当たり、彼の家族は「オールド・ハートフォード」と、どちらもデービスの眼鏡にかなうプラス材料だが、それ以上にマイナス材料が大きかったのだ。スペンサーはダイアナより四歳年上で、田舎の学校で教べんを執り、夏休みは家族の農場で過ごした（ダイアナは都会で暮らしたほうが幸せになれるとデービスは思い込んでいた）。スペンサーが急いで結婚したがったので、デービスは彼女の財産目当てではないかと疑った。

スペンサーとダイアナは、結婚を延期してほしいというデービスの願いを聞かず、反対を押し切って正式に婚約を発表した。無視されたデービスは激怒したが、キャスリンは娘の味方をした。二人の女性は、デービスがダイアナの金をスペンサーに渡さないために、プリンストンへの寄付の一件を仕組んだと確信していた。シェルビーは陰から妹を応援した。シェルビーもダイアナとまったく同じ信託を所有しており、兄妹は共通の利益を守るため弁護士を雇った。デービスはシェルビーからは大金を取り上げようとせず、そのことが反スペンサー説の信ぴょう性を高めた。

ダイアナは会合をすっぽかした日の夕方、和解のため父に電話した。信託を渡すかどうかの返事は結婚式が終わるまで延ばすと娘が伝えると、デービスは一方的に電話を切り、広報会社を雇った。その会社は五ページの発表文をマスコミに配った。一九六一年六月二日付のニューヨーク・タイムズには、「父に背きプリンストンへの三八〇万ドルの寄付を拒否した娘」という好奇心をそそる見出しの下に、億万長者と反抗的な娘の写真が載った。

デービスは出張先のスコットランドから彼女を攻撃した。彼は娘を「理不尽でわがまま」と非難し、「今日のアメリカの若者に広がる非現実的な物質主義に毒されている」と嘆いた。「これまで渡した年三万ドルの仕送りに加え、結婚祝いとして約束した一〇万ドルの現金を考えると、彼女のわがままは一層許せない。ダイアナはいつもいい子だったのに、金に目がくらんだようだ。金がないときのほうがずっと幸せだった」とのコメントを公表した。

ダイアナはスペンサーの親戚が所有するマンハッタンのアパートから反撃ののろしを挙げた。婚約者の兄が最近がんで他界したので、自分の信託をプリンストンではなく、がん研究に役立てたいと彼女は記者たちに話した。ダイアナはまた「父はお金のことでわたしを脅しました。わたしの婚約以来、これが彼の武器になっているようです。ジョンとわたしは結婚後も質素に暮らすつもりです。お金はわたしたちには大事じゃないことを分かって下さい。わたしたちは思い上がってなんかいません。でも、ジョンとわたしが何をするかは、父ではなく、わたしたちが決めることです」と電話インタビューで打ち明けた。

ダイアナは、年三万ドルの仕送りも、父が約束したと言う一〇万ドルの祝儀も聞いたことがないと主張した。彼女は父の辛らつさに悩み、その公然の攻撃に当惑した。「わたしはどうするかまだ決めていません。いずれにしても、父はすべて自分の名誉のためにやっているのです」とダイアナは言った。デービスが大西洋の向こうからテレックスで反論すると、広報会社は忠実に彼の最新のコメントを報道陣に流した。「娘は本当に頑固で困る」と彼は言った。そして新聞は彼の意見に「信じ難いかもしれないが、若者はあまり多くの富を持つべきではないとデービス氏は本気で思っている。彼はそれが若者のためにならないと考えている」と付け加えた。

「過去一週間の嘆かわしいやり取りは、彼らが金のことに凝り固まっている決定的な証拠である。ダイアナはあの三八〇万ドルを稼ぐのに指一本動かしていないので、それをどう処分するかについて道徳的には一切権利はない。残念ながら、ダイアナにはみっちりお仕置きが必要なようだ」とデービスはさらに彼女に対する批判を展開した。

「三八〇万ドル騒動の父、娘にお仕置きをほのめかす」と大きな見出しがニューヨークのデイリー・ニュースを飾った。それに対し、ダイアナは「自分の父親にこんなことは言いたくないけれど、彼は権威主義的なところがあります」と反論した。

記者たちはこの話に飛びつき、あらゆる角度から追いかけた。クライスラー・ビルディングで取材を受けたダイアナの弁護士、ジュリアン・ブッシュは、デービスが主張する年三万ドルの仕送りについては書類的な証拠が一切ないと語った。また、ダイアナの母は「こんなに騒がれて大変迷惑ですし、ばかげています」と心境を語り、娘については「寛大で心温かく、お金を独り占めしたがるような子ではありません」とかばった。ダイアナの婚約者は、財産騒動のせいで友達から散々からかわれたと言った。プリンストン大学のスポークスマンは、関係者が全員認めているのに、デービスから寄付の申し出があった事実を否定し、打って変わって「これは一族の問題で、大学としてはかかわりたくありません」とコメントした。デービスは年三万ドルの仕送りについて詳しい説明を求められると、まだ実際には与えておらず、数十年先になるかもしれないと認めた。彼女はそれを母親の財産から受け取るだろうが、キャスリンが死んだときの話である。ダイアナをできるだけ欲深でわがままに見せるために、デービスが現在形で話を作り替えたのは明らかだった。

記者たちはダイアナの兄にも取材しようとしたが、彼は船でケープコッド半島沖に出ていた。やっと捕まえても、シェルビーは最初何も語らなかったが、その後重い口を開いた。デービスが設立予定の慈善基金にシェルビーにも信託を譲渡してほしいとの父の要請について意見を聞かれ、「父が何を言っているのか分かりません」と答えた。

ニューヨーク・タイムズ、デイリー・ニュース、ワールド・テレグラムなどニューヨークの日刊紙は、一週間以上にわたり事の詳細を一面で報じた。「女性相続人、父に反発」「女性相続人、信託放棄に断固ノー」「贈与者である父、娘にエアブラシの刑（空気のairと相続人のheirの掛け言葉）」などの見出しが踊った。新聞記者も、メイフラワー号の流れをくむ名門一族のお家騒動を面白げに煽り立てた。新聞はデービスの肩を持つ（「情け深い父親」対「わがまま娘」）ことも時折あったが、たいていはダイアナに同情的で（分からず屋の父に邪魔される若い恋、「従順な娘」対「けちん坊の暴君」）、ごくたまに両者に厳しい客観的な記事（社交界デビューした恩知らずの娘に手を焼く金持ちのしみったれ親父）もあった。

タイムズから大衆紙までマスコミは、ダイアナの社交界デビューのために開かれた二回の大舞踏会、デービスの祖先が英国植民地時代の入植者であること、スペンサーとチャーチルのつながりなど、莫大な財産と家柄の観点からこの話を大々的に報じた。「社交界では、ダイアナの先祖がこの騒動を知ったら何と言うかと人々はうわさした」とタイムズのシドニー・クラインは家柄をテーマに記事を書いた。「彼女の父方の先祖には、ジョン・アルデンとフランシス・クック（メイフラワー号で英国から新大陸に渡った清教徒たち）やトーマス・ウォーレン（英国初の北米植民地ジェームズタウンの入植者）がいた」。しかしながら、デービス家の財産の源である米国の株高についてはほとんど触れられなかった。相続騒動が新聞を賑わした一九六一年時点では、米国株にはまだかなり上値余地があった。デービスが莫大な資産を一代で築いたこと、彼が州政府の元役人で株式投資の腕だけで大富豪になったこと、元手は少しでも才覚さえあればだれにも四〇〇〇ドルを三八〇〇万ドルに増やせる可能性があることなどに、紙面は割かれなかった。ニューヨークのマスコミはデービスを資本主義社会の成功者として取り上げることなく、社交界やデービス家の家系ばかりに焦点を当てた。こうした報道は、アメリカは金持ちがさらに金持ちになり、高慢な人間がさらに高慢になるヨーロッパの焼き直しという通念を増幅した。

いまだスコットランドにいたデービスは怒り心頭で、自分の商売に悪影響を及ぼし、娘にとってても大変つらいことであるにもかかわらず、泥仕合を収拾しようとはしなかった。キャスリンは母親らしい連帯の表れとして、ダイアナと一緒にウエストチェスターのモーテルに部屋を取った。デービスは妻が子供たちの味方をしたことに腹を立てた。彼がアメリカに戻ると、一家はメーンの別荘に集まった。デービス家の面々は例によって親密さを装い、ひどく冷たいメーンの海で朝一緒にひと泳ぎした。そのころ、ニューヨークでは彼らの弁護士が互いに論争していた。

ダイアナの欠席から七日後に双方は休戦に合意し、六月九日付のデイリー・ニュースは「大金をめぐる父娘の争いに幕」と報じた。ダイアナとシェルビーは彼らの信託から一〇〇万ドルずつ受け取り、残りをどう使うかはデービスに一任された。「調和がわが家に戻った」と言ったのは調和を崩した張本人であった。キャスリンは「ダイアナは賢明で分別のある娘です」「今はみんな幸せです」「わが家の嵐は去りました」と何度も言った。

ダイアナとジョン・スペンサーは一九六一年六月二四日にスカボロの長老派教会で結婚式を挙げた。出席者は一五〇名で、新聞記者も何人か取材にきた。「結婚式は晴れやかだった。デービス氏は、白いドレスを着て黄色いバラの花束を持った娘の手を取り、一番晴れやかな表情だった」とデイリー・ニュースは伝えた。式はすべて滞りなく進んだ。

それから二年後に父の生誕一〇〇年を記念してキャンパスで開かれた祝賀ディナーの席上、デービスは五三〇万ドルの小切手をプリンストンに渡した。ダイアナに渡した一〇〇万ドルも、日本の保険株の高騰や米国株の値上がりのおかげで十二分に穴埋めできた。デービスの父はその一〇年前に他界したが、デービスの兄のジョージはキャスリン、シェルビー、ダイアナ（受益者とは認められなかった）と一緒に葬儀に参列した。デービスは破格の寄付をしたのに、大学からはそれに見合う感謝の印をもらっていないと感じていた。悪くてもプリンストン投資委員会のメンバーか、ひょっとしたら大学の理事に選ばれるかもしれないと期待したが、どちらも実現しなかった。プリンストン大学の寄付金基金は彼の助言を聞いて儲けたのに、デービスは感謝の言葉や推奨した保険株に対する販売手数料を一切もらえず、不機嫌だった。だが、歴史学部とは親密な関係を保ち、同学部ではデービス講座がいくつか開設され、植民地時代の歴史に関する年間講座シリーズにも出資した。彼はアメリカの先駆者の功績を尊敬してやまなかったからだ。

新聞の一面を飾る骨肉の争いは、当時バンク・オブ・ニューヨークに勤めていたシェルビーには非常に迷惑だった。それから数年たっても、友人や仕事仲間は「エアブラシ」の件や父の尊大な態度について彼をからかった。以前から冷めていた父との関係は相続騒動後はなお一層冷え込んだ。シェルビーは軽々しくマスコミに取り上げられることを恥ずかしいと感じ、インタビューや報道関係者を避けた。投信で抜群の運用成績を残しながら、ずっと一般に知られなかったのは、そのせいである。

料金受取人払

新宿局承認

767

差出有効期間
平成16年3月
31日まで

郵便はがき

160-8790

611

東京都新宿区
西新宿 7-21-3-1001

パンローリング㈱

資料請求係 行

投資に役立つ資料無料進呈

小社の本をご購読いただいたにお礼に、ご希望の読者にほかでは得られない、資料をさしあげます。

- ☞投資に役立つ書籍やビデオのカタログ
- ☞投資実践家のためのパソコンソフトカタログ
- ☞小社発行の投資レポート誌「パンレポート」の見本誌
- ☞そのほか、がんばる投資家のための資料…

あなたが賢明なる投資家になるための資料がいっぱい！
さあいますぐ、裏面にご記入のうえご請求ください。

R E Q U E S T　C A R D

資料請求カード

ご購読ありがとうございました。本書をご購読いただいたお礼に、投資に役立つ資料（投資ソフト＆書籍カタログや投資レポート見本誌）をお送りします。ご希望の方は郵送かファクシミリでこのカードをお送りください。

●どこで、本書をお知りになりましたか?

1.新聞・雑誌広告（紙名・誌名　　　　　　　　　　　　　）
2.新聞・雑誌の紹介記事（紙名・誌名　　　　　　　　　　　）
3.TV・ラジオで　4.ポスター・チラシを見て　5.書店で実物を見て　6.書店ですすめられて　7.人(　　　　　　)にすすめられて　8.小社の案内（a.ホームページ b.他の書籍の案内 c.DM）　9.その他（　　　　　　　　）

●本書についてのご感想をお書きください

電子メール（info@panrolling.com）でもお送りください。ホームページで書評として採用させていただく方には、図書券500円分をさしあげます。

購入書名

購入書店名　　　　書店所在地

フリガナ
お名前　　　　性別　男・女
年齢

住所　〒

電話番号　（　　）　　　電子メール

ご職業　　　　勤務先

ファクシミリ、ホームページからならいますぐOKです！ **03-5386-7393**
http://www.tradersshop.com/bin/apply?pr=0

1947年
シェルビー・カロム・デービス、自分の会社を経営するかたわら、ニューヨーク証券アナリスト協会の会長に就任

1950年代半ば
キャスリン・W・デービス、銀婚式のために撮影

◀
1972年
スイス大使とシェルビー・カロム・デービス夫人、ソ連への旅行からスイスに戻る

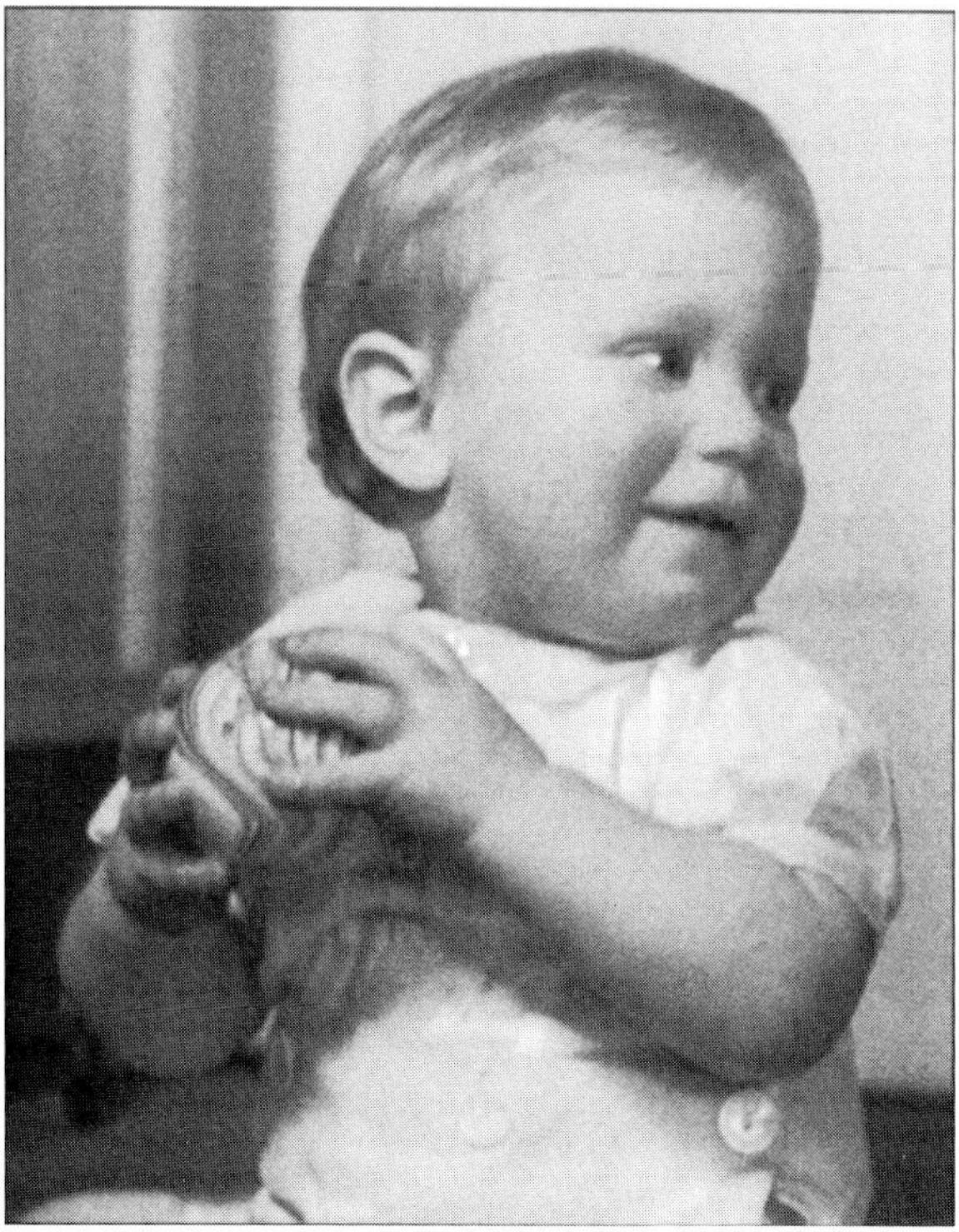

1938年
1歳のころのシェルビー・デービス

1940年代初め
シェルビーと妹のダイアナ、タリータウンの屋敷の外で

▲
1995年
クリス、アンドリュー、（バイク事故後の）シェルビー、デービス投資セミナーにて

▶
1993年
２人のシェルビー（父と息子）、メーン州の別荘近くにて

◀
1996年
クリスとシェルビー、フォーブス誌用の撮影

1993年
アンドリューとクリス、ともにデービス家関連のファンドの運用担当者就任直後に五番街にあるクリスの事務所の外で

第一二章

ホットなファンドを操るクールな三人組

シェルビーがバンク・オブ・ニューヨークを辞める決心をしたのは、一九六五年のクリスマスパーティーのときだった。エッグノッグを何杯か飲んだ後、同僚のガイ・パーマーと投資会社を設立する腹を固めた。パーマーはエール大卒のバイス・プレジデントだった。シェルビーはまたしても父の歩んだ道をたどった。二〇年前のデービスと同じように、収入の安定した仕事を捨て、不安定な自営の道を選んだのである。

二人は三人目のパートナーとして、ジェレミー・ビッグズを誘った。彼は運用資産一〇億ドルのUSスチール年金基金でポートフォリオマネジャーをしていた。シェルビーとパーマーは彼の父親を通じてビッグズと知り合った。ビッグズの父は二人がかつて勤めた銀行の役員で、人望が厚く、シェルビーを何かと助けてくれた。ビッグズはできたばかりの会社に入るためにUSスチールを辞めるメリットはないと思った。「正気じゃないよ。客がまだ一人もいないのに」と彼はシェルビーに言った。

小さな事務所を開いて従業員を三名雇い、顧客を何人か獲得した後、シェルビーはビッグズをもう一度口説いた。一九六八年、ビッグズは説得に応じ、USスチールを退社した。父親は懐疑的だったが、母親は応援してくれた。「一族で自分の名前が会社に付いた人はだれもいなかったわ」と彼女はデービス・パーマー・アンド・ビッグズの社名を大変喜んだ。ビッグズの父親もシェルビーの父親も、息子たちに運用資金を一切与えなかった。

この金融界の三銃士はいずれも三〇代前半で、シェルビーは小柄で細身、パーマーはずんぐりむっくり、ビッグズは細身で長身だった。並外れた大食漢でおしゃべり好きのパーマーは企画と営業を担当した。彼とビッグズは顧客との世間話を楽しんだが、シェルビーは苦手だった。株選びはほとんどビッグズとシェルビーが担当し、二人ともよく残業をした。特に、企業が年次報告書を発表する三月の決算期はそうだった。しかし、ビッグズが仕事にほどほど熱心だった（事務所に遅くまで残るより家族との夕食を選んだ）のに対し、シェルビーはとことん熱心だった（一家の団らんより仕事を優先した）。

シェルビーはなるべく多くのアナリスト、ＩＲ担当者、ＣＥＯに質問するため、一日一六時間のスケジュールに面談をぎっしり組み込んだ。質問をしていないときは、より多くの質問を準備するためリポートを読んだ。事実をすべて集め、全部の財務諸表に目を通し、あらゆる角度から検討しないと、何かやり残したような気がした。

三年目にはミッドタウンのもっと広い事務所に引越し、「コミュニケーションを円滑にするため」壁を全部取り払った。この時点の預かり資産は一億ドルで、顧客のニーズに応じて株式や債券で運用した。シェルビーは会社の信用を高めようと父を顧問委員会に迎えたが、三銃士はやがて委員会そのものを廃止した。過去の栄光を示すトロフィー的な委員会では客を獲得できないと分かったからだ。この世界で物を言うのは、運用成績だった。

彼らは、セピア色の写真と手書き風の活字を使った古風なパンフレットで自社のサービスを宣伝した。これは表面的には伝統、庶民性、慎重さという印象を与えたが、文面はそのイメージを覆し、「想像的」「客観的」「積極的」な会社としてアピールした。

「投資口座にはそれぞれ異なる事情があるので、当社はお客様一人ひとりを大切に考え、特定の状況に適応するテーラーメイドの投資判断をご提供します。しかし、お客様のニーズがどんなに多様でも、すべてのお客様に共通する最大の目標は、適度な安全性とつり合う長期的な値上がり益の追求です」とパンフレットには書かれていた。

「基本的投資哲学」と呼ばれたその宣伝文句はデービス譲りのもので、主なポイントは今では当たり前と思われているが、一九六〇年代半ばの米国の一般投資家には新鮮だった。

●株価は会社の収益を反映する。最終的に、損益が株主の勝ち負けを決める。

●収益は米国経済を反映する。株に対して強気の理由は、米国経済が一世紀以上にわたって一六〜一八年周期で二倍に成長してきたからだ。

●歴史が繰り返すとすれば、平均的な投資家の生涯に経済は八倍に成長する。従って、投資家は人生において株式ポートフォリオから少なくとも八倍の値上がり益を期待できる。株価が収益以上のペースで上昇するときは、リターンはもっと高くなる。そのうえ、投資家は配当も受け取れる。

これは手堅い複利運用の基本的論理で、投資に成功するには、それを理解して信じるだけでいい。株式または投信で賢明かつ分散されたポートフォリオを組み、極めて大事な要素である時間を味方につければ、ゲームに必ず勝てる。運や早耳情報は必要ないし、下げ相場をかわすために素早く売買する必要もない。投資の成功には運や早耳情報あるいは素早いスイッチングが大切と思っていたら、間違いなく損をするだろう。いつも負ける人はたいてい自分の敗因を誤解し、運のせいにする。複利運用の基本論理という頑丈な土台がなければ、賢明に投資するのは難しい。

そのセピア色のパンフレットからは、新米ファンドマネジャーのシェルビーがいかにして株選びに取り組んだかがうかがえる。彼は「収益とＰＥＲの両方か片方が平均以上に拡大しそうな」企業に魅力を感じた。デービスのダブルプレーとずいぶん似たスタイルに思えるが、収益にいくら払うかに上限を設けない点が大きな違いだった。シェルビーは「特性が変わりつつある産業」を探し、アナリスト時代のように「さまざまな産業間における投資家の関心の移り変わり」を継続的に観察した。彼とビッグズは特定タイプの会社に特化せず、保険にも銀行にも特別な関心を示さなかった。彼らはトレンドに乗るため顧客のポートフォリオを容易に修正した。デービスはトレンドに特別な関心を払わなかったが、一九六〇年代末の「ゴーゴー時代」はトレンディーなハイテク株が市場を支配した。三銃士はハイテク株投資に走ったことでやがて当然の報いを受けることになる。

デービス・パーマー・アンド・ビッグズは顧客の期待に十二分に応え、新規資金を引き寄せ続けた。ビッグズは接待や雑事に追われた。車や飛行機であちこちの都市を訪れ、企業の年金基金など得意先の関係者をディナーに連れていったり、投資企業の方針に関する最新情報を提供したりした。彼とシェルビーは、年金基金を儲けさせることが必ずしも自分たちの最善の利益にならないことに気づいてがく然とした。「良いことをして罰を受けたような気分でした。

機関投資家を儲けさせれば儲けさせるほど、その責任者はわれわれへの預託金を減らしました。彼らは前年の成績が悪かったところのほうが翌年にがんばると考え、われわれより成績が悪かった会社に資金を回したんです」とビッグズは当時を語った。

彼はプラスチック化学製品メーカー、ローム・アンド・ハースでの苦い体験をいまだに覚えていた。同社の弁護士は、年金基金のために素晴らしい運用成績を上げてくれたことに何度も感謝の意を述べた後、ビッグズの会社への預託金を一〇〇〇万ドル減らすと伝えた。「それを聞いて思わず、髪をかきむしりたくなりました」とビッグズは言った。

一九六六年、シェルビーとビッグズはヒュー・ブロックに偶然出会った。彼は二人の父親の友人で、ピルグリム・ソサエティーの会長だった。信仰心の厚い親英家で、おしゃれ好きなブロックは、ロンドンに本拠を置く保守的な投資会社を経営していた。ブロックのニューヨーク事務所の若手営業マン、マーチン・プロイェクトは、従来の古臭い商品以外に「攻撃的な」投信を品揃えに加えるようボスを説得した。

ブロックは攻撃的ファンドの成功を疑っていたので、熱心な部下のプロイェクトに運営会社の支配的持ち分を与えた。これはニューヨーク発のベンチャー事業だったので、プロイェクトは「ニューヨーク・ベンチャー・ファンド」と命名した。社内で一年ほど予行演習をした結果、納得のいく成果を得られず、ブロックは失敗と判断した。そのとき、シェルビーとビッグズに偶然会ったことを思い出し、若いファンドマネジャーたちにその運用を依頼するようプロイェクトに指示した。手数料を払うのを避けるため、ブロックは三銃士に運用会社の自分の持ち分を与えた。プロイェクトは販売と宣伝を担当し、ブロックのオフィスが事務処理を行った。シェルビーの二人のパートナーは個人富裕層や企業年金基金など向けの資産運用が「主」でベンチャーは「従」とみなしたが、シェルビーは自分の株選びの腕を試すチャンスと考えた。

シェルビーとビッグズは一九六九年二月にアクティブ運用を開始した。アメリカがベトナム戦争の泥沼にはまり、インフレは上昇傾向で、最強通貨ドルも購買力と海外での信用を失いつつある時期だった。株は一九六六年に一時的に下げたあと持ち直したが、新たな下げが進行中だった。直近の底値近くで新生ファンドの運用を任されたことはタイミング的に幸運だった。少なくとも短期的にはそうだった。新規の投資家がベンチャーに二〇〇万ドルの資金を新たに供給した。大半の投信には微々たる金額だが、ベンチャーには資産を二倍にするに十分な金額だった。競争相手に手元資金がほとんど残ってないときに、シェルビーとビッグズはその金で売り込まれた株を買い込んだ。

下げ相場が始まっても、実際にはなかなかそうと分からない。ファンドマネジャーは急落すると思っても、持ち株を売り払って安値で買い戻すチャンスを待つような余裕はまずない。タイミングが完璧でないと、株が値上がりし続けて顧客を失い、手元資金をすべて投資したライバルに後れをとるからだ。そのファンドマネジャーの雇用保障は群れについていけるかどうかにかかっているので、正確に予測できない下げに備えるより群れと一緒に損をしたほうがましと考える。危機が現実化すれば、解約する顧客に返済する資金を作るため、ポートフォリオの魅力的な中核銘柄を安値で手放さざるを得なくなる。結局、忠実な投資家に損害を与えるうえ、掘り出し物を買う金も手元に残らない。

二月からシェルビーとビッグズはほかのファンドマネジャーが処分している銘柄を拾った。「神に祈りながら買っていました。底値をつかめる可能性は非常に低いですが、もし底値から五～一〇％以内で買えたら、大儲けも夢ではありません」とシェルビーは後にインスティテューショナル・インベスター誌に語った。

ベンチャー・ファンドの組み入れ銘柄は三〇と上限が決められていた。その理由についてパーマーは「一番簡単なのは、最新の好アイデアを買うことです。しかし、これは非常に非効率で、パフォーマンスの向上にあまりつながりません。ポートフォリオに二〇〇銘柄もあると、数銘柄が好成績を残しても全体のパフォーマンスはさほど良くならないからです」と説明した。銘柄数が少ないと、一段安のときにもっと守りやすいとビッグズは指摘する。「二、三銘柄売るだけで、資産の二〇％を株式市場から退避させられます」。また、保有できる銘柄が少ないと、購入にも慎重になるとパーマーが付け加えた。「ひとつの銘柄で資産の大きな部分を運用している場合、それが間違っていてもそうそう隠し通せるものではありませんから」と彼は言った。

彼らの初期の投資においてデービスの影響を見つけるのは難しい。シェルビーとビッグズは、小粒で急成長している多種多様な会社を買った。その中には、マクドナルドやダンキンドーナツから養護施設チェーン、医療用品・機器メーカー、不動産開発業者、そして二、三の石油精製会社が含まれた。シェルビーは父の好きな保険株もＡＩＧやＧＥＩＣＯなど四銘柄を買ったが、保険株と金融株がポートフォリオに占める比率は一〇％以下だった。住宅ローン業界の巨人、ファニーメイは二人が運用を引き受けたとき、すでに組み込まれていたが、即座に売却した。それから一〇年以上たってシェルビーはその株を再び買った。結局、ファニーメイは彼にとって最も成功した投資のひとつとなった。

一番たくさん買ったのはハイテク株だった。パーマーが顧客を集める一方、シェルビーとビッグズはポートフォリオをメモレックス、デジタル・イクイップメント、アメリカン・マイクロ・システムズ、モホーク・データなどの株で飾り立てた。「データ」とか「システムズ」という単語は、投資家をハイテク株群に引き寄せる、専門的な響きのある流行語だった。ハイテク株は値段が非常に高く、直前の下げにもかかわらず先高観が根強かった。金融の専門家は一九二〇年代末に先人たちが作ったフレーズを繰り返し、アメリカ的創意の新時代と呼んだ。シェルビーが新時代の企業を買ったのは、好収益が継続的に見込まれる可能性が高いと思ったからだ。成功するには、作家は自分の文体を見つけなければならず、投資家は自分のスタイルを確立しなければならない。自分の力を証明しようと功をあせったせいで、シェルビーは父の言いつけを忘れ、景気のいい太鼓の音につられて度を越してしまった。実際、そうならないほうが難しかった。

ある日の午後、ビッグズとシェルビーはメモレックスの本社を訪れ、デービス直伝の技を実践した。役員専用の駐車場で空いたスペースを数え、空きがあれば、会社のお偉方が早朝からゴルフに出かけた状況証拠になる。緊急入院などのケースを除き、理由は何であれ、不在者が真の使命より雑用を優先したことに変わりはない。真の使命とは、メモレックス株主の資産価値を高めるために働くことである。駐車場は満車だったので、ビッグズは「この会社はみんな一日二〇時間働いている」と感心した。彼とシェルビーはメモレックスを最大の保有銘柄にした。

初年度の運用成績は、シェルビーがインスティテューショナル・インベスター誌のインタビューで語ったように、ケタ外れの大成功だった。一四四の競合ファンドが損失を被る中、ニューヨーク・ベンチャーは二五・三%という驚異的なリターンをたたき出した。新人としての成功についてデービスは「わたしたちはみんな自分たちが天才だと思いました」と語った。ビジネス・ウィーク誌は一九七〇年二月七日号で彼らを「ホットなファンドを操るクールな三人組」と大きく取り上げた。記事に添えられた写真の中のシェルビーはもみあげを生やし、時代の最先端を行っているように見えた。メモレックスなどいくつかのハイテク株は明らかに投機銘柄だったが、ビッグズとシェルビーは自分たちをガンスリンガーとは認めなかった。「良い会社を買うことが大切です。たとえ値段が高すぎても、それは良い会社なのです」と自らの投資戦略を正当化した。

シェルビーは「浮かれた投機相場では、われわれがナンバーワンになることはないでしょう。昨年あっという間に運用成績上位にのし上がった過剰人気の新規銘柄や店頭銘柄をたくさん組み入れたファンドと違い、われわれは見境なく買ったりしません」と語った。それでも、彼らの保有株をデービスが見たら、立派な投機銘柄と判断しただろう。

一九七〇年三月までに、クールな三人組は五五〇〇万ドルの新規資金を集めた。しかし、資金がどんどん流入し、ビジネス・ウィーク誌の絶賛記事がまだ投資家の記憶に新しいうちに、メモレックス株は業績不振のニュースを受けて一日で二〇％も急落した。シェルビーとビッグズはその株をさらに買い増した。一六八ドルから三ドルまで急降下する中間点でまた買ったが、最終的には二〇ドルで売却し、巨額の損失を被った。

メモレックスは現実離れした値札の付いた急成長企業だった。業績悪化で投資家に愛想を尽かされると、この手の企業は致命的で、デービスのダブルプレーが逆に作用する。例えば、一株利益が一ドル、PERが三〇倍の人気成長株なら、株価は三〇ドルになる。利益半減で幻滅した投資家が利益の一五倍しか払わなくなると、三〇ドルの株価は一気に七・五〇ドルまで下がる。一段の幻滅で株価が利益の一〇倍まで下がると、三〇ドルの投資はわずか五ドルまで目減りする。「ホットなファンドを操るクールな三人組」の記事は、ホットな投機相場の最後を飾るものだった。

「メモレックスはわれわれすべてに手痛い傷を残しました」とビッグズは言ったが、ポートフォリオにあるハイテク株で値崩れしたのはそれだけではなく、コンピューター・テープもそうだった。ベンチャーの運用成績は悪化の一途をたどり、ルーキーの年にナンバーワンになった翌年には、下位一〇%にまで転落した。

叔父のワイルド・ビルが、フィラデルフィアでワッサーマン家の家族信託の理事にならないかと声を掛けてくれたが、シェルビーは急降下するベンチャーの立て直しに全力を注ぐため誘いを断った。「俺たちのファンドでお前の生焼けのアイデアを使ってもいいぜ」とワイルド・ビルは例によって軽口をたたいた。自信が揺らいでいたシェルビーは、何も言い返せなかった。

「父は投資を始めて最初の五年に素晴らしい成績を収めたのに、わたしは出だしでつまずき、地獄の五年を経験しかけました」とシェルビーは語った。

ベンチャーの三年目の年次報告書は一九七一年七月に顧客に届いた。表紙にはベンチャーのVが大きく印刷され、そのVの下には、一枚の書類を見つめている眼鏡を掛けた三人の男性が写った一枚の写真が載っていた。「資本の成長を投資目的とする投資信託」というキャッチフレーズが書かれていた。内側のページのモンタージュ写真では、（全員眼鏡を掛けている）男性従業員がお互いやカメラを見つめていた。女性従業員はいずれも男性より明らかに若く、受話器を置いている写真だった。ウォール街で働く者にとって資本の成長をエキサイティングに見せるのは常にチャレンジである。

クールな三人組のホットな手腕もすっかり冷え込み、ベンチャーは投資家の期待に応えられていなかった。株価は一九六九年の一〇・二二ドルから一九七〇年には八・〇六ドルに下がり、一九七一年まで我慢しても一〇・八八ドルまでしか戻らなかった。ポートフォリオ全体の価値は二九〇〇万ドルだった。デービスとビッグズが同ファンドだけしか運用していなかったら、彼らはほかで仕事を探さなければならなかっただろう。

目の前の未来は明るかった、あるいは同ファンドの会長兼社長であるマーチン・プロイェクトはそう思った。株主宛ての手紙で、彼は「将来の見通しに関しては、あらゆる指標が大変良好です」と熱弁を振るった。先行きに自信を持つ消費者が元気に支出し、インフレ率が高まってもごくわずかだった。経済的な問題は「本質的に一時的なもの」と彼は主張した。プロイェ

企業名	株価(ドル)[b]	PER
AMP	7	47
エメリー・エア・フレート	30	55
インターナショナル・ソレーバーズ・アンド・フラグランシズ	14	72
ブラック・アンド・デッカー	36	51
バクスター・インターナショナル	14	73
ジョンソン・アンド・ジョンソン	5.40	60
レブロン	36	25
バローズ	37	46
ブリストル・マイヤーズ	4.30	27
プロクター・アンド・ギャンブル	14	33
シティコープ	19	21
テキサス・インストルメンツ	15	42
メルク	5	45
シェリング・プラウ	8.50	48
ファイザー	5	28
アップジョン	7	41
フィリップ・モリス	4	25
アメリカン・ホーム・プロダクツ	10	38
イーライリリー	10	43
ルブリゾール	11	34
ハリバートン	23	37
ダウ・ケミカル	17	25
シュルベルジュ	12	46
MGICインベストメント	不明	
平均PER	42.7	

a　1972年12月31日現在
b　四捨五入
出所＝モンゴメリー証券

当初のニフティ・フィフティ[a]

企業名	株価（ドル）[b]	PER
ポラロイド	63	97
シンプリシティー・パターン	54	50
ディズニー	6.50	82
エイボン・プロダクツ	68	63
ITT	60	16
シュリッツ・ブリューイング	58	37
ゼロックス	50	47
ヒューブレイン	58	31
コカ・コーラ	3	44
マクドナルド	3.75	75
JCペニー	22.50	31
ジレット	4	25
アメリカン・エクスプレス	16	38
シアーズ	58	29
チーズブロー・ポンズ	44	40
イーストマン・コダック	66	44
アンハイザー・ブッシュ	4.50	33
Kマート	16	49
ゼネラル・エレクトリック	9	25
ペプシコ	1.60	27
IBM	80	36
アメリカン・ホスピタル・サプライ	33	50
3M	21	40
スクイブ	26	34
ルイジアナ・ランド・アンド・エクスプロレーション	48	25
デジタル・イクイップメント	15	61

クトは正しかったが、ほんのいっときだった。

一九六九年から七〇年の株価急落はすぐに忘れ去られた。アメリカ社会はワッツ暴動などで騒然とし、街にはヒッピーがあふれ、ベトナム戦争ではより多くの兵士が死んだが、ウォール街は尊大さを取り戻した。トレーディング面では強気の展開が見られた。一九七一年、ナスダック市場が始動、コンピューターがピットの喧騒に取って代わった。その一年後、シカゴ・マーカンタイル取引所が金融先物取引を始め、株や債券をペーパー経済のポークベリーや大豆と言えるコモディティーに変えた。新たな楽観ムードの確実な兆しとして、ドナルドソン・ラフキン・ジェンレット（DLJ）が株式を公開した。ジェームズ・グラントの『繁栄のツケ（The Trouble with Prosperity）』で紹介されたように、DLJの株式公開は、パートナーから資金調達する投資銀行の一世紀に及ぶ伝統を打ち破った。昔ながらの投資銀行は他社の株式公開を手伝うが、自らは株を公開しなかった。

投資家は再び喜んで株を買うようになったが、値崩れしたハイテク株には愛想を尽かした。投資資金の潮流は、かつて人気を博したゴーゴー銘柄から、ニフティ・フィフティ（素晴らしい五〇銘柄）と呼ばれる、より大きく安全で素晴らしい優良銘柄に移った。その代表はエイボン、ポラロイド、ジレット、コカ・コーラ、IBM、ゼロックス、マクドナルドなどブランドを確立した企業だった。二〇世紀前半は好況から不況へいきなり落ち込み、企業は着実で一貫した利益成長を提供するとは期待されなかった。しかし、一九四〇年代以降は不況も以前ほど深刻でなくなり、成長株を保有することがはやり、一九七〇年代はそれがむやみやたらと流行するようになった。絶頂期には、ニフティ銘柄は利益の四〇～五〇倍、中には七〇倍という銘柄もあったが、ウォール街のアナリストたちはこれらを「ワン・ディシジョン株」（買うか買わないかだけが重要で、永久に保有するに値する銘柄）とはやし、どんな値段でも保有する価値があると断言した。アナリストはこれらの銘柄を称賛し、長期的成長株なので一時的流行のコンピューター銘柄よりはるかにリスクは低いと推奨した。それらの株を買い、買ったことを忘れて数年たったら、最初にいくら払っていても、それを買ったことを喜ぶことになるだろうと。

第一三章

一九二九年以来最悪の下げ相場

父親が大使としてウォール街から三〇〇〇マイル離れた地に赴任し、シェルビーは心から自由を満喫した。デービスはベルンから保険の最新ニュースを添えた手紙を送ったが、シェルビーはあえて返事を書かなかった。スイスへの毎年恒例のスキー旅行でシェルビーは両親を訪問したが、父と息子の関係は例によって親密というより他人行儀なものだった。一緒に田舎をドライブしたとき、デービスはピクニック用のランチを持参した。それは列車の食堂車から持ってきた何個かのロールパンだった。

デービスの友人、ジェームズ・ローゼンウォルドは一九七二年五月、サンフランシスコのセント・フランシス・ホテルで開かれた証券アナリストの会合で熱弁を振るった。「米国株を売り、日本株を買え」と声を大にして訴えたが、残念ながら彼の貴重なアドバイスも馬の耳に念仏だった。一九七二年には米国株も一九六九年から七〇年の下げをほぼ取り戻し、「最悪期は終わった」という楽観ムードが強かった。しかし、ローゼンウォルドは自信を持って出口戦略を提示した。講演のタイトルは、「米国株だけが株じゃない」。

講演で彼はまずダウの難点を指摘した。三〇銘柄中、直近の戻りで高値を更新したのはわずか九銘柄で、アルコア、インターナショナル・ペーパー、ベスレヘム・スチール、USスチールは一九五〇年代より安かった。AT&T、テキサコ、ゼネラルモーターズ、デュポン、ユニオン・カーバイト、スタンダード・オイルも出遅れ、一九六〇年代半ばの水準を下回っていた。

ローゼンウォルドは「デュポンが二六一ドル（講演当時六四ドル）、ゼネラルモーターズが一一四ドル（同七七ドル）、USスチールが一〇八ドル（同三二ドル）だったときに書かれた強気の記事を覚えていますか。ダウに勝つと言うとき、相手は車椅子に乗った一〇〇歳の元世界チャンピオンではないでしょうか」と聴衆に問い掛けた。

「ニューヨーク証券取引所の入口には『ここに入る者は希望を捨てろ』という看板を掛けるべきだと何度も思いました」と彼は続けた。それから畳み掛けるように、労働組合がいかに米国企業の足を引っ張ってきたかについて説明した。鉄鋼労働者がストで賃上げを勝ち取ると、回り回って自動車ショールームで値札が書き換えられた。デトロイトは自動車市場で価格競争力を失い、低価格と高品質を武器とする日本車の攻勢にたじたじだった。日本式のコンピューター化された組み立てラインを導入して工場を近代化したくても、労組の抵抗でそれもままならなかった。米国の鉄鋼メーカーも、何十億ドルもの設備投資をしないと、近代化した日本勢に太刀打ちできる望みはなかった。

ローゼンウォルドは米国の多国籍企業へ投資することで下値抵抗力の強いポートフォリオを顧客に薦めようと考えたこともあった（この提案においても彼は時代の先を行っていた）が、問題ありとしてこの戦略を放棄した。労組が国内の雇用確保のために政府に圧力をかけている状況では、海外での利益に法外な税金が課される可能性も否定できないからだ。また、米国の多国籍企業は国外で常に反資本主義政権から工場を没収される脅威にさらされていた。相対的にリスクの低いグローバル投資は、自分やデービスがすでに日本において行ったように、米国以外の国の企業の株を買うことというのが彼の結論だった。

国内経済については、ワシントンが巨額の財政支出を続けるとの読みから、彼はインフレ高進を予想し、政府は物価・賃金統制などの劇的な措置を講じない可能性が高いと考えていた。こうした好ましくない潮流を踏まえ、ローゼンウォルドは聴衆に米国株から日本株への乗り換えを強く勧めた。

日経平均は彼とデービスが日本株に投資して以来一〇年間で、一四〇〇から三四〇〇へと二倍以上になっていた。この間、大勢のアメリカ人も同じことをし、日本株の外国人保有額が一億八五〇〇万ドルから三九億ドルまで急増する原動力となった。それまでの大幅高にもかかわらず、ローゼンウォルドは日本株の上げはこれからが本番と考えた。日本は長期の不況から抜け出している最中で、輸出産業は活気づいていた。中国の核による脅威にさらされていたが、日本はアジアの共産圏にも経済的影響力を拡大していた。その自動車会社はデトロイトを凌駕し、TVメーカーもいずれそうなるのは確実だった。

米国株は上昇基調にあり、専門家も一般投資家も彼の悲観的な予想に耳を貸さなかった。バロンズ誌恒例の年間予想では著名な専門家はいずれも強気だった。弱気派はすでに一九六六年と六九年の下げでツーストライクをとっていた。六年間に三回もストライクはないというのが当時の一般的な考えだったが、この幻想は見事に裏切られようとしていた。実際、三度目のストライクが被害は最も大きく、一九七三～七四年の下げは一九二九～三二年以来で最大だった。断続的な戻りを伴う最初の下げを「ベアⅠ」とすれば、一九六〇年代末から一九七四年に底入れするまでの全期間は「ベアⅡ」と名づけられるだろう。

明確な売り材料はいくつかあった。ベトナム戦争が長期化する一方で、ニクソン大統領は民主党本部に盗聴器を仕掛けたウォーターゲート事件で窮地に立たされた。弾劾手続きが本格化する中、大統領は辞任に追い込まれた。イスラエルがアラブ諸国と衝突し、ヨム・キップル戦争（第四次中東戦争）が勃発。産油国が輸出禁止に踏み切ったことから、原油価格は一バレル六ドルから二三ドルまで跳ね上がった。ガソリンスタンドではドライバーがいらいらしながら石油ショック前の四倍の値段で給油するため長蛇の列を作った。

政治的なマイナス材料以外に、株はドル安によっても体力を奪われた。ドルは海外で急速に信頼を失いつつあった。ドルは一九四〇年代末から世界最強通貨の座に君臨していたが、一九七〇年代初めまでに政府の過剰な紙幣増発によって輝きを失った。マネーサプライ（通貨供給量）が一九五九年から七一年までに六〇％近くも増えた結果、消費者物価は四〇％も上昇した。米国の貿易相手はアンクル・サムの通貨を信用しなくなり、金（ゴールド）での支払いを求めた。国庫の金がどんどん海外に流出する事態に直面し、ニクソン政権はついにドル「切り下げ」に踏み切った。公的債務が膨張する一方、企業利益は減少した。インフレが頭をもたげ、そして急速に走りだした。

株価はそうした多くの問題を織り込んでいなかったし、実際には問題を何ひとつ織り込んでいなかった。過去二回の下げから急速に立ち直った後、S&P四〇〇は一九七三年にピークを付けた。そのとき、PERは三〇倍と現実離れした水準だったが、採用企業の配当利回りは全体でたった二・五％以下だった。株高による利益もインフレで目減りした。実際、インフレを勘案すると、一九六八年から八二年の（S&P指数で見た）株式の実質リターンはマイナスだった。株を保有する大衆は「インフレは債券には致命的だが、株には健全なもの」と信じ、一九六〇年代のインフレ上昇を軽くあしらった。インフレが何年間も着実に進行しても株高は止まらず、「インフレはポートフォリオにとって脅威ではない」との一般認識が強まった。しかし、「企業はインフレと足並みをそろえて値上げできるので、利益率を保てる」との認識は一九七〇年代に崩れた。ひとたびミスター・マーケットがそれに気づくと、株価は水準修正を余儀なくされた。

ウォール街は全面降伏した。怖気づいたビッグズはシェルビーを説得し、三度目の下げが襲う前に持ち株を減らした。ベンチャーは資産の三〇%をキャッシュに移した。市場のタイミングを読もうとしても失敗するのが落ちで、シェルビーは二度とやろうとしなかった。それが同ファンドを救った。戦線を縮小していなかったら、一九七三年一月から一九七四年一二月までの壊滅的な下落でベンチャーは消滅していたかもしれない。

この恐るべきフィナーレに向けての助走にすぎなかった一九六九年から七〇年の下げを生き残った投資家は、ハイテク株投資の残金を回収し、絶対安全な優良株群と思われたニフティ・フィフティへとその資金を再び投資した。しかし、「ニフティ買い」戦略は、大衆がそれをやりだした途端に挫折した。ポラロイド、ディズニー、エイボンをポートフォリオに組み入れた投資家は、目が覚めたら財産をほとんど失う悪夢のような現実に直面した。これらの銘柄は天井から底まで七九～八五％も急落した。ニフティ・フィフティの中で下落率上位二〇銘柄は五〇～八〇％の下げに見舞われた。投資家はティファニー価格（例えば、一九七三年のマクドナルドは一株利益の七五倍）で購入した株をいきなりウールワース価格（マクドナルドは一株利益の一八倍で、下落率は六一％）で売り払った。会社としてマクドナルドに問題があったわけではないが、バリュエーションに問題があった。ロス・ペローのＥＤＳも同じ運命をたどった。この株はニフティ・フィフティではなかったが、五〇〇倍ものＰＥＲを維持できず、株価は四〇ドルから三ドルまで急落した。株価倍率の縮小はエイボンを六八ドルから一四ドル、ポラロイドを六三ドルから九ドル、ゼロックスを五〇ドルから一七ドルへ引きずりおろした。一九七四年の底ではダウ全体は利益の六倍の水準で、まさに特売会場で掘り出し物がごろごろしている状態だった。数カ月前に利益の三〇倍だったＳ＆Ｐ四〇〇はたった七・五倍の水準に放置され、ダウは一〇〇〇近辺から五七〇まで売り込まれた。「他人がどん欲なときは用心しろ。他人が恐れているときはどん欲になれ」とバフェットはアドバイスした。一九七四年は恐怖が供給過剰だった。大統領が不名誉に包まれて辞任し、景気は後退期に入り、インフレは引き続き大幅に上昇した。不況下の物価高という初めての苦境にエコノミストは困惑し、それを「スタグフレーション」と名づけた。消費者は高額商品の購入を先送りする一方、彼らの現金は日ご

企業名	72/12/31の株価(ドル)	PER	74/12/31の株価(ドル)	PER	価格変化(%)
AMP	7	47	4	19	−44
エメリー・エア・フレート	20	55	16	21	44
インターナショナル・フレーバーズ・アンド・フラグランシズ	14	72	8	28	−43
ブラック・アンド・デッカー	36	51	21	19	−42
バクスター・インターナショナル	14	73	9	27	−39
ジョンソン・アンド・ジョンソン	5.40	60	3	28	−38
レブロン	36	25	24	13	−35
バローズ	37	46	25	21	−31
ブリストル・マイヤーズ	4.30	27	3	13	−27
プロクター・アンド・ギャンブル	14	33	10	21	−26
シティコープ	19	21	14	11	−26
テキサス・インストルメンツ	15	42	11	17	−25
メルク	5	45	3.60	23	−25
シェリング・プラウ	8.50	48	6.50	22	−23
ファイザー	5	28	4	17	−23
アップジョン	7	41	5.80	22	−21
フィリップ・モリス	3.70	25	3	15	−19
アメリカン・ホーム・プロダクツ	10	38	8.30	23	−18
イーライリリー	10	43	8.50	27	−15
ルブリゾール	11	34	9.80	16	−13
ハリバートン	23	37	22	18	−2
ダウ・ケミカル	17	25	18	9	8.3
シュルベルジュ	12	46	14	27	19
MGICインベストメント	不明				
平均PER	42.7			16.76	−43.6

出所＝モンゴメリー証券

総崩れのニフティ・フィフティ

企業名	72/12/31の株価(ドル)	PER	74/12/31の株価(ドル)	PER	価格変化(%)
ポラロイド	63	97	9	22	−85
シンプリシティー・パターン	54	50	9	15	−83
ディズニー	6.50	82	1.25	14	−81
エイボン・プロダクツ	68	63	14	14	−79
ITT	60	16	14	4	−75.5
シュリッツ・ブリューイング	58	37	15	9	−75
ゼロックス	50	47	17	12	−65
ヒューブレイン	58	31	20	8	−65
コカ・コーラ	3	44	1	16	−64
マクドナルド	3.75	75	1.40	18	−61
JCペニー	22.50	31	9	17	−60
ジレット	4	25	1.60	9	−60
アメリカン・エクスプレス	16	38	6.50	12	−60
シアーズ	58	29	24	15	−58
チーズブロー・ポンズ	44	40	18	13	−58
イーストマン・コダック	66	44	28	16	−58
アンハイザー・ブッシュ	4.50	33	2	17	−57
Kマート	16	49	7	25	−55
ゼネラル・エレクトリック	9	25	4	10	−54
ペプシコ	1.60	27	0.75	11	−53
IBM	80	36	42	13	−48
アメリカン・ホスピタル・サプライ	33	50	17	20	−47
3M	21	40	11	17	−46
スクイブ	26	34	14	14	−46
ルイジアナ・ランド・アンド・エクスプロレーション	48	25	24	8	−45
デジタル・イクイップメント	15	61	8	13	−45

とに購買力を失っていた。一九七四年は「墓場の口笛」（ビジネス・ウィーク）、「どうして株を買うのか？」（フォーブス）、「吐き気を催す下げ相場」（バロンズ）、「恐怖に駆られて」（フォーブス）、「深まる憂うつ」（フォーチュン）など、ビジネス誌の見出しは暗たんとしたものばかりだった。

この間、ウォール街最高の投資は、地味なマネー・マーケット・ファンド（MMF）だった。ほかの投資が不振で、普及するのに絶妙のタイミングで登場した。銀行とS&Lは普通預金にもMMFに負けない金利を提供した。銀行はそれまで何十年もすべて均一の低い金利しか払えなかったので、預金者は損をしてきたが、ようやく金利が自由化された。

ベンチャー・ファンドも苦境に見舞われ、その投資家は一九七〇年、七三年、七四年に二〇％の損失を被った。運用開始当初に購入し五年間保有し続けても、忠実な投資家は何も報われず、たんす預金のほうがはるかにましだった。運用資産五〇〇〇万ドルのベンチャーは、それを所有するブロック・グループには取るに足らない存在だった。さもなければ、ブロックはそのファンドを解散するか、運用に失敗したシェルビーたちをクビにしたかもしれない。クリス・デービスは当時八歳で、父の苦しい時期を覚えている。「父は一枚のグラフを新聞から切り抜き、額に入れて壁に掛けました。それは急な坂を転げ落ちているダウ平均のチャートでした。そして、グラフの上には『ダウ・ジョーンズなんてくそくらえ』という殴り書きがありました」とクリスは語った。

すさまじい株安も一九七四年についに終わった。途方に暮れたシェルビーはこの年、ベン・グレアムに会うためカリフォルニア州ラ・ホーヤに飛んだ。彼はバフェットの師であるとともに、デービスにも多大な影響を及ぼした人物である。グレアムは太平洋を一望できる広いが質素な共同住宅で愛人と暮らしていた。ちょうど八〇回目の誕生日を祝っているときだった。友達が開いてくれたパーティーで、彼は美や人生の意味についてスピーチし、バランスシート、株価収益率、株価純資産倍率などには一言も触れなかった。[1]

グレアムは平日、ラ・ホーヤにあるブローカーの事務所に行き、スタンダード・アンド・プアーズから届く最新のアナリストリポートを読んだ。彼は株と完全に縁を切ったわけではなかった（不運にも彼はまだＧＥＩＣＯ株を保有していた。一四章を参照）が、相場が大崩れする前に保有株を減らしていた。一九六〇年代末にグレアムは折に触れて「株は高すぎるので避けるべき」と忠告したが、強気の評論家たちは「年寄りのたわ言」と一蹴した。しかし、一九六九～七〇年と一九七三～七四年の連続の下げ相場は、グレアムが正しいことを証明した。ウォール街にまたバーゲンセールが訪れたが、いつものパターンで、むちゃくちゃな値段で株を買い漁っていた人たちは掘り出し物に見向きもしなかった。市場は悲観ムード一色で、シェルビーですら意気消沈していた。

「落ち込んではだめだよ。君は今、一生に幾度もない絶好の買い場を目の当たりにしているのだから。自分を信じてやるべきことをやりなさい」とグレアムはお茶を注ぎながらシェルビーを励ました。ただし、銘柄選びに関しては、グレアムもGEICOを買いなさいと間違ったアドバイスをした。ベンチャーの投資家にとって幸いにも、シェルビーはその意見には従わなかった。

株価急落によって、流行の成長企業が財産を台無しにしかねないことが証明された。値上がり間違いなしと言われた人気銘柄の多くはアメリカを代表する優良企業、つまり大幅下落したニフティ・フィフティだった。これ以降、シェルビーは値がさ急成長株には二度と手を出さず、まずまずの成長が期待できる低位株を物色するようになった。株高のときにだれも欲しがらない企業なら、株安のときもダメージは相対的に軽いと考えた。階段で行けるのに、どうして無理をして棒高跳びをする必要があるだろう。

表13・1は、増益率は平凡でも株価が安ければ、着実な利益を生む地道な企業に投資することの利点を示している。「高期待株」では、増益率も株価も非常に高い銘柄を例にとった。この会社は五年にわたり年三〇%の増益を維持する素晴らしい実績を上げたが、六年目に増益率が一五%に落ちた。すると、失望した投資家はその株に対して利益の一五倍しか払わなくなった。業績はまだ非常に良好なのに、数年前に三〇ドルで購入した株主が手にするのは、三八ド

表13.1　高期待株と低期待株

高期待株　年30%の増益を5年連続で記録後、増益率が年15%に減速

	1994	1995	1996	1997	1998	1999
1株利益(ドル)	0.75	1.00	1.30	1.69	2.10	2.52
PER	30×	30×	30×	30×	30×	15×
株価		30ドル				38ドル

結果＝株価が30ドルから38ドルへ変化
パフォーマンス＝6.7%の年間投資収益率

低期待株　年13%の増益率と10倍のPERが5年続いた後、PERがついに13倍へ上昇

	1994	1995	1996	1997	1998	1999
1株利益(ドル)	0.88	1.00	1.13	1.28	1.44	1.63
PER	10×	10×	10×	10×	10×	13×
株価		10ドル				21ドル

結果＝株価が10ドルから21ドルへ変化
パフォーマンス＝20%の年間投資収益率
「デービスのダブルプレー」

ルの株価とその投資からの平均以下のリターンだった。
「低期待株」は、増益率が年一三%と平凡な企業の例である。ウォール街で注目されることはなく、投資家も利益の一〇倍しか払わない銘柄だ。しかし、期待が低いなりにも六年にわたってそれに応えてきた実績が評価され、投資家は利益の一三倍まで払う気になった。五年前に一〇ドルで購入した株主が手にするのは二一ドルの株価だ。投資金が倍になり、デービスのダブルプレーが実現した。

シェルビーとビッグズは初めの失敗から貴重な教訓を学び、業績が悪化すると思う理由があるときはさっさと処分することにした。「悪いことは信じたくないという気持ちが働きがちですが、それがニュースになるまで待つと株価はすでに急落し、手遅れになります」とビッグズは言った。米国経済がリセッション（景気後退）に突入する過程で、彼らは値崩れしたハイテク株を処分し、フィリップ・モリスや放送のキャピタル・シティーズなど信頼できる銘柄と入れ替えた。たばこやテレビ局は景気が悪くても業績は崩れず、ゴーゴー・ファンドを通じて保有していた投資家も引きつけると読んだ。「不況や株安の時期は、ダウ採用銘柄のような優良株が比較的短い間は非常に良い成績を上げる可能性があり、デジタル、メモレックス、モホークなどより目先の収益見通しは良好です」とビッグズは言った。

相場の反発局面では、シェルビーは「カウンター・パンチャー」になり、魅力的な会社の株が一時的な悪材料で大きく下げた後に買い出動した。彼は収益が確実に見込める企業を割安に買うチャンスを探した。自分を窮地に追い込んだ従来の戦略と正反対の手法である。一方、ベアIIの後、彼はただ安いというだけで株を買うのは危険と思うようになった。安い株にはそれなりの理由があることを痛感したからだ。値段の安さに心を動かされないように努め、買うにしても今まで以上に徹底的に調べた。父と同じく、彼は自分をポートフォリオにあるすべての株の部分的な所有者と考えた。彼は時代遅れの産業への投資や、流行株の短期売買はしなかった。また、ベンチャー・ファンドには喫茶店チェーン、ディスカウントストア、たったひとつの製品に社運がかかっている有望ハイテク企業などは組み入れないようにした。「何か不都合があれば、経営者を調べます」と彼は言った。強固な財務体質と強力な経営陣を兼ね備えた企業に投資すれば、夜もぐっすり眠れる。

「マネーはけっして時代遅れにならない」というのが、シェルビーのモットーのひとつになった。他人の発明によりドル箱製品が一夜にして無価値になることもあるハイテク企業と違い、銀行や証券会社などの金融業界ではある日突然、マネーが無価値になることはない。彼は銀行株と保険株を買い増す一方、小売株とエレクトロニクス株の保有額を圧縮した。小売企業は経営が良ければ三〇年程度は繁栄が続くかもしれないが、その後は最善を尽くしても消滅するかもしれない。だが、経営の良い銀行が破たんすることはまず考えられないと彼は説いた。

また、彼はテーマ投資を応用して資源株も買った。それはバンク・オブ・ニューヨーク時代に産業グループを研究した際に培った手法である。一九七〇年代半ばのテーマは明らかにインフレで、石油、鉱山、森林製品などの実物資産が輝いた。資源というテーマに固執し、さほど人気のない着実な成長企業を探すことによって、シェルビーはベンチャーを運用成績トップの常連にした。そうした銘柄はデービスのダブルプレーを実現することもあった。彼は収益率を下げる要因を最小限に保った。標準的な投信は保有銘柄を年九〇%のペースで入れ替えたが、シェルビーは回転率をわずか年一五％に抑えた。売り買いともに減らせば、税金と取引コストを節約できる。たくさんの企業が米政府と同じく莫大な借金を抱え、金利の上昇で利払いに窮していた。債務の多い企業は金利上昇で破たんしかねないと判断し、シェルビーは債務問題のある会社には絶対投資しなかった。

ベンチャーは環境に順応する過程で、さらに多くの教訓を学んだ。相場は一九七四年を底に反発に転じ、中でも小型株がブランド力と歴史のある銘柄より値上がりした。もう一人の若手ファンドマネジャー、ピーター・リンチと同様、シェルビーはこの点において自分の力を見せつけた。二人とも値崩れしたニフティ株には手を出さなかった。下げが一巡しても、下げが一番きつかった銘柄はたいてい戻りが鈍いからだ。彼らは銘柄数を絞り込み、収益見通しがより明るい企業をポートフォリオにたくさん組み込んだ。その後九年は小型株に引き続き軍配が上がった。一九七五～八〇年は市場全体が上げたわけではなく、株価指数は足踏み状態だったので、個別銘柄を選ぶ腕が運用成績を左右した。シェルビーはそこで本領を発揮した。

一九七六年の終わり近くになると、すでに売り込まれていたニフティ株がさらなる試練に見舞われた。ディズニーは一九七四年に五・五〇ドルから一ドルまで急落した後、安値拾いの買いで三ドルまで戻ったが、その二年後には利食い売りで二ドルまで三三％下げた。実はここが絶好の買い場だった。このエンターテインメント界の巨人は業績が引き続き拡大したのに、利益のわずか一〇倍の水準で売られていた。

安価な鉄鋼の輸入、金利高騰、ドル安進行（メキシコ・ペソさえドルに対して上昇）などから、ダウなどの株価指数に採用された優良銘柄は引き続き低迷した。一方、小型株は騰勢が衰えず、一九七七年に最高値を更新する銘柄が相次いだ。この時期に株で儲けるには、小型株を重視しなければならなかった。ウォール街自体も内なる問題を抱えていた。一九七五年、SECは株式の売買にかかる固定手数料制を廃止した。それまでは銀行と同じように、証券会社は自由企業システムの中枢に位置しながら自由市場での競争を長年免除され、継続的に十分な利益を得られるように手数料が高く設定されていた。固定手数料という甘い汁を吸えなくなり、証券会社はうまみのある確実な収益源を失った。

デービスの仲介業務は当初からほとんど儲けがなかったが、彼は固定手数料の廃止を受け、クリーブランド、ロンドン、サンフランシスコなど六つの大都市に開設した従業員一人の事務所を閉鎖した。これらのオフィスは彼にとってコストが一切かかっていなかった。営業マン各自が自力で事務所の経費と自分の給料を稼いでいたからだ。しかし、手数料収入が減ったため、彼らの関心をつなぎとめることができなくなった。ウォール街は低迷が続き、NYSEの会員権は三万五〇〇〇ドルと、デービスが三〇年前に買った値段よりわずか二〇〇〇ドル高いだけの水準で売られていた。

ニューヨーク・ベンチャー・ファンドの株価は、一九六九年が一〇・六四ドル、一九七八年半ばには一四・六四ドルになっていた。株高の時期なら九年で四三％の値上がりはたいしたことはないが、一九七〇年代は相場が低迷した時期だけに称賛に値する。事実、平均的な株の動きを示すS&P五〇〇はこの間に一・七％下落している。

ダウは一九七四年に五七七ドルで底入れした後、一九七六年末までに一〇一四ドルへ急騰したが、上げを持続できず、一九七〇年代いっぱいは七四〇〜一〇〇〇ドルの間を行ったり来たりした。一九八一年には七四二ドルと、一九六一年に初めて到達したレベルに逆戻りした。

一九七〇年代は経済が繁栄したものの、企業はインフレに苦しめられた。フォード政権はWIN（Whip Inflation Now）と銘打ったインフレ撲滅キャンペーンを展開したが、その一〇年後にナンシー・レーガンが提唱した麻薬撲滅の「ジャスト・セイ・ノー」キャンペーンと同様に掛け声倒れに終わった。あらゆるものが引き続き値上がりし、WINキャンペーンのバッジすらコレクターの間で値段が上がった。理屈では企業はコスト上昇分を消費者に転嫁するが、実際には仕入れ先の値上げ要求に対応できるくらい素早く製品価格を引き上げるのは不可能だった。一オンス三五ドルだった金価格が一九七六年に一〇〇ドルに上昇し、一九七九年には七〇〇ドルに達した。この年は、大企業のクライスラーまでもが政府の救済を仰ぎ、ポール・ボルカーがFRB議長に就任したほか、イランの狂信的イスラム教徒によってアメリカ大使館が占拠され、大使館員が人質に取られた。

シェルビー、パーマー、ビッグズの三人は自分たちの資産運用会社を一九七八年にフィデューシャリー・トラストに売却した。シェルビーとパーマーは売却に乗り気だった。ビッグズは最初反対だったが、最終的には二人の意見に従った。彼らは自分たちのような小さな投資会社が相次いで倒産するのを目の当たりにしてきた。預かり資産は六億五〇〇〇万ドルまで増えたが、顧客が彼らの会社をずっと利用してくれる保証はなかった。三銃士はウォール街のビッグネームと競争することの厳しさを痛感していた。フィデューシャリーは魅力的な金額に加え、三人に五年間の雇用契約という破格の条件を提示し、彼ら全員にバイス・プレジデントの地位を約束した。

ただ、交渉は一筋縄ではいかず、まとまるまでに数カ月を要した。シェルビーによると、パーマーはフィデューシャリーの社長に指名されるつもりでいたが、それが実現しないと分かった途端にフィデューシャリーとの関係を切ってゼネラルモーターズの年金基金へ移った。彼が予定より早く辞めたせいでシェルビーとビッグズは大変迷惑した。フィデューシャリーが買収した後も彼らの顧客がそのままならボーナスが支払われる約束だったのに、顧客との関係をすべて掌握していたパーマーが辞めたことでその望みはほとんど絶たれた。

一〇周年を迎えようとしていたニューヨーク・ベンチャーは、この合併劇の外に置かれた。

フィデューシャリーは法律上の制約からベンチャーの買収には至らなかったが、彼らには副業としてのみ同ファンドの運用継続を許した。そもそもヒュー・ブロックを説得してベンチャーを立ち上げさせたマーチン・プロイェクトはこの「副業」において最大の持ち分を有しており、シェルビーとビッグズは少数持ち分パートナーだった。シェルビーはベンチャーが生き残れたことを喜んだ。ビッグズが株選びをシェルビーに一任し、自分だけの考えでファンドを自由に運用できるようになったシェルビーは早速、スケジュールに企業訪問とCEOとの面談を追加し、やる気満々だった。

もはや同じ仕事を共有しなくなったシェルビーとビッグズは、世界貿易センター九七階にあるフィデューシャリー本社の角の部屋で一緒に働いた。机にはそれぞれ「ミスター・ビッグズ」「ミスター・デービス」と書かれたブロンズのネームプレートが置かれ、まるでディケンズの小説に出てくる会計事務所のようだった。どちらのネームプレートもバンク・オブ・ニューヨークからの記念品で、その銀行でシェルビーはアナリストとして修行を積み、ビッグズの父親は敏腕の副会長兼CFOだった。ベンチャーの仲間は一緒に昼食を取り、一緒に市場を分析し、しばしば週末を一緒に過ごした。実生活では二人とも一度離婚したが、ビッグズはシェルビーとの友情について「わたしたちの結婚はずっと続いていています」と語った。

第一四章　デービス　ウォール街に戻る

デービスはキャスリンと一九七五年にアメリカに帰国した。ハートフォードに着くと、六年間のスイス生活で一番恋しかったミルクセーキを飲むため、二人は真っ先にソーダ屋に向かった。留守中、デービス家の資産には悪いことばかり起きた。人に貸していたタリータウンの自宅は火事が一度あり、不注意な入居者が相次いだ。投資会社はSECのメーデー（株式手数料の自由化）で手数料収入が減少した。株式ポートフォリオは一九六九～七〇年と一九七三～七四年の連続下げ相場で大きく目減りした。

一九六九年にスイスに赴任したとき、大使の保有株は五〇〇〇万ドル前後の価値があったが、それから六年後に帰国したとき、その評価額は三〇〇〇万ドルも減っていた。最大の打撃は直近の下げ相場で、保有株が軒並み値崩れした。ポートフォリオの管理を任されていたケン・エビットはなすすべがなかったが、相場の変調が原因なのでデービスは代役を責めなかった。実際、売却を進言したとしても、ボスは彼の意見に耳を貸さなかっただろう。

デービスは大使の仕事が忙しく、実務的にもウォール街から遠ざかっていたので、資産の急激な目減りを相場表やクオトロンに毎日記録した投資家と違い、自責の念や後知恵にさいなまれずに済んだ。保険株も流砂のような下げ相場では踏ん張れなかった。実際、多くの保険会社はS&P指数の典型的な製造業より下げがきつかった。損害保険株が一五〇ドルから六〇ドルまで急落した（図14・1）ほか、生保株も二八〇ドルから一二〇ドルに値下がりした（図14・2）。これらのグラフはごく少数の銘柄に基づくもので、保険業界全体を表していないが、この時期はこの程度の下げが当たり前だった。

保険会社の中には、運用の判断ミスで屋台骨が揺らいだところもあった。二世紀の伝統を誇るUSF&Gは経営基盤の固さに定評があったが、三回連続の失策で体力を消耗した。一九六〇年代初めは債券と現金を保有し、株高を逸した。失敗を取り戻そうと慎重姿勢を放棄して株式投資を始めたが、一九七三～七四年の急落直前という最悪のタイミングだった。一九七四年の大底近くでパニックになって値下がりした株を売り、債券を買ったが、その後はインフレが高進する中、株が上がる一方、債券は激しく値崩れした。

また、運用ではなく引き受けの判断ミスが原因で、ガバメント・エンプロイーズ・インシュアランス・コーポレーション（ＧＥＩＣＯ）も倒産寸前まで追い込まれた。実現していたら、史上最大の保険会社の倒産劇になるところだった。偉大なＧＥＩＣＯが破たんしかけたことから、どんな会社でもつぶれる危険性はあると改めて痛感させられた。この株は何千もの選択肢の中からデービスとバフェット、それに彼らの師であるベン・グレアムが選んだ超優良銘柄で、三人の達人はいずれも大量に保有していた。グレアムは一九五〇年代にこの確実な投資をコロンビア大学の授業でバフェットに教え、その株主資本利益率の高さに驚いて「注目銘柄」と絶賛した。グレアムは同社の会長を務めたこともある。

ＧＥＩＣＯは一九三〇年代の設立で、創設者のレオ・グッドウィンはこの自動車保険会社に普通の保険会社にはない二つの素晴らしい特性を持たせた。ＧＥＩＣＯは保険を通信販売し、経費のかかる営業部隊を雇わなかった。また、販売対象を公務員だけに限定した。彼は昔、公務員は会社員より交通事故の確率が低いという論文を読んだことがあった。公務員はデートの相手としては退屈かもしれないが、保険会社には理想的な客だった。

経費と事故賠償請求が少ないＧＥＩＣＯに負ける要素はなかった。ベン・グレアムはこの点に着目し、一九四七年に同社の所有権を半分買った。ＧＥＩＣＯはその後、株式を公開し、バ

図14.1　保険（不動産/火災）（SPC.I）

図14.2 保険（生命/健康）（SLI.I）

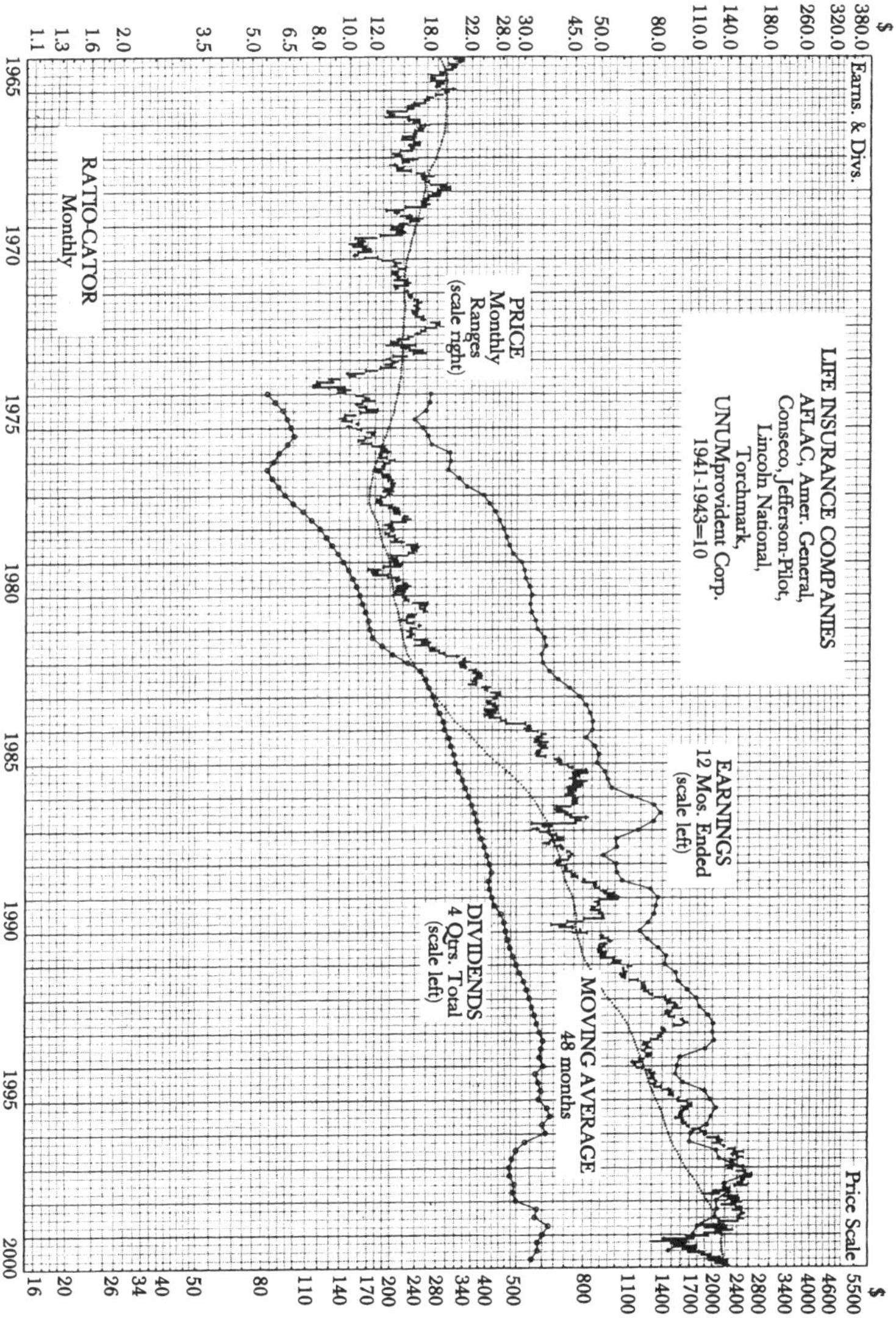

フェットが興味を持った一九五一年にはだれでも買えた。その年のある土曜日、グレアム門下の優等生は自分の目でGEICOを確かめるためニューヨークからワシントン行きの列車に飛び乗った。鍵のかかったドアを激しくたたいたら、守衛が怒って出てきた。二三歳の大学院生は守衛を説得してCEOとの面談に成功し、四時間も話し込んだ。

その訪問でバフェットが知ったように、GEICOの利益率は平均的な保険会社の五倍もあり、利益が急増していた。ウォール街のアナリストは割高と判断したが、バフェットは意に介さなかった。学生の分際で熟練のプロと論争しても、信念は揺らがなかった。「大勢と意見が違うからといって、正しくも間違ってもいない」とグレアムは教えた。

安くなるまで少し待てというグレアムの忠告（相場が急上昇していたので、グレアムは反落を予想した）さえ聞かず、オマハから来た初心者は蓄えの大半（一万ドル）をはたいてこの掘り出し物を買った。株式相場とGEICOはさらに高く上がった。バフェットは一九五二年に五〇％の値上がり益を確保したが、売るタイミングは早すぎた。それから数年後も、GEICOはS&P五〇〇の二倍のスピードで引き続き上昇した。デービスが一九六〇年代初めにGEICOを発見したのは五二歳のときだった。研究の結果、彼もバフェット、グレアムと同じ鉱脈にたどり着いたのだ。デービスはGEICOが保険料収入だけで保険金の支払いを賄い、投資ポートフォリオを手つかずで温存している点に感心した。

投資ポートフォリオの運用が好調で、ＧＥＩＣＯはぐんぐん伸びる金のなる木だった。デービスは大株主になり、取締役会のメンバーに加わった。そして一九七〇年代が訪れた。スピードの出る車、寛大な陪審員、保険金詐欺などが業界一の稼ぎ手をひどく苦しめた。アメリカ人全人口の平均年齢は史上最も若く、馬力のある派手な車で無謀運転する十代のドライバーが後を絶たなかった。事故率が上昇したうえ、インフレで修理代や事故補償金が一九六〇年代より高くなった。寛大な陪審員のおかげで、肩こり程度のむち打ちでも訴訟で賠償金を勝ち取れた。疑わしい賠償請求が嵐のように押し寄せ、保険各社は経営が傾いた。ＧＥＩＣＯでは、ＣＥＯのラルフ・ペックが社内ルールを緩和して役人以外にも保険を販売する決定を最悪のタイミングで下してしまう。より活発な新規顧客はより高額な事故を起こし、保険金の支払いが急増する半面、支払い準備金が減った。会社は一九七四年から七五年にその問題についてマスコミや、デービスを含む取締役会にうそをついた。取締役会に雇われた外部の監査法人がその事実を公表した。支払請求が資産を上回り、一九七五年に一億二六〇〇万ドルもの赤字を計上した。株価は四二ドルから四・八〇ドルまで九〇％も急落した。

最大の株主だったデービスが最も大きな痛手を被り、ベン・グレアムも莫大な損失に見舞われた。カリフォルニアとフランスで半々に暮らしていた八〇代のグレアムは、生涯の蓄えの大部分をこの沈みゆく企業に投じていた。デービスがスイス大使の任務を終えて帰国したのは、危機の真っ只中だった。一九七六年には怒れる四〇〇〇人の株主がワシントンのスタットラー・ヒルトンで同社の幹部を罵倒し、ペックはその一カ月後に解任された。デービスは後継探し委員会のメンバーだった。結局、トラベラーズのベテラン、ジャック・バーンに白羽の矢が立った。彼は就任早々、一〇〇の事務所を閉鎖し、従業員を半分に減らした。それでも同社は倒産寸前の綱渡りが続き、株価はさらに二ドルまで下げた。

ワシントン・ポストの社主、ケイ・グレアム（ベン・グレアムとは無関係）は知人のバーンに電話でミステリアスな提案をした。もしバーンにその気があれば、自分の匿名の友人が専門家として助言をしてもいいと彼女は伝えた。バーンは最初その申し出を断ったが、だれかが謎の助言者の正体についてバフェットかもしれないと言ったので、バーンはグレアムに再び電話をかけ、彼女の自宅で会う日取りを決めた。バーンが居間に入ったとき、すでにバフェットはいた。ＧＥＩＣＯの元株主と新ＣＥＯは夜まで相談した。バフェットはＧＥＩＣＯが低コスト体質を維持できるかどうかを知りたかった。バーンはイエスと答え、もし生き残れたら、伝説的な収益力が復活すると力説した。バーンの言葉を信じ、バフェットは一株二・一二五ドルで五〇万株を取得したほか、さらに数百万株を買う継続注文を出し、バーンには増資を強く求めた。バーンは二七〇〇万の新株（普通株を一八〇〇万株と配当が有利な優先株を九〇〇万株）を発行して、それを達成した。

バフェットとバーンの救済計画は取締役会の対立を招いた。デービスは株式発行に反対だった。新株の過剰供給は将来の利益を「希薄化」させ、将来の株価を圧迫し、既存株主に不利に働くと考えたからだ。AIGのハンク・グリーンバーグ会長はGEICOを救うことが先決で、細かいことは後回しと考えた。希薄化の対象自体がなくなるかもしれないときに、希薄化を心配しても意味がないと彼は主張した。デービスはAIGの大株主でもあったが、二人で激しく議論を戦わせた後、荒々しく席を立ち、保有しているGEICO株をすべて売り払った。バフェットの大量買いなどのおかげで、そのときまでに株価は底値の二ドルから八ドルへ四倍に上がっていた。デービスは普段、投資に感情をはさまないが、このときばかりは怒りが先に立ち、GEICOの将来性やバフェットの数百万ドルの信任投票を冷静に判断できなかったのだ。デービスはGEICO株を売ったことを死ぬまで後悔した。

バフェットとバーンの救済策から数カ月後には、バーンが急場の資金調達のために発行した株式の一部を同社は買い戻した。買い戻しはGEICOが最悪期を脱した確たる証拠だった。デービスはバーンに電話し、「ジャック、君が希薄化計画を撤回すると知っていたら、わたしは株を売らなかったよ」と文句を言った。

GEICO株を新たに買えたのに、デービスはそうしなかった。ベン・グレアムは同社の復活がまだ不確実だった八二歳のとき、フランスのエクス・アン・プロバンスで死んだ。

また、バーンはGEICOの子会社、ガバメント・エンプロイーズ・ライフ・インシュアランス・カンパニー（GELICO）の全株を取得しようとした。親会社と違い、GELICOは約束を守った例がなかった。GEICO危機の最中にデービスがGEICOの役員を辞任した後、バーンはシェルビーにGELICOの取締役就任を要請した。バーンはシェルビー自身が有能な投資家であることを知っていたし、彼をGELICOに関与させることで、保険業界で絶大な影響力を持つ一族の気持ちをつなぎとめたかったのだ。

デービスはGEICOのときと同じようにGELICOの買収に猛反対した。問題は価格だった。バーンは一株一三ドルの買い値を提示したが、デービスは自分の株に二一ドルを要求し、断じて折れなかった。バーンはやがて買収提案を引っ込め、英国の生保が一株三二ドルでGELICOを買収した。シェルビーはこの好条件の案件成立に一役買い、父に大きな利益をもたらした。デービスはGEICO以外の自動車保険と損害保険が一九七〇年代初めに苦境に陥ると正確に予測した。「保険は下降期にある」と彼はシェルビーに言った。それでも、積極的な信用取引の利用を考えると、損失が六〇％（五〇〇〇万ドルから二〇〇〇万ドルへ）にとどまったのは不幸中の幸いだった。日本株やポートフォリオの入れ替えがなければ、一九七三〜七四年の下げで彼は一文無しになっていたかもしれない。

彼は上昇局面で最大の勝者だった生保株と日本の保険株をずっと持ち続けたが、米国の損害保険株と自動車保険株は一部処分した。彼は日本で発見した世界的保険コングロマリット、AIGへの出資金を積み増した。同社はそのカリスマCEO、ハンク・グリーンバーグと同様、多面的かつ創造的でコスト意識の強い国際企業だった。彼は大金持ちなのに生活は質素だった。デービスがすでに株を保有していた小さな保険会社をグリーンバーグが買収するたびに、デービスのAIG持ち株が増えていった。

GEICO騒動や巨額損失にもかかわらず、デービスは以前と同じように元気に仕事をした。彼は報告書をぎっしり詰め込んだブリーフケースを抱えて朝早く事務所に行き、夜遅くまで働いた。彼の部屋から廊下を隔てた小さな会議室の壁には、政治家と一緒に写った写真や大使時代の記念品がたくさん飾られていた。その中には、七五〇年の歴史を誇る社交クラブ、マグナカルタ・バロニアル・オーダーへの入会を祝した手書きの巻物もあった。彼はいずれオーダーの年間アワードを受賞するだろう。その受賞者には三人の元大統領（フーバー、アイゼンハワー、ニクソン）と二人の有名な将軍（マッカーサー、オマール・ブラッドリー）がいる。壁にはそれ以外にも、ロナルド・レーガンやジェラルド・フォードと握手している写真が飾られていた。

彼は人に「大使」と呼ばれると喜んだ。キャスリンは最小限の宝石しか身につけなかったが、大使の妻に送られた金のブローチはしていた。「高価ではないけれど、一番価値のある頂き物です」と彼女は言った。

一九七六年は株が安く、デービスがこのチャンスを見逃すはずはなかった。ウォーレン・バフェットはダンスホールで異性を意識しすぎる十代の若者のような気分になった。デービスが三〇年ほど前に投資を始めたときと同じくらい掘り出し物がごろごろしていた。一九七五年六月、彼はニューズレターの読者への特別報告書で「第二次大戦後のインフレが収束して以来、火災・損害保険会社の収益はこれから最も改善する。火災・損保株への関心は生保株への関心も呼び覚ます可能性がある」と書いた。

第一五章
シェルビーは銀行を買い、デービスは何でも買う

デービスは投資人生の晩年、縄張りを飛び出し、手当たり次第に何でも買い始めた。散弾銃のような新戦略は友人や家族を当惑させた。ハーレー愛好会に入って芝生でウィリーをする彼を見るほうが、彼らはまだ驚かなかっただろう。

デービスの奇妙な行動が始まったのは、バリューラインの取締役に選ばれてかららしい。同社は二〇〇〇銘柄近い株式について時機、安全性、上値余地などから評価するリサーチ会社である。調査結果はルーズリーフ・バインダーに整理され、毎月更新された。バリューラインは地元図書館の人気アイテムで、素人からウォーレン・バフェットまであらゆる投資家がそれを

頼りにした。バフェットはそれについて熱く語ることも多かった。

デービスはバリューラインを本格的に利用し始めた。必要なデータを何でも引き出せるこの驚異的な情報源のおかげで、山のような年次報告書や調査報告書を持ち運ぶ必要がなくなった。この資料で見ると多くの優良会社に魅力的な値札が付いていていたので、彼は全部買いたくなった。特に、最高位評価「1」の銘柄についてはそうだった。

親しい多くのCEOが引退し、彼は企業IRからの二次情報を必ずしも信用しなかった。ブランクのせいで相場観が鈍ったことを自覚し、大きな相場を張る自信をなくした彼は、何百もの銘柄に小口の投資をした。それまで三〇年はわずか三〇～五〇銘柄だった保有銘柄が一気に数百に増えた。これだけ銘柄数が多いと、バリューラインがいくら便利でも、最新データを把握するだけでも大変だった。家族は彼の異常な勉強熱を体力的な衰えを否定するためと思った。また、自社の仲介業が開店休業状態で、仕事のない株式トレーダーに給料を払えなかったが、自分が頻繁に株を買うことで彼にも仕事ができた。

トレーダーをもっと多忙にし、自分の人生をより刺激的にするため、彼はデイトレーディング（日計売買）も始めた。これもまた、莫大な富を築いた忍耐強い「バイ・アンド・ホールド」戦略からの逸脱だった。あらかじめ定めた「目標価格」で特定銘柄を短期売買する特別口座を設定した。例えば、アテナを四〇ドルで買い、四五ドルで売り、また四〇ドルで買い戻すなど、同じ銘柄を数日間または数週間で何度も売り買いした。彼は自己資本の三％までしかこれに費やさなかったが、相場が横ばいのときはまずまず儲かった。

ウォール街はデービスを素通りした。彼のニューズレターはもともと読者があまり多くなかったが、まったく見向きもされなくなった。機関投資家にはより若い情報源があり、もはや彼を保険の学部長と呼んで助言を求めなかった。若い世代のアナリストは彼の名前を聞いたことすらなかった。ウォール街では過去の人となったデービスだが、散弾銃投資やデイトレーディングに加え貸株も始めたことで、眠たいオフィスに活気が出てきた。

彼の貸株プログラムは、シカゴで取引が始まった株価指数の「先物とオプション」を利用したものだった。投機家は株価や債券価格の行方にいくらでも賭けることができる。旧来の商品先物は実際の農産物に基づいており、取引の裏では農家が大豆、ポークベリー、その他穀物を作り、先物契約を現実と結びつけていた。理論的には株式先物も違いはなく、だれかが売買の対象となる株の現物を提供しなければならない。株を貸すのは株を大量に保有する機関投資家や個人富裕層で、デービスもその一人だった。一通り勉強すると、彼はヘッジャーや投機家に積極的に株を貸した。借り手は株価下落に賭けて「空売り」する弱気筋だった。

空売りをする人は、本来眠ったままの株に使用料として金利を払うほか、ある時点で株を返すか、時価で買い戻す義務があった。このゲームはプレーヤーが証拠金を収め、それが目減りしたら追加証拠金を徴収されるので、不払いリスクは極めて小さかった。

クリス・デービスは、祖父に貸株プログラムを教え融資や事務処理を提供したグループについて「アイビーリーグを園芸クラブと思っていた七人の男たち」と冗談交じりに呼んだ。「全員にうまみがあった」と彼は説明した。原資産の株を提供するデービスの取り分は利益の八〇％（年間およそ一〇〇〇万ドル）で、庭師たちは作業ノウハウを提供する代金として残りの五分の一を受け取った（これは一九四〇年代末にアルフレッド・ジョーンズが初めて考案した「ヘッジファンドの分配比率」である。フォーチュン誌の元スタッフであるジョーンズは、状況次第で売り買いどちらからでも株式取引を行う初のヘッジファンドを始めた。運用制限は標準的な投信よりかなり緩やかで、ジョーンズの創造物は運用担当者に一次産品、債券、あるいは彼らの想像力を刺激するものなら何でも売買する裁量を与えた。ジョーンズ自身のファンドが一九五五年から六五年に七五〇％以上のリターンを記録した結果、競争者が続々参入し、奇抜な発想が後にひとつの産業に成長した。現在でも八〇対二〇のルールは一般的である）。

しかし、デービスにとって一番大事なのはやはり中核の保険株ポートフォリオで、その価値は一九八〇年代に五億ドルも増え、貸株、デイトレーディング、散弾銃投資からの利益を圧倒した。結局、新しい取引はいずれも付随的で本筋から外れたものだった。

デービスの投資人生は、「学ぶ」「稼ぐ」「還元する」の三段階に分けられる。「学ぶ」段階は四〇代初めまでで、「稼ぐ」段階は四〇代から七〇代後半まで続き、その途中で「還元する」段階にも取り組み、自分が懸命に蓄えた富をだれに残すべきか考えた。以前はダイアナの信託をプリンストンに寄付（歴史講座に五三〇万ドル）し、ウエレスレイ大学、トリニティー大学、タフツ大学フレッチャー外交スクールで教授職を創設した。またリンカーン・センター、ブラッドリー大学、ニューヨークの保険大学で図書館の建設や蔵書の充実に貢献した。寄付金の一部は引き続き彼の管理下に置かれ、彼（と後に孫のクリス）がそれを運用できた。彼は大学にそれ以上贈り物をする気はなく、自分の家族への大きな贈り物にも引き続き反対だった。「お前はわたしから何ももらえないよ。そのおかげで、自分で稼ぐ楽しみを奪われない」とデービスは、数十年前にシェルビーとダイアナに言ったことをクリスにも言った。

デービスの財産は、かつて莫大だったワッサーマン家の財産を完全に抜き去った。ワッサーマン家の財産は大半が家族信託に拘束され、運用成績が常にデービスのポートフォリオを下回ったからだ。同家の信託もデービスと後にシェルビーの推奨した株から驚異的な利益を得たにもかかわらずだ。もちろんデービスはワッサーマン家より優秀な投資家だったが、投資面で大きな差が出たのにはもうひとつ理由があった。典型的な信託は、富を築く目的とそぐわない形で運営されるからだ。贈与者は子供や孫が放蕩者になることを心配し、弁護士は相続人が元本に手を出せないように信託を設定する。その目的は、健全な生活を送るのに十分な収入を提供することなので、債券や有配株など定期収入がある資産に重点投資する傾向がある。ワッサーマン家は一九五〇年代に債券だけで運用する方針を転換したが、ポートフォリオはグロース志向ではなく、なおインカム志向だった。

インカム型ポートフォリオは通常、株式ポートフォリオほどリターンは大きくない。定期収入が受取人の生活費などに充てられ、再投資されない場合は特にそうだ。インカム志向の信託は、定期的な分配とその際の税金で資産がだんだん減ってしまう。勇気、幸運、才能、事業（場合によっては詐欺）により一代で築いた財産も、相続人の依存、資金流出、そして税金によって次の二代で食いつぶされる。デービスのケースは違うが、もし財産を子孫に残さず、学校にも寄付しないとしたら、だれがそれを受け取るのだろう。

ウォーレン・バフェットは、この惑星を人口爆発から救うため人口成長ゼロ計画に数十億ドルを寄付するつもりである。人口が減ると、彼が大株主であるコカ・コーラ、ジレット、AIG保険のような多国籍企業の製品を買う消費者が減るにもかかわらずだ。

デービスは七四歳になったとき、人口成長ゼロ計画にではないが、バフェットと同様、自分が正しいと信じる大義に財産を譲る出口戦略を用意した。一九八三年九月、彼は欧州からの帰路に自分の意思をメモに記した。「わたしはロンドン発ニューヨーク行TWA七〇三便のエコノミークラスでこの文章を書いている」と普通席に座っていることを説明した後、「浪費や欲望を拒むことを常に美徳と信じ、ある質問に答えるため、この時間を取っておいた」と始めた。その質問とは基本的に、だれが彼の財産を相続するかで、答えは保守的大義だった。バフェットが地球を人口爆発から救うことに莫大な資金を投じるように、デービスは巨万の財を築く環境を与えてくれた資本主義と自由企業体制を支援することにした。彼は高い税金、大きな政府、社会主義思想は経済的繁栄を妨げると心配した。

「ここ数年、アメリカが駄目な国になり始めている気がしてならない」と彼は書いた。自分が年をとったことで、デービスはカーター政権以降の連邦政府の無能ぶりに危機感をますます募らせていた。共和党のレーガン政権下でも、彼は国が危機的状況にあると認識していた。大学の講座や図書館に資金を提供することは有益だが、リベラリズムに対する思想的抵抗に資金援助することはそれ以上に重要に思えた。

この目的を達成するため、彼はヘリテージ財団（左派のブルッキングス研究所に対抗する右派シンクタンク）、全米労働権財団、倫理・公共政策センター、アキュラシー・イン・メディア（メディア情報の正確性、公平性を守る団体）、フーバー研究所など、小さな政府と自由市場を提唱する団体を強化すると誓った。デービスは以前から保守的だったが、スイスから戻ってからは政治により多くの時間と労力を割き、ヘリテージ財団の理事長も務めた。

「彼らがリムジンに乗っているのはどういうこと？」とキャスリンはヘリテージ財団の式典

会場の外にずらりと並んだメルセデス車についてデービスをからかった。彼女はリベラルの脅威を彼ほど真剣に考えていなかった。「ワシントンで効果的に活動するには、リムジンが必要なんだよ」とデービスは言い返した。

デービスはシェルビー、キャスリン、ダイアナ、USトラスト・カンパニーを財産の遺言執行者に選び、同社にもし投資の手助けが必要なら、シェルビーがそれを提供できるとした。数ページ目に書かれた「最後の言葉」で、デービスは「どうして子供に城や大農園、孫にスーパージェットを買い与えなかったか」と自分自身に問い掛けた。彼の答えは次のとおりだった。

働かなくてもいいほどの財産が最初からあると、子供や孫たちは頑張る気持ちが沸かないだろう。自分自身や信託基金を相続した友人の経験から、そのような相続人は社会の犠牲者になったり、心理学者や精神病医の世話になったりする不幸なケースが結構多いことを知っている「ので、自分の子孫に「安易な人生」を送らせることを拒否した」。いざという時に親が「助け舟を出す」のは仕方ないが、子供や孫がやる気をなくさず、世の中に貢献することのほうがはるかに大切である。

あとがきとして、彼は自分の血筋について触れずにはいられなかった。メイフラワー号で新大陸に渡ってきた母方の二人の祖先、ジョン・アルデンとフランシス・クック、上院議員を三〇年務めた自分と同名の大叔父、ジェームズタウンの入植者でバージニア植民地議会の議員を務めた父方の祖先などである。彼は最後に「共産主義者として死ぬより、自由主義者として生きたい」と書き、自分の資産と勤勉さ、世間や国の良識、民主主義、生産的な人々にやる気を起こさせる社会を称賛して筆をおいた。

彼はこのメモをオフィスの机の引き出しにしまい込んだ。彼の家族がそれを見ることはなかったが、彼らにとって意外な内容ではなかった。デービス家の者はだれもデービスの財産を受け継げるとは期待していなかったからだ。

プリンストン騒動以来、シェルビーはデービスに頼らず生活し、働いてきた。彼は自分が運用するベンチャーの成績を測る尺度として、父の投資面の成果だけに興味があった。それ以外では、彼は引き続きプロとしての距離を保った。投信にはデービスの名は付いていないし、勤め先はフィデューシャリー・トラストで父のオフィスまでタクシーでかなり時間がかかった。彼の名刺には「コンサルタント」としか書かれていなかった。彼の目標は、ウォール街最高の無名のファンドマネジャーであり続けることだった。

だが、シェルビーは自分で認める以上に父と深いかかわりがあった。タキシード・パークとフロリダの玄関口の邸宅以外に、一九八〇年代初めにメーン州ノースイースト・ハーバーにある両親の別荘の隣に三番目の家を買った。メーンの海岸を散歩したり、浜辺でロブスターを調理したり、歯ががちがち鳴るほど冷たい水の中を泳いだ子供時代の楽しさをシェルビーは覚えており、自分の子供たち（クリス、アンドリュー、ビクトリア、それに二番目の妻、ゲイルとの間にできた三人の子供）にも同じ経験をさせたかったのだ。絶景が臨める森の中、両親と同じ場所に家を持てたことは、シェルビーが自力で成功した証だった。デービスは自分の庭から隣を見るたびにそう感じるはずだ。

シェルビーがこの家を買ったのは近隣の争いが原因だった。以前の所有者が不動産を分割するため区画整理の変更を申請していたのを、キャスリンが町の公聴会で反対した結果、申請は却下された。計画が挫折した不動産開発業者はデービス家を訴えると脅し、丘の上の平和が崩れた。隣の庭に「売り家」の看板が立つと、匿名の買い手が気前のいい値段を提示した。交渉成立後に売主は、シェルビー・デービスから逃れようとして売った相手が、もう一人のシェルビー・デービスであることを知った。

シェルビーが所有する家はみな質素なものとは程遠かったが、彼は経費を回収できると読んだ。実際、不動産は値上がりして部分的にそうなった。デービスより多くの家を持った（後にあと二つ、ワイオミング州ジャクソンホールとフロリダ州ホーブサウンドに別荘を購入した）こと以外、彼は父に教え込まれた倹約を実践した。家具付きの家を買い、家具はそのままにして内装業者は雇わなかった。浴室にはホテルから持ってきた石鹸を置いた。彼は車を買うのが嫌いだった。以前、車のディーラーを出た途端に、株式が下げ相場に突入したからだ。モーターが壊れるか床板にさびが出るまで同じ車に乗り続けた。彼は車をリースした。リースなら最小限の頭金で済むからだ。頭金をたくさん払わずに浮いた金を投資することで車の代金を払えると計算した。

シェルビーは一九七九年に「八〇年代の到来」と題した講演で、株式市場の低迷が終わると予想した。インフレは高止まりしていたが、彼は「驚くほど良いニュースが届く可能性がある」と言った。当時、株価は驚くほど悪いニュースを織り込んでおり、多くの会社は純資産価値以下で売られ、PERは一ケタだった。

経済面では、短期金利引き上げというFRBの伝統的なインフレ抑制策が期待どおりの効果を発揮していなかったが、葉巻をくわえたポール・ボルカー議長はチャーチル並みの冷静さで一九八〇年代までインフレと闘い続けた。ボルカーはプライムレートが二〇・五%、三〇年国債利回りが一五%に急上昇するまで政策金利を上げ、マネーサプライを絞り続けた。アンクル・サムの借用書に一五%の利息が付いたこのときは、後で考えると二〇世紀最大の債券の買い場だった。一方、もっとリスクの高い株式市場の長期リターンはたった一〇～一一%しかなかった。利回りがわずか二・五%の国債を三〇年ほど前にあれほど熱心に買った一般投資家は、これほど妙味のある債券に見向きもしなかった。

金融においても重力の法則が働き、三四年にわたって上げ続けた金利もついに下げた。一九八〇年は金と銀が暴騰したが、冷静に考えると、これはインフレの終えんが近いことを示す確たる兆しだった。大衆の需要が金価格を一オンス七〇〇ドル、銀価格を同四〇ドル強まで押し上げた。市民は地金の価値を求め、銀食器、時計、チェーン、トロフィーをスクラップにした。貴金属の専門家は金が一〇〇〇ドル、銀が一〇〇ドルまで高騰すると予想したが、相場は下げに転じ、異常な高値を付けることは二度となかった。

ベンチャーは一九八〇年に三一・九%と設立以来最高のリターンを記録した。実にS&P五〇〇の二倍、ダウの三倍もの上昇率だった。同ファンドは一一年前の運用開始からの値上がり率が一〇〇%以上に到達し、ひとつの大きな節目を越えた。この間、S&P五〇〇はわずか一八・八%の上昇で、ダウに至っては〇・三%の下落だった。配当も再投資したら、ベンチャーに当初投資した一万ドルは二万三五二四ドルになっていた。

猛烈なインフレが収束に向かい、債券保有者と株式保有者は二〇年に及ぶ金利の低下を享受する直前だった。しかし、株が二〇世紀有数の上昇に転じる前に、投資家はもう一度下げ相場を経験しなければならなかった。一九八一年は景気が後退期に入り、ダウは二四%下落した。農業機械（ハーベスター）、金属（インコ）、アスベスト（マンビル）に関連した会社の株価急落は、実物資産の時代が終わったことを示唆するさらなる証拠だった。

基調転換のシグナルは、ＦＲＢが金利を下げたときに点灯した。シェルビーはボルカーがインフレとの闘いに勝利し、投資環境が根本的に好転したと確信した。デービスは一九四七年に金利の長期上昇を予想し、シェルビーは一九八一年にその反対を予想した。彼はベンチャーの保有銘柄を減らし、より少ない業種に集中させることに専念した。好調なエネルギー産業もインフレが下火になると苦戦すると判断し、石油株とガス株を処分した。

連邦政府の債務はレーガン時代に一兆ドルも増えた。米国政府がそれまでに積み上げた借金に匹敵する額である。消費者と企業も政府に倣って借金を増やし、国全体の債務は一九八〇年代末までに八兆ドルに膨張した。一九七〇年から一兆二〇〇〇億ドルの増加である。

金利が低下に転じたことから、できるだけ多くの金を借り、ゴルフコース、大企業、高価な美術品など何でも買うのが流行になった。カリフォルニアのペブルビーチ・ゴルフコースが九億ドルで買収され、一九八七年の株価暴落直前にはゴッホの「アイリス」がサザビーズのオークションにおいて五三九〇万ドルで落札された。その絵は一九四七年に石油富豪の女性相続人、ジョアン・ペイソン・ホイットニーが八万四〇〇〇ドルで購入したものだった。その年は奇しくもデービスが保険株への投資を始めた年でもある。アイリスの値段は世界を驚かせたが、この絵の複利リターンはデービスの株券のリターンには到底及ばなかった。彼の資産は一九八七年時点で三億八六〇〇万ドルに達していた。その年、デービスが株を保有する日本企業のひとつ、安田火災海上がゴッホの「ひまわり」に三九〇〇万ドルを払ったが、デービスにすれば無駄な支出以外の何物でもなかった。それだけの金があれば日本の株か債券に投資したほうがずっとましなのに、日本人は派手な買い物にのめり込んだ。彼らはペブルビーチもロックフェラー・センターも買ったが、どちらも保有する余裕がなくなり、最終的には手放す羽目になった。

当時はレバレッジド・バイアウト（借り入れによる企業買収）の最盛期で、ジャンク債の帝王、マイク・ミルケンとその取り巻きが有名な集会「乗っ取り屋の舞踏会」を開いた。ミルケンの「打ち出の小槌」のおかげで、トライアングル・インダストリーズのネルソン・ペルツのような小物がアメリカの大企業を買収し、切り売りした。「切り売りのための買収」戦略がウォール街で幅を利かせ、いわゆる「敵対的買収」が急増した。値段が高すぎる案件や思いつきだけの案件も少なくなかった。異常なレバレッジのせいで、アメリカの二大百貨店チェーンがキャンポーというカナダのならず者の手に落ちた。

金利低下は金融資産の追い風と考え、シェルビーは実物資産全盛の一九七〇年代に低迷した金融株をベンチャーのポートフォリオにたくさん組み入れた。タイミングはともかく銀行株は非常に安く買えた。株価は利益の一〇倍で、利益は一二～一五％のペースで着実に増えた。銀行は古臭いイメージが付きまとうため、投資家はその将来の見通しを過小評価していた。これはデービスのダブルプレーが成功するための完璧なお膳立てだった。

シェルビーはバンク・オブ・ニューヨーク時代に銀行ビジネスについて勉強した。銀行は父がお気に入りの保険会社と共通点が多かった。銀行はモノを作らないので、金のかかる工場、騒音を出す機械、倉庫、研究室、高給取りの博士は必要ない。銀行は公害を起こさないので、汚染対策装置に金をかける必要もない。銀行は機械類や既製服を販売しないので、営業部隊を雇う必要もない。銀行は製品を出荷しないので、運送費もかからない。その唯一の商品は、預金者から調達して借り手に貸すマネーである。金はコイン、紙幣、電子マネーなどさまざまな形態があるが、時代遅れになることはない。銀行は他行と競争するが、銀行業そのものは常に健在だ。新発明によって過去の遺物となった馬車、石油ランプ、旅客列車、電信機、タイプライター、蓄音機などとは違う。パロアルトの研究員がある日突然、シリコンバレーの半分を廃業に追い込むような画期的な新発明をすることは考えられるが、銀行がこの世から消えることはあり得ない。

前述のように、銀行の中には建国の父たちの時代に創業したところもいくつかある。バンク・オブ・ニューヨークもそのひとつで、同行ではシェルビーが並ぶまでアレクサンダー・ハミルトンがバイス・プレジデントの最年少記録を単独で保持していた。これほど長続きした製造業は数えるほどしかなく、こうした会社が生き残れたのは、機転の利くCEOが時代遅れのビジネスから新製品に素早く軸足を移したからにほかならない。

「華麗なるギャツビー」の主人公は債券の営業マンだが、銀行についての痛快小説は少ない。銀行株の高騰はめったになく、合併か買収の対象にでもならないかぎり、日々の変動率上位に顔を出すことはまずない。アトランタのコカ・コーラ長者やアーカンソー州ベントンビルのウォルマート長者に続き、ワシントン州シアトルではマイクロソフト長者が続々誕生しそうだが、ウエルズ・ファーゴ、チェース・マンハッタン、ファースト・ユニオンなどの銀行株を保有して百万長者になったという話は聞いたこともない。

銀行業の最も危険な点は、わずかな失敗しか許されないことである。銀行は預金者の金で儲ける。つまり、ピーターから借りた金をポールに貸すのが仕事である。通常、銀行は貸出残高の約五〜六％をカバーするのに十分な資本金を持っている。もしポールたちへの融資の五％以上が焦げついたら、ピーターたち全員に金を払い戻せなくなる。そして大勢のピーターが一度に預金を引き出したら、銀行は破たんする。

黒いスーツを着て葬儀屋のような物腰の銀行家も、時には根拠なき熱狂に踊らされ、デイトレーダーのような行動をとることもあった。景気がいいと銀行も気が大きくなり、怪しげなプロジェクトや信用力の低い借り手に金を貸した。事業が順調なうちは返済が滞ることはなく、銀行は資金の回収に苦労しなかった。デフォルトが少ないと、貸倒引当金をあまり積まなくて済むので、銀行は利益が増え、それを反映して株価も上がった。

景気が悪くなると、消費者は現金を退蔵し、順調だった物事の流れが急に暗転する。ポールに貸した金が焦げつくと、銀行は次のポールへの融資を渋るようになった。損失が膨らむにつれ、銀行は本来なら利益に計上される金を準備金として積み増した。問題が大きくなると、収益がさらに悪化した。

そうした苦境を脱するために、銀行は助けを必要とした。通常、FRBの利下げが銀行を窮地から救った。短期金利の低下は銀行にとって天与の恵みで、長期金利が比較的高止まりしているときは特にそうだった。その場合、銀行は安く借りた金を高く貸せるので、「利ざや」が拡大して利益が増えた。

一九八一年がそうだったように、景気が後退期に入ると投資家は必ず悲観的になり、銀行株に対して非常に厳しい評価を下した。株価はそうした悲観見通しを反映して安く、こういうときこそ抜け目のない投資家の出番だ。銀行のCEOに知り合いが何人かいると、都合がいい。シェルビーは当事者から直接、その銀行の健康状態を詳しく聞いた。内部事情に精通した銀行家は、アナリストやジャーナリストより楽観的な判断をすることが多く、そのギャップが掘り出し物を生んだ（CEOと連絡が取りにくいとき、シェルビーはしばらく待って休養先からまた電話した。将来の情報源は、シェルビーがわざわざ楽しみを中断して自分の意見を聞くために電話をしてきたと思い、いい気分になるだろう）。

シェルビーは一九八三年までに、自分の好きな銀行と父の好きな保険会社（チャブ、リンカーン・ナショナル）をコンピューター（ＩＢＭ、モトローラ、インテル）や医薬品（メルク）などほかの分野の最強企業と組み合わせた。彼はデービスが日本で発見したような海外の有望な鉱脈は見つけられなかったが、父の海外投資の成功はシェルビーに多国籍企業への投資を促した。彼はＡＩＧやモルガン・スタンレーなど世界的金融サービス会社に注目した。

ＡＩＧの快進撃の序盤では、入手できる全データをどんなに丹念に読んでも、この会社が驚異的な「複利装置」に成長するとはだれも予想できなかっただろう。その秘密は、卓越した指導力を持つハンク・グリーンバーグという無形資産にあった。シェルビーも父と同じく彼にほれ込んで、ＡＩＧに投資した。グリーンバーグは精神的にタフで軍隊の教官のように厳しい管理抜群の経営者で、言い訳を嫌い、最終損益だけにこだわった。

もう一人のカリスマ経営者、アンディー・グローブもシェルビーに莫大な利益をもたらした。インテルが株を公開する前から、彼は資産運用会社を通じて同社に投資していた。株価が一九七三年から七四年にかけて半値になる前に、シェルビーはインテル株を売却して元手の七倍の利益を手にした。彼は以前にメモレックスやほかのハイテク株で痛い目に遭っており、インテル株の急落はハイテク株全般に対する彼のアレルギーを一層強めた。その後、友人からインテルの新CEO、グローブを紹介された。彼もまた歯に衣着せぬ大変な働き者で、ユーモアのセンスがあった。シェルビーは「会社には二種類ある。素早い会社と死んだ会社だ」というグローブの言葉が気に入り、書き留めた。彼はこの驚異の成長企業を一ケタの株価倍率で買い、一〇年以上もベンチャーのポートフォリオに保有し続けた。

ウォール街は過去二〇年で最大の上げを演じたが、上昇率はダウが四八％、S＆Pが五八％で、ベンチャーの六八％がトップだった。シェルビーのファンドは、前回の下げ相場以降一〇年間の通算を上回る利益をその一年で稼ぎ出した。これほどの株価高騰は予測不可能なので、乗り遅れないためには、ずっと株を保有しなければならない。しかも値上がり益と配当を再投資する必要がある。この点はファンド保有者に見過ごされがちだが、昔も今も極めて大事なポイントである。ベンチャーはその典型だった。最初からベンチャーに投資しても分配金を受け取ると、元手は一九八六年までに一万七九〇二ドルにしか増えないが、分配金を受け取らず複利運用したら、何と七万五七一四ドルまで増えたのである。

多くの投資家は長期運用を退屈で怖いものと敬遠し、「クイック・イン／クイック・アウト」戦略を採用した。ジェラルド・ロウブが一九三〇年代に称賛して以来、ずっと日の目を見なかった戦略である。一九八〇年代はマーケットタイミングに関するニューズレターの需要が高まった。「クイック・イン」局面では、マーケットタイマーに選ばれた投信には多くのビジネスがもたらされたので、ファンド側も容認した。しかし、「クイック・アウト」局面では、入るときと同じくらい簡単に金が出ていくので、運用担当者は解約に備えて現金を用意しなければならず、リターンはその分悪化した。「一九八〇年代初めはマーケットタイマーたちに振り回されました。われわれはしばらく大目に見ていましたが、運用成績が上がらないのですぐに人気と信用が落ちました。われわれは頻繁なスイッチングを抑えるため、余計に手数料を徴収するようにしました」とシェルビーは言った。

銀行株は一九八一年から八七年に三倍近く値上がりし、ダウも大きく上昇して二〇〇〇ドルを突破、一九八七年夏には過去最高の二七二二ドルに達した。日本の日経平均も最高値を更新したが、そこからは東京もウォール街も下り坂だった。いつものように債券安とドル安は株安の前兆だった。

一九八七年秋の株安は急激かつ大幅だった。ダウは一〇月までに三六%下落し、一日の下げ幅としては過去最大の五〇八ドル、二三%近い下げを記録した日もあった。「ポートフォリオ・インシュアランス」と呼ばれる最先端のヘッジ・システムは大手機関投資家をそうしたエア・ポケットから守るために考案されたものだが、逆に下げを加速した。大半の専門家はダウが三六〇〇ドルまで上昇すると予想していたが、実際には一七〇〇ドルまで急落し、大物評論家ですら世界の金融システムが生き残れるかどうか心配した。

ブラックマンデーの一カ月前に株主に送付されたベンチャーの年次書簡の中で、プロイェクトとデービスは「多くの人々が抱いている疑問は、『現在の株高がいつまで続くか』である。株高は五年も続き、常識的にはそろそろ終わりかもしれないが、多くの経済的、政治的要因は株価がもっと大幅に上昇する可能性を示唆している」と語り、共同署名した。

ファンドマネジャーは自らの商品の将来の上げ下げについては、顧客より洞察力が甘くなりがちで、判断ミスを犯しやすい。ベンチャーの書簡に書かれた常識のほうにシェルビーが従っていたら、何回かの下げは回避できたかもしれないが、肝心の大幅高に間に合うように株に戻れる保証はなかった。彼はポートフォリオについて自分の意見や感情を排し、ファンド保有者にも同じことを勧めた。

ブラックマンデー後は恐怖心がなかなか消えず、一九八八年一月のバロンズ誌恒例の年頭座談会に参加した専門家は例年以上に悲観的だった。「数年続く弱気相場が始まった。まだ最初の下げを経験したにすぎない」と陰気なフェリックス・ズローフは言った。

ポール・チューダー・ジョンーズも「わたしにとっての疑問は、下げ相場が続くかではなく、一九三〇年代のような大恐慌を回避できるかどうかだ」と気がめいる発言をした。

ＴＶコメンテーターとしても活躍するバイク通の大物投資家、ジム・ロジャースは「世界中の大半の株式市場は劇的に上昇するだろうが、上げが六カ月以上続くことはなく、そこから本当の下げ相場が始まるだろう。わたしが話しているのは、世界中の大半の投資家を吹き飛ばすほどすさまじい下げ相場である。現に空売りしたい市場はたくさんあるが、わたしは空売りしないだろう。なぜなら、市場が閉鎖されると思われるからだ」と語った。

　こうした悲観論にもかかわらず、実際には世界的な恐慌も数年に及ぶ下げ相場も起こらなかったし、市場は閉鎖されず、株価が上昇して忠実な投資家は報われた。ベンチャーは暴落前こそＳ＆Ｐ五〇〇に後れをとっていたが、その最中では同指数よりはるかに小さな下げ幅にとどまった。シェルビーの投信はパニックになって売り急ぐ投資家がほとんどいなかったので、彼は現金を手当てするため将来有望な銘柄を売る必要はなかったのだ。ウォール街の近代史で最も悲惨な一日も一年後には遠い昔の思い出となり、ベンチャーの最新の年次報告書はそのことに一切触れなかった。

　前年の報告書はその事件の前に送付されたので、ベンチャーだけから金融情報を得ていた顧客は暴落があったことを知らなかった。彼らが見たのは、ベンチャーがマイナス六％、ダウがマイナス一七％、Ｓ＆Ｐ五〇〇がマイナス一五％というその年の結果だけである。

　デービス家の本部では、シェルビーの父が暴落は千載一遇のチャンスと大興奮だった。「下げ相場は金儲けの好機」と彼は常々言ってきたが、一九八七年はその最たる例だった。ＴＶのコメンテーターが一九二九年の二の舞いになるかどうか激論している最中に、デービスは株を買いまくった。彼の事務所のマネジャー、アーニー・ウィルドリッツは、デービスがトレーディングデスクに注文を通そうするたびに、電話を切ってボスを抑えようとしたが、デービスは受話器を取り上げ、再びダイヤルを回した。ウィルドリッツは彼が大金をドブに捨てていると思い、「社長、おやめください」と必死で懇願した。だが、デービスは「わたしはやめないぞ。電話から離れていろ」と怒鳴った。

ブラックマンデー当日、ウィルドリッツには市場が引けた後にその日の損失が一億二五〇〇万ドルに達したことを社長に報告する気の重い任務が待ち受けていた。デービスはその報告にも動じなかった。「社長は相場で一億二五〇〇万ドル失っても落ち込みませんでした。なぜなら、掘り出し物をどっさり仕入れられたからです。でも、財布から一億二五〇〇万ドル失っていたら、気が狂っていたでしょう」とウィルドリッツは語った。

ニューヨーク証券取引所が暴落後に会員会社の支払能力を調査したところ、デービスの会社はいつものように見事パスした。格付け機関のワイスによれば、彼の会社は最も小さいが、経営基盤は最も強かった。デービスの資産（ポートフォリオの株式）の時価は実際の資本の一・五倍と、彼が信用取引をしていた事実を反映していた。ピーナツとカボチャを比べるようなものだが、メリルリンチは自己資本の二〇倍の資産をコントロールしていた。大手投資銀行の自己資本比率はたいていデービスの会社よりはるかに低かった。

デービスはフォーブス誌の一九八八年一一月一四日号で全米長者番付上位四〇〇人に顔を出した。同誌は彼の資産について三億七〇〇〇万ドルと控え目な見積もりを示し、ヘリテージ財団の理事長を務めた人物と紹介した。「不幸にも父はフォーブス誌に載ってしまいました」とシェルビーはデービスがこの種の注目を栄誉より迷惑と思うことを示唆した。同じ年、シェルビーも成績優秀なファンドマネジャーとしてフォーブス誌に取り上げられた。相場が浮き沈みしても一〇年間のリターンが年率一九％という成績はS&P五〇〇より四ポイントも高く、ピーター・リンチにさほど引けをとらなかった。抜群の運用成績を残したことで、彼の望みどおり名前を知られずにいるのは難しくなった。「父は確かにわたしよりはるかにいい成績を上げました。でも、わたしも自分なりにがんばりました」とシェルビーは言った。

この時期にシェルビーが選んだ最高の銘柄のひとつは、連邦住宅抵当金庫（ファニーメイ）である。一九八〇年代末のS&L危機の際、彼は掘り出し物を探した。「危機のときこそチャンス」というデービスの教えを踏まえ、彼は住宅ローンの購入や証券化を行うファニーメイが明らかにその恩恵を受けると読んだ。

企業買収家を奮い立たせたのと同じ海賊魂が、アメリカ中で何百もの地方貯蓄機関を破たんに追い込んだ。S&Lの敏腕経営者には他人資本を供給するマイケル・ミルケンのような人物はいなかったが、飛び切り魅力的な金利の譲渡可能預金証書（CD）を販売することで自ら資金を調達した。CDの買い手は、アンクル・サムの保証があるので安心だった。一方、CDの売り手はそれで調達した資金を、ベルサイユ調ホテルや高級マンションのようなハイリスクで壮大な事業をする借り手に回した。価格に問題はなかったが、建設ローンの借り手は貸し手と関係があることが結構多かった。S&Lは支払能力が危ぶまれると、手持ちの住宅ローンを処分して資金を調達したが、最大の顧客であるファニーメイは住宅ローンを保持して利息を得るか、それを証券化して販売し利益を得た。いずれにしても、ファニーメイは業績が好調だった。

一九八〇年代はまた保険株にとって素晴らしい一〇年間だった。以前の一五〇から一九七四年には六〇まで下落していた不動産・火災保険株指数は四〇〇へ急上昇した。生命・健康保険株指数は一四〇を底に上昇し、一〇〇〇に達した。このように値動きは激しかったが、利益率は慢性的に低く、業界全体で利益がゼロの年も何度かあった。

創業が一九世紀の二社、ホームとUSF&Gは引き続き苦戦した。USF&Gは債券ポートフォリオで巨額の損失を被り、保険販売でも利益を上げられなかった。もっと儲かるビジネスを必死で探し、同社は材木、農地、天然ガス、石油、不動産に事業を多角化した。また、フットボールのスーパーボウルのスポンサーになったり、TVコマーシャルで自社のプラス面を盛んにアピールしたりしたが、こうした行動はかえって業績を悪化させた。一九八〇年代末にはUSF&Gの一株利益は年一・五〇ドルと一九七〇年代末より三・五〇ドルも低く、株価は五

・三七五ドルと三八年前の水準に沈んだ。

一方、GEICOは往年の魔術を復活させ、同業他社よりコストが低く賠償請求が少ない体質に戻った。飲酒運転への罰則が強化され、ヘッドライトやテールライトの性能が上がり、制限速度が下げられたほか、人口の高齢化も自動車保険会社には追い風だった。株価は一九七〇年代の二ドルを底に一九九〇年には一九四ドルまで上昇した。自動車保険だけに特化していればよかったものを、GEICOはその後、住宅保険、航空保険、消費者金融にも手を染め、自らの長所を弱めてしまった。ハリケーン・アンドリューがフロリダやその近隣州を直撃したときには、同社は巨額の損失を被った。

同社の筆頭株主であるバフェットはこうした事態を傍観せず、彼の強い要請でCEOが解任された。一九九四年、バフェットはGEICOの残りの株をすべて現金で購入し、一九五一年のある週末に初めて訪問した会社が一〇〇％彼のものになった。

今度はシェルビーがバフェットの行動に不快な思いをする番だった。シェルビーはベンチャー・ファンドでGEICO株を保有しており、税金のかかる現金取引より、バフェットの持株会社、バークシャー・ハサウェイの株と交換する非課税の取引を望んだ。買収に反対することも考えたシェルビーだが、バフェットとの争いは得策ではないと判断し、「反対者の権利」を行使しなかった。

バフェットは保険業界をほとんど褒めないのに、ＧＥＩＣＯと後にゼネラル・リーを傘下に収め、保険株ポートフォリオを増やし続けた。バークシャー・ハサウェイの年次報告書は中身が面白いので、事業報告というよりそれ自体を楽しみにしているファンも多い。保険会社については以下のように、辛らつな言葉がたくさん盛り込まれていた。[1]

「［保険は］何百もの競争相手、参入の容易さ、他社との決定的な差別化が難しい商品という、長期見通しを暗くする経済特性にずっと悩まされている」[2]。

「（当社も含め）保険会社が発表する決算報告は非常に疑わしい。過去一〇年の記録を見ると、多くの有名保険会社が株主に発表した収益が後で大間違いと判明した」[3]。

「愛されたいのなら、安い自動車保険より高いコーンフレークを売るほうが断然いい」[4]。

「［保険］ビジネスはある年いきなり本当に悲惨な結果に見舞われる恐れがある」[5]。

「大半のビジネスでは、破産した会社は現金が底を突くのが普通だが、保険は違う。保険会社は事実上破たんしても、営業を続けられる。保険料として最初から現金が入る一方、保険金の支払いはずっと後なので、自己資本が底を突いてかなり後になるまで、破たんした会社は現金がなくならない。事実、『ゾンビ』は現金の流入を保つためだけに、保険の販売にさらに力を入れる」[6]。

「陳腐なビジネスでは、非常に低コストの企業か、保護された異常に狭いニッチで活動している会社だけが高レベルの収益性を保てる[7]」。

結局、この惨めな業界へ投資しても収穫はわずかだった。この業界は固定費が高く、成長は遅く、士気は低く、株主資本利益率は平均以下で、想像力は乏しい。しゃれた保険のニューズレター（シフ・インシュアランス・オブザーバー）の発行人、デビッド・シフは「われわれの業界は、おどけ者やうすのろの集まりだ。一流ビジネススクール出にはお目にかかれないが、イメージは悪く、給料は安く、雇用も安泰ではないので、無理もない。マンハッタンの高級クラブに行っても、保険業界で働いている人には会えないだろう」とバフェットと同じような評価をした。

それでも正しい銘柄を選べば、保険株は大変妙味があり、大儲けした人も少なくない。バフェット、デービス、ピーター・リンチがそれを証明している。冴えない業界の中でも賢く積極的で資力のある会社はひときわ異彩を放ち、平凡な競争相手を廃業に追い込んだり、買収したりする。トレンディーな業界（コンピューター、インターネット、バイオテクノロジー）では、どの会社も賢く積極的で資力に富んでいるので、こうした要素が裏目に出かねない。自分の好きな会社が独創的な製品を開発しても、それより質が良くて安い製品を作るために残業して働くライバルが常に存在するからだ。

投資家がこの二流の業界で勝つには、営業コストの低い企業を買うことだ。バフェットとデービスが実践した手法である。二人ともＧＥＩＣＯやＡＩＧのように、最低限の経費でうまく運営されている高収益の保険会社を探した。それに優れた経営者が加われば鬼に金棒だ。バフェットは「保険は多くの意外性を秘めている。［このビジネスは］人間の管理能力もしくはその欠如を異常なレベルまで増幅する傾向がある[8]」と書いた。

デービスは以前、最も重要なファクターとして保険会社のポートフォリオの中にある資産の増殖を指摘した。この業界の最終利益は期待外れだが、債券、株式、住宅ローン債権からの収入は一九五一年の三億三〇〇〇万ドルから一九九九年には三八八億ドルまで増えた。保険株への投資を価値あるものにしたのは、この驚異的な資産の増加である。

第一六章 孫もゲームに参加

一九六〇年代に生まれたシェルビーの三人の子供、アンドリュー、クリス、ビクトリア（「トーリー」）が初めて株に触れたのは、株式市場が一九七三年から七四年の下げから立ち直り始めたときだった。三人は父と祖父の両方から株について講義を受けた。

小学校のころ、アンドリューは株に熱中していた。米国初の入植者についてリポートを書く宿題が出たとき、彼はメモレックスについて書いた。先生はシェルビーに、小学校四年生からアナリストリポートを受け取ったのは初めてだと言った。そのころ、子供たちはシェルビーの強い要請で地元タキシードのエンパイア貯蓄銀行に普通口座を開設し、クリスマスにもらった二五ドルを預けた。複利の魔術についての最初の授業だった。当時は金利が高く、彼らは六年後に二五ドルが倍以上になったことを知って驚いた。

アンドリューは「七二の法則」を教わった覚えはないが、独自にその簡易版を考案した。「二ドルから二ドル、四ドルに増えるのはまずまずだが、四ドルから八ドル、一六ドルに増えるのは素晴らしい。十分長く待てば、倍々ゲームで金持ちになれる」と考えた。

八歳までに、アンドリューは普通預金より株が有利だと気づいた。シェルビーは子供たちに手伝いで稼いだ小銭を複利で運用することを勧めた。レバレッジの力を教えるため、彼は投資成果を競争させた。

アンドリューが八〇〇ドル分のユナイテッド・ジャージー銀行株を買った後、シェルビーは小学生株主が銀行のIR担当者と電話で話す機会をお膳立てした。アンドリューは質問をし、答えを書き留めた。答えの意味は分からなかったが、とにかく株は値上がりした。一二ドルで売った後、三〇ドル以上まで値上がりしたので、彼は早く売りすぎたことを後悔したが、それでも儲けたことに感動した。

クリスは一〇歳にしてすでに投資に関する「偉大なる経営者」の理論を習得していた。彼は保険会社、アソシエーテッド・マジソンについて元ゴーゴー・ファンド運用者のゲリー・サイが経営していると知り、その株を買った。シェルビーがサイについて話すのを聞いて、クリスは彼を大変なやり手だと思った。その株を買った後、彼は夏のキャンプでウィスコンシン州マジソンから来た子供に出会った。クリスは彼に「マジソンはアソシエーテッド・マジソンと何か関係があるの？」と尋ねた。

クリスもアンドリューもそのころの投資の記録をなくし、子供時代の資産がどうなったか記憶がない。クリスはその金が今でも忘れられた口座の中で増えていると考えている。とにかく、彼らは父と祖父から消費、特に無意味な消費は悪習であることを学んだ。

シェルビーの子供たちは彼の子供時代よりぜいたくな住居（マンハッタンの高級マンション）に暮らし、彼らの母ウェンディは、デービスの倹約精神をまったく見習わなかった。イメルダ・マルコスほどの浪費家ではなかったが、彼女の買い物は義父を怒らせた。彼女はクリスマスツリー用に手作りのオーナメントを買い、家中を飾り立てた。デービスがスイス大使として赴任中、彼女はタキシード・パークの邸宅に見事な庭園を増設した。彼女にとってはシェルビーも飾り立てる対象で、常に新しいシャツやスーツ、高級靴、しゃれたカフスリンクを彼のために用意した。

快適には暮らしていたものの、アンドリューは自分の家に金がたくさんあるとは感じなかった。「使い切れ、とことん着ろ、なしで済ませろ」と呪文のように祖父から言われることにうんざりしていた。移動はたいていバスで、タクシーに乗ることはめったになかった。

シェルビーとウェンディは一九七五年に離婚した。シェルビーは自分の事務所のアシスタント、ゲイル・ランシングと親しくなった。彼女は長身で細身の、ユーモアのセンスのない堅物で、ニューヨーク州北部の小さな町の慎ましい家庭に育った。ゲイルが初めてノースイースト・ハーバーを訪れたとき、彼女はデービス家恒例の山登りテストを受けさせられた。シェルビーは彼女を「断崖」と呼ばれる、つかまり所とはしごが取り付けられたがけに連れていった。ゲイルはウェンディより苦労したが、最初と同じくらい頂上でも元気だったので、試験に合格した。さらに良いことに、彼女は倹約テストにも合格した。

シェルビーとゲイルの間には三人の子供ができ、シェルビーの子供は合計六人になった（若い子供たちは本書執筆時点では成人していないので、彼らに関する記述は割愛した）。

カリスマ主婦、マーサ・スチュワートのようなウェンディが去り、タキシードの邸宅は修理をしないまま荒れ放題になった。庭師を雇うのは非常に高かったので、シェルビーは庭園を取り壊した。燃料費を節約するため木をたくストーブに代え、だれもいない部屋は暖房を止めた。暖房費を節約して浮いた金は自分の投信に投資した。夏に旅行するときは、自宅を貸して家計の足しにした。

父親としてのシェルビーは、厳格で仕事熱心なところはデービスと同じだが、たまに娯楽に興じる気持ちのゆとりもあった。離婚後、彼は週末に子供たちと会い、それ以外にも時々連絡を取った。アンドリューは新たな環境に馴染むのにとても苦労し、高校時代まで実父に対する怒りを引きずった。そのとき、継父のトム・マッケインが夏の間中、彼をシェルビーと週一度夕食をとらせた。一緒に過ごす時間が長くなればなるほど、彼はシェルビーと基本的な関係を築いた。アンドリューはそれを継父のおかげと感謝した。

シェルビーが一番心掛けたのは、子供を甘やかさないことだった。夜を丸太小屋で過ごすときも豪邸で過ごすときも、子供たちはその体験を感謝するように教えられ、プールの穴こそ掘らされなかったが、落ち葉集めと雪かきはたくさんやらされた。彼らはある夏、穀物サイロがいっぱいになるほど家の周りの草を抜いた。娯楽はレジャーとは程遠かった。ハイキングでまめができて足を引きずっても、自転車に乗って転んで頭から突っ込んでも、彼らは文句を言わなかった。

家族で欧州やコロラドにスキーに出かけると、終日リフト券を最大限に利用するため、全員が夜明け前に起き、朝食を急いで食べ、少しでも早くスキー場へ出た。そしてリフトが止まる午後遅くまでスキーをやめなかった。豪華な昼食や散歩のためにだれかがスキーを中断すると、家族全員に「具合が悪いの。筋肉がストを起こしたの」とやじられた。

ある日、クリスはタキシード・パークの家のプールサイドで父親が浜に打ち上げられた魚のようにパタパタ動いているのを見た。シェルビーはどこか痛そうだった。

「大丈夫？」とクリスは尋ねた。

「大丈夫だ。運動しているだけだ」

「運動？　どこで習ったの？」

「自分で考えたんだ」

「どうして体に良いと分かるの？」

「やって痛かったら、体に良いんだよ」

家族で近場の小旅行をしたとき、シェルビーは避けるべき例として甘やかされた二人の子供の名を挙げた。甘やかされることは消費と密接に関係しており、家族の辞書では「浪費家」はなお最悪の単語だった。「アンドリューとわたしが高校生のとき、父がするガールフレンドについての最初の質問は、『彼女は浪費家か？』でした」とクリスは言った。

シェルビーは子供に対して意識的によそよそしくしたわけではないが、結果的に子供たちが父親の干渉や甘やかしなしに自分の関心事を追求できる余地を与えた。ウォール街で働くかどうかは別にして、どんな職業を選ぶにしても、子供たちに自分の情熱を共有してほしかった。彼は自分の好みを口にすることもあったが、そんなに頻繁ではなかった。トーリーが国立公園の遊歩道管理の仕事をしていたとき、彼はそうした仕事は彼女の才能の無駄遣いだと思った。後に彼女が医学部に行く決心をしたとき、彼は大喜びし、彼女がデービス家のヘルスケア・フアンドを運用する日を密かに夢見た。アンドリューとクリスには、一九八〇年代に大勢の若者をとりこにした熱狂的な短期売買に手を出さないよう忠告した。短期の相場変動に賭けることは、一族の長年のポリシーに反した。

「投資ビジネスについて彼らに教えた一番大事なことは、株が低迷した一九七〇年代のような時期でもわたしがその仕事をいかに愛したかです。株を選ぶことは子供にもできると考え、わたしはそれを楽しみ、シンプルにやるように心掛けました。会計やスプレッドシートなど数学の部分は後から学べます。子供たちには企業見通しの手掛かりを探る探偵のような仕事をさせました。父がわたしを同伴したように、わたしも時々子供たちを会社訪問に連れていきました」とシェルビーは語った。

シェルビーはビックバンドジャズと株式市場で育ち、彼の子供たちはロックンロールと株式市場で育った。彼らが中学生になったとき、シェルビーはひとつの企業を分析するごとに一〇ドル与えた。アンドリューは数学が得意で、暗算で大きな数字の掛け算や割り算をした。それはシェルビー譲りの才能だった。しかし、三人の見習いアナリストの中で一番優秀なのはトーリーだとシェルビーは思った。彼女は、企業見通しに関するクリスの大局的な視野と、細部に関するアンドリューの正確さと注意力を兼ね備えていた。トーリーは兄たちの二倍のリポートを作成し、週五〇〇ドルから六〇〇ドルも稼いだことがあった。彼女はＭＣＩの社長の演説に感心して自分の金でその会社の株を買い、それについて身内で買い推奨を出した。シェルビーは彼女の意見を無視したが、後で彼女のアドバイスに従った。ただ、彼が払った価格はトーリーが払った三ドルの倍だった。

タキシードでの典型的な土曜の朝、シェルビーは地下の個室にこもり、ブリーフケースの中身を読んだ。金曜の夜はいつも、彼と子供たちは台所のカウンターに置いた白黒TVで人気経済評論家、ルー・ルーカイザーの「ウォールストリート・ウイーク」を見た。次に必ず見たのは「ワシントン・ウイーク」だった。「わたしたちは野球やホッケー、ハリウッドの話はしませんでした。話題は株と政治だけでした」とアンドリューは言った。彼はシェルビーとメーン州のアケイディア国立公園にハイキングに行き、急な遊歩道を下りながら、業績やキャッシュフローについて議論したのを覚えている。「普通の親子の会話とは違いました」と彼は言った。

シェルビーは学校の成績については、評価そのものよりどの方向にあるかを重視した。彼は企業収益を追跡するように、学業の進歩も見た。ある年の成績が最初からオールAで最後もそれを維持した生徒より、最初はCでAまで成績の上がった生徒のほうが彼には印象深かった。クリス、アンドリュー、トーリーは父親に上昇トレンドを見せようとがんばった。

三人はウォール街に夢中になった（継父も証券会社勤めなので、さらに株に親しんだ）が、高校を卒業するころにはこのテーマにうんざりしていた。リポートを一番量産したアナリスト、トーリーはハーバードで文学を専攻し、そしてスタンフォードで医学を勉強した。アンドリューは心理学を学ぶつもりでメーン州のコルビー大学に入学したら、郵便受けにウォールストリート・ジャーナルが届き始めた。自分で購読を頼んだ覚えがなく、学生は全員ただでもらえると思っていたが、シェルビーが匿名で頼んでくれたものだった。

同紙を愛読したおかげで、アンドリューはマネーゲームへの関心を呼び覚まされた。彼はいつも懸命に働いた。夏は勉強とアルバイトに明け暮れ、継父の紹介で小さな投資会社で二カ月働いたこともあった。コルビー大学の一年を終わった後、彼は専攻を経済学とビジネスに変更した。シェルビーとは疎遠だったので、アンドリューが専攻を変えたことをシェルビーが知ったのは彼が三年のときだった。彼は卒業に十分な単位を早めに取得したので、シェルビーは褒美に一年分の授業料をくれると言ったが、アンドリューはあと一年大学でゆっくり過ごし、クラスメートと一緒に卒業式に出席するほうを選んだ。

彼も大学時代の友達も成功した父親と一緒に働くことを嫌った。だから、アンドリューはシェルビーやデービスのところで働くつもりはなかった。また、「いざというときの助け舟は出すが、ファミリーの会社に自動的に就職できると思うな」と何度も言われていた。彼は自分の生き方をあまり父に左右されなかったが、大学から就職までのパターンは同じだった。シェルビーは大学を出てバンク・オブ・ニューヨークに就職し、アンドリューは大学を出てボストンのショーマット銀行に雇われた。シェルビーはアルミ、ゴム、鉄鋼など素材産業のアナリストとして修行し、アンドリューはペインウエバーで鉄鋼業界を担当した。

一九八六年、アンドリューはボストンのショーマット銀行を辞め、ニューヨークのペインウエバーに移籍した。すぐに彼は「転換証券」として知られる債券と株の混合商品に関する社内の専門家になった。転換証券は債券のように金利が付くが、その会社の普通株が上昇したら値上がり益を得られるチャンスもある。質の高い転換証券は株式の上値余地の七五～八〇％を確保でき、しかも債券としての特性が下値を限定する。アンドリューは転換証券の比較購入のために一〇ポイントの評価システムを開発した。

ペインウエバーの七年間で、アンドリューはどんどん昇進し、バイス・プレジデントになった。彼は毎日開かれる「シャットダウン」と呼ばれる社内ブリーフィングのスターになった。全世界に散らばった一万四〇〇〇人のペインウエバーのブローカーが電話中継で市場に関する彼のコメントを聞いた。

クリスは回り道をしてウォール街にたどり着いた。彼は主に祖父から精神的な刺激を受けた。シェルビーにとってデービスが嫌いだった点（親切なうわべに隠れた高飛車で傲慢な態度）も、クリスにはどことなく魅力的に思えた。一五歳のとき、彼はメーンの夏別荘でデービス家のコックとして働いた。一六歳になって自動車免許を取った次の夏には、家族の運転手となり、一族の長をバー・ハーバー空港まで送り迎えした。

学生時代の週末、彼はパイン・ストリート七〇にある祖父のオフィスで働いた。封筒に書類を詰めたり、保険のニューズレターをタイプで打ったり、デービスが操作を習ったこともないテレックスでメッセージを送ったりした。孫と祖父は、父と祖父の間の他人行儀な親しさとは正反対の暖かく気軽な「持ちつ持たれつ」の関係をはぐくんだ。彼らは一緒に散歩し、政治、ウォール街、そしてフランクフルト・ソーセージはどうして不必要なぜいたく品かというくだらない話題についても議論した。

「あるとき、わたしたちはオフィスの隣の空き地の前を通りがかりました」とクリスは言う。その場所は後にJPモルガンが新しい本社ビルを建てたが、当時は手押し車で食べ物を売る行商人がよく商売をしていた。「祖父に一ドルのホットドッグを買ってと頼んだら、『この一ドルをうまく運用したら五年ごとに倍になり、お前がわたしの年になる五〇年後には一〇二四ドルになるのが分からないのか。一〇〇〇ドルのホットドッグを食べたいほど腹が減っているのか？』と言われました。わたしはそのとおりだと思いました。祖父は一ドルの価値、複利の価値、常に自分の金を持ち歩くことの大切さという三つの教訓を一度に教えてくれました」

このころ、クリスは共産主義に夢中で、レーニンのバッジをつけ、カール・マルクスを称賛し、ウォーレン・バフェットの代わりに毛沢東の言葉を引用した。彼は自分の父を「資本主義の走狗」と呼んだ。シェルビーはこの反抗を「大きなひねくれ」と呼んだ。

事務所の壁に多くの賞状や免許状と一緒にフーバー、デューイ、ニクソン、フォード、キッシンジャー、レーガン、ブッシュなど共和党の大物の写真を飾っている祖父に対抗するかのように、クリスはベッドルームの壁にチェ・ゲバラの写真を飾った。

クリスは動物が好きで、高校の夏休みにはブロンクス動物園で奉仕活動をした。動物愛護協会クリニックでは檻の掃除をした。動物好きの彼は自分が良い獣医になれると思った。彼はコーネル大学で獣医になるための予備課程を取り、正規の学生として登録したが、大学のアドバイザーは一年休学して何か別のことにトライするように勧めた。スコットランドのセント・アンドリュース大学がアメリカの学生を募集していたので、クリスはそれに応募し、受け入れられた。最初は一年だけのつもりが、結局四年も滞在することになった。授業料が安いうえに、両親の目が届かないのがうれしかった。「スコットランドに一目ぼれしました」と彼は言った。

スコットランドでは別のタイプの愛を見つけ、ガールフレンドと大学に近い牧羊農家の小屋で同棲した。彼は食費に四ドルと時々飲むビールに四ドルの、週八ドルで何とか暮らした。哲学と神学の修士号を取得して卒業した彼は、聖職者という職に魅力を感じた。

卒業後、クリスはパリのアメリカ大聖堂で牧師の助手として働いた。そこの責任者は、タキシード・パークの教会から来た家族の友達のジェームズ・レオ神父だった。クリスは大聖堂の屋根裏部屋の床で寝泊りしていた。数フィート下のテーブルの上にある電話に出るため床の端から身を乗り出し、下に落ちたこともある。彼女が訪ねてきても、巨大な十字架像の前を通らないと、彼の「部屋」には行けなかった。

デービスは生命保険会社を訪問するためスコットランドに来たとき、クリスと会った。この国は頑固な節約家と根気強い投資家が多く、最古の歴史を誇る投信もいくつかある。生保などさまざまな機関投資家がデービスのアドバイスを聞き、彼の事務所を通じて株を買った。

彼の孫は毛沢東に心酔し、ウォール街を嫌い、牧師になるための勉強をしていたが、デービスはそんなことは気にせず、「哲学や神学は投資に打ってつけの学問だよ。投資で成功するには哲学が必要だし、それから必死で祈らなければならない」と冗談を言った。また別の機会に、祖父と夕食を取るためにクリスがロンドンへ旅行したとき、デービスは有名ホテルに泊まったが、クリスは過激な友達が何人か住む貧民街のアパートに泊まった。食事をするには服装が問題だった。クリスは過激な友人の前ではジャケットやネクタイを身につけることはなかったが、過激なぼろ服のままではデービスが泊まったホテルの食堂に入れなかった。両方の場所で気まずい思いをしないように、彼は資本主義者の制服をビニール袋に詰め、ぼろ服を着て貧民街を出た。ホテルのトイレで着替えるつもりだったが、ドアマンがロビーに入れてくれず、結局、建物の周囲をぐるりと回り、横のドアからこっそり入った。

クリスは食事中いろいろ話し、デービスは楽しそうに聞いた。クリスの友達がいかにしてロンドンで家賃を払わずに暮らしているかを知り、デービスは彼らを称賛した。金を使わないことの美徳に関しては、共和党の大物とマルクス主義の若者は意見が一致した。

二人はスイスまで一緒に出かけ、デービスとスイスの保険会社の重役会談にクリスも同席した。三〇年前のデービスとシェルビーの姿が重なった。事実、クリスはこの時期にシェルビーよりデービスと多く会っていた。シェルビーはクリスがセント・アンドリュース大学に入学する手助けはしたが、彼が四年後に卒業するまでスコットランドを再び訪れなかった。前述のように、シェルビーはアンドリューとは疎遠で、トーリーともたまにしか連絡を取らなかったので、彼女の最新のロマンスについて知らなかった。あるとき、ハーバードの寮にいる娘に何日か連続で電話したが、彼女はいつも不在だった。そのたびに彼女のルームメートが電話に出て、授業に出ているとか、図書館にいるとか、シャワーを浴びているとかいろいろ言い訳をした。実はそのとき、彼女はボーイフレンドとの関係を修復するためイギリスに行っていたことを彼は後で知った。

クリスは神学の修士号を取ってセント・アンドリュース大学を卒業したが、レオ神父は彼が牧師に向いていないことを気づかせてくれた。獣医に向いていないこともすでに自覚していたので、彼はアメリカに戻り、ボストンに住んだ。母の一族はこの街では有名で、兄のアンドリューはこの街で修行を積んだ時代があった。

修士号を取得し、海外留学した経験を生かし、クリスは政治や国際政治の分野でさまざまな仕事を考えた。彼は企業を分析するノウハウはスパイの仕事にも役立つと考え、ＣＩＡに入ろうと思ったが、「くだらない質問」にうんざりして応募しなかった。それから教育の分野で働こうと思い、ボストンの公立学校で教師の仕事に応募したが、教職免許がないので採用されなかった。

ほかにもいくつか断られた後、ボストンの投資会社パトナムに応募した。彼は秘書に電話して、午前八時半に来たらジョージ・パトナム社長と会えるように頼んでくれるという約束をもらった。パトナムと話をすることはできたが、仕事は得られなかった。祖父とパトナムが古い友達であることを知っていたが、クリスは自分がデービスの孫であることは言わなかった。

三人の子供が大学を卒業した後、シェルビーは全員に毎月五〇〇ドルずつ仕送りをした。この家族の「セーフティーネット」はクリスの家賃を一部カバーするには十分だったが、仕事をしないと五〇〇ドルでは暮らせなかった。祖父に借金を申し込むのは論外だった。デービスは五〇年で一〇〇〇ドルの損と言って一ドルのホットドッグすら買ってくれなかったので、小遣い銭や車の頭金を出してくれるはずがなかった。デービスは「お前はわたしから何ももらえないよ。そうすれば自分で稼ぐ楽しみを奪われないだろう」といつもクリスに言った。

必死で仕事を探すクリスはボストン・グローブ紙の求人欄で、ステート・ストリート銀行の訓練プログラムの募集を見つけた。同行は投信が爆発的に伸びているので、人員を積極的に採用しているとシェルビーはアドバイスした。クリスは父、兄、継父がいずれも銀行で修行したことを思い出した。銀行業は一族といつもかかわりがあった。

大学で会計を副専攻していたと主張したため、彼はステート・ストリートに採用された。クリスは会計と経済学を夜間コースで取得し、この些細なうそを帳消しにした。昼間はボストン郊外にあるステート・ストリートのＩＢＭスタイルのキャンパスでトレーニング講座に出席した。訓練を一通り終了すると、彼は毎営業日の終わりにいろいろな投信の純資産総額を計算する仕事を任された。

投資データを数カ月集計した後、クリスはグラハム・タナカが所有・経営するウォール街の小さな専門投資会社に引き抜かれた。タナカは自分の会社を始める前にＪＰモルガンとフィデューシャリー・トラストに勤め、後者ではシェルビーと一緒に働いていた。タナカは若い才能を探しており、シェルビーは息子に応募するように勧めた。クリスは採用され、ニューヨークに移った。昼間はタナカの事務所でアナリストとして働き、夜は世界貿易センターに近い保険大学で講義を受けた。ある日の夕方、大学の図書館で勉強していたとき、読んでいる本から顔を上げると、壁に祖父の顔があった。司書に尋ねると自分がシェルビー・カロム・デービス図書館にいることが分かった。デービスがそれを寄付したのだ。

タナカの会社の保険のスペシャリストとして、クリスは会議に出席し、会社を訪問し、ＣＥＯにインタビューし、行動家とはったり屋を区別した。一九九〇年の暮れに彼は大手保険会社チャブが主催した朝食会で父と祖父と偶然会った。デービス家の三世代が同じ会社について最新情報を得るために同じ会議に出席するという、運命的な再会だった。

休憩のときに廊下で、デービスはクリスに自分のところで働かないかと誘った。クリスに異存があるはずはなく、タナカの会社を辞め、パイン・ストリートのデービス家の本部に移った。デービスはアンドリューには仕事の誘いをしなかったが、クリスのほうが祖父と仲が良かったので、アンドリューが腹を立てることはなかった。

「父はわたしたち三人がチャブの会議で会うことも、祖父が初めて仕事をくれることもあらかじめ知っていて、わたしたちの再会をこんな形で計画したのでしょうか？　だとしたら驚くべきアイデアです」とクリスはいまだ判明しない疑問を口にした。

第一七章　一族が一致団結して

デービスが晩年を迎え、シェルビーも引退を考えていたころ、第三世代はそれぞれペインウエバーとタナカで投資の腕を磨き、静かに出番を待っていた。

クリスは祖父の事務所で働くため、タナカを辞めた。二人の机は数フィートしか離れていなかった。デービスの椅子の背に掛かった縞模様の古いジャケットは、青いストライプが色あせ、白いストライプは黄ばんでいた。デービスは会社では普段もっと新しいジャケットを着ていたので、クリスはその年代物がなぜそこにあるのか不思議に思い、「椅子に掛かっているぼろ切れは何のため」とつい尋ねた。

「銀行の与信担当者のためだよ。彼らがマージンローンについて調べにきたとき、わたしがいないと、どこかで油を売っていると思うはずだ。でも、椅子にかかっている上着を見たら、コーヒーを飲みにいっているだけと思うだろ」とデービスが答えた。

「その上着はどのくらいそこにあるの?」

「二〇年だよ」

祖父と孫がアナリストの会合に出かけるとき、いつもデービスはスーツが風でひらひらしないようにしっかり押さえながら走った。ビジネススーツを着た八〇代のジョガーは街の名物だった。「もし客が通りでわたしを見かけたら、サボっていないと知って安心するだろ」とデービスは説明した。

祖父の保険ニューズレター用に短い文章を試しに書いたところ、次の号にそのまま使われてクリスはびっくりした。一段落が二段落に増え、やがて全文をクリスが書くようになった。「それをわたしに譲って祖父はほっとしたようでした」とクリスは言った。二年間でクリスは最低五〇本のリポートを作成した。彼はレイアウトを変え、コンピューターで入手できる業界データは大半を削除し、空いたページには特定の企業に関する記事を書いた。しかし、体裁を変えても、読者から大きな反響はなかった。

「だれも読まないのに、なぜこんな面倒なことをするの」とクリスは祖父に尋ねた。

「読者ではなく、自分たちのためさ。アイデアをまとめると、必然的に物事をとことん考えるようになるからな」とデービスは答えた。

クリスは、企業収益を額面どおり受け止めてはならないことをデービスから学んだ。新しい保険会社は手数料や販売費を先に利益から引かれるので、最初はしばらく赤字だが、その契約こそが将来の繁栄を築く土台であるとデービスは教えた。三〇年から四〇年にわたり会社に収入をもたらす保険契約は、帳簿には借方に記帳された。

デービスはまだタリータウンから始発列車で通勤していたが、前ほど元気ではなかった。老人は責任を少しずつ孫に譲り、孫はそれを懸命に引き継いだ。ニューズレターを完全に任されるようになったとき、クリスは最後に残ったデービスの顧客に属する「ハウスアカウント」に目を付けた。彼は祖父を説得して、たまに株を売ったときにしか徴収しない売買手数料の代わりに、ポートフォリオの管理手数料を取るようにした。デービスはこのアイデアが気に入り、クリスを運用担当者に任命した。

彼の顧客はデービスが自分たちの資産を（ＭＢＡを持たない）二五歳の孫に任せたことを知っても、不思議と文句を言わなかった。「彼らはなぜ心配しなかったのだろう。未知数の若造で、しかも社長の孫なのに。しかし、わたしはやがて身びいきで選ばれたのではないことを結果で証明しました。ＭＢＡを持たないことについては、父も祖父もその学位が投資ビジネスに必要なく、無用とさえ思っていました」とクリスは言った。

「祖父はわたしに責任を譲れば譲るほど、気楽になりました。肩の荷を降ろしたことが顔にもはっきり表れました」

クリスが大役を引き受けた後の夏、デービスとキャスリン、そして友人夫妻はメーン州でピクニックをして行方不明になったことがある。彼らは景色を見渡せる待避所で車を止め、そこから岩だらけの浜辺まで一マイルも重い荷物を運んだ。彼らはやせ我慢をして文字どおり年寄りの冷や水を浴び、炭をおこし、バーボン入りのコンソメを飲んでロブスターをほお張った。鍋を洗って帰ろうとしたとき日が暮れ、デービスは何度も通った森の中で迷い、茂みで転んで枝で足に深手を負った。戻らない彼らを心配した別荘の管理人が沿岸警備隊に連絡し、沿岸警備隊が地元警察に通報して救助部隊が出動し、夜明けごろ彼らを発見した。凍える一夜を森で過ごした二組の夫婦は無事保護された。

慣れた道に迷ったことは、彼が体調を崩した最初の兆候だった。デービスは事務所で過ごす時間が減り、クリスも時間を持て余した。いずれにしても、デービス家本部は何事もなく平穏だった。引き受け業務は開店休業状態で、地方事務所は閉鎖し、電話もめったに鳴らなかった。数年前にシェルビーは会社をＥＦハットンに売却することを父に提案したことがあった。しかし、ハットンは調査をしてデービス本人以外は何も価値がないと結論を下した。結局、同社から買収の申し出はなかった。

一九九二年のある日、デービスが特大の地図が入るほど大きな青いバインダーを抱えてクリスの机に近づいてきた。ページをめくると、目の前に半世紀にわたる祖父の投資人生があった。緑と白のストライプが入った紙に、利益と損失が会社のアルファベット順に記されていた。クリスはその書類を見たことはなく、シェルビーも見ていないはずだった。作品をけっして公表しない世捨て人のような芸術家のアトリエに招かれた気分だった。

「これを見て、どれを売るべきか、どれを残すべきか考えてくれ」とデービスは素っ気なく言った。クリスは「やるよ」と快諾したものの、祖父が他人の意見を求めたことに驚いた。また、頼まれてうれしい半面、父ではなく自分が指名されたことに何か不自然なものを感じた。デービスはそのポートフォリオをシェルビーに見せてほしかったのだろうか。おそらくこれは、孫を媒介として疎遠な息子から助言か称賛を求めるための祖父流の回りくどいやり方だったのだろう。

数時間後、クリスは書類をリュックに詰め込み、自転車でアパートを出た。祖父の意図がどうであれ、それを父に見せることにした。その日の夕方、列車に乗ってタキシード・パークに向かった。彼とシェルビーは食堂のテーブルでデービスの持ち株を一ページずつ検討した。その中にはシェルビーが保有し、推奨した銘柄が一ダース以上あった。

そこにはフィデューシャリー・トラストがあった。デービスは同社が息子の会社、デービス・パーマー・ビッグズを買収した後に株を買っていた。ファニーメイもあった。シェルビーが一九八〇年代初めから保有、推奨してきた銘柄である。ニューヨーク・ベンチャーもあった。デービスはシェルビーには内緒で息子の投信を買っていたのだ。インテルもあった。シェルビーは基本的にハイテク株を避けたが、この銘柄だけはとても気に入り、ベンチャー・ファンドの組み入れ銘柄トップテンのひとつにしていた。彼はかつて父にインテルを勧めことがあったが、「テクノロジーは信じない」とあっさり断られた銘柄だった。

シェルビーは口にこそ出さなかったが、デービスが密かに自分の助言に従い、自分の好きな株や自分のファンドに投資していたこと知って感激したことがクリスには分かった。「インテル、ファニーメイ、ニューヨーク・ベンチャーへの祖父の投資は、父が大人になってずっと待ちながらも祖父がけっして口にしなかった褒め言葉でした」とクリスは言った。

「わたしは二人が仲直りを望んでいると確信しました。でも、二人とも頑固で相手が先に歩み寄ってほしいと思っていました。その真ん中にいたわたしの役目は、祖父のポートフォリオを通じて二人を再び結びつけることでした」とクリスは続けた。

シェルビーとクリスはその夜、この株式投資家の巨大な福袋の中身をふるいに掛けた。デービスの資産は四分の三が世界各地の保険会社一〇〇社に集中し、残りはさまざまな業種と規模の一五〇〇社に分散され、その大半はバリューラインで上位にランクされた銘柄だった。彼はなぜこんなに多くの企業に投資したのだろう。シェルビーはデービスが株を一〇〇〇株ずつ買う習慣をやめなかったからだと説明した。ポートフォリオが一億ドルを超えた後でさえ、彼は「チャーリー、一〇〇〇株買ってくれ」と自社のトレーダーに叫んだ。これだけの大金を一〇〇〇株単位で全額投資すると、小さな町の電話帳いっぱい分の企業数になった。

シェルビーはベンチャー・ファンドでは一万株単位で株を売買した。クリスが一九九七年に跡を継いだとき、ベンチャーは巨大化していたので、彼は五〇万株単位で売買した。シェルビーなら「ヒューレット・パッカードを五〇万株？　ちょっとやり過ぎじゃないか？」と首をかしげただろう。シェルビーには大変な買い物に思えた金額も、同ファンドの〇・五％にすぎなかったが、彼は最近のスケールに慣れるのに苦労した。

その多数の保有銘柄の中でも、デービスをフォーブス誌の長者番付に載るほどの大金持ちにしたのは、ワイエス、ラウシェンバーグ、ウォーホルの絵のような、一九六〇年代から持ち続けた年季の入った少数の銘柄だった。典型的な投信は保有銘柄を毎年一〇〇％入れ替え、大衆も株や投信を気軽に売買したが、デービスはずっと忠実で、一九五〇年に買った銘柄が一九九〇年になってもまだポートフォリオにあった。

デービスの持ち株で時価総額が一番大きいのは、ハンク・グリーンバーグ率いるＡＩＧの一〇〇万株で、価値は七二〇〇万ドルに上った。次は一九六二年に六四万一〇〇〇ドルで買った東京海上火災株で、時価は三三〇〇万ドル。ほかにも三井海上火災、住友海上火災、安田火災海上の保有株は合計四二〇〇万ドルの価値があった。

国内でグリーンバーグに次ぐ好結果をデービスにもたらしたのは、バフェットだった。バフェットの旗艦会社、バークシャー・ハサウェイの三〇〇〇株は二七〇〇万ドルに化けた。ほかにも、米国の保険五社（トーチマーク、ＡＯＮ、チャブ、キャピタル・ホールディングズ、プログレッシブ）への投資が七六〇〇万ドルに増えた。（シェルビーのおかげで）住宅ローン証券化大手のファニーメイへの投資がさらに一一〇〇万ドルをもたらした。

「デービスの一ダース」とも言うべきこれら一二銘柄の時価は、合計で二億六一〇〇万ドルと宝くじの超大当たり二、三回分に相当した。最初の投資金一五万ドルがここまで増えるのに五〇年かかったが、その間、デービスは資産を少しずつ取り崩して快適に暮らした。ひとたび勝てる会社を買ったら、あとはけっして売らないことが最高の選択だった。株価が日、週、月ごとにどんなに変動しても、彼は保険株を持ち続けた。調整や緩やかな下げ相場はもちろん、厳しい下げ相場や暴落にも動じず、アナリストの業績予想変更、テクニカルな売りシグナル、ファンダメンタルな悪材料にも惑わされなかった。投資した会社について経営者の指導力と持続的な成長力を信じるかぎり、彼は株を保有し続けた。

（保険セクターに多く投資している）バフェットのバークシャーを含めると、大当たりだったデービスの一ダースのうち一一銘柄は保険会社だった。唯一の例外はファニーメイだが、借り手でも貸し手でもあり、住宅ローンと債券を売買する点で保険会社と似ていた。

デービスの中級勝ち組（彼の四〇〇万ドルを九〇〇〇万ドルにした株）もやはり保険会社だった。このリストには、セントポール、CNAファイナンシャル、ハノーバー、（工業用溶鉱炉向けの保険を販売した）ハートフォード・スチーム・ボイラー、ケンパー、プライメリカ、セーフコ、トゥエンティース・センチュリー、USライフ、コンセコが含まれた。結局、このポートフォリオが意味したのは、生涯を通じた投資で大切なのは少数の大勝ち銘柄で、これらが大きく値上がりするには何十年もかかるということである。デービスの一ダースはすべて一九七〇年代半ばから、彼のポートフォリオにずっと入っていた。どんな若い未経験な投資家でも、熟練の投資家に勝る点がひとつある。それは時間だ。

元帳のマイナス側では、シェルビーとクリスはデービスの失敗作、つまり株式投資家が出合わなければよかったと悔やむ銘柄をたくさん見つけた。何百もの負け組の中で、デービスの最大の失敗はファースト・エグゼクティブである。それは二〇〇〇万ドルの投資をガラクタに変えた逆複利装置だった。彼は急落するファースト・エグゼクティブ株を手放さなかっただけでなく、その遺体を帳簿に残し続けた。

しかし、こうした失敗も最終的には、デービスの資産には蚊が刺したほどのダメージしか与えなかった。彼のポートフォリオはまたしても、生涯投資では多数の銘柄で失敗しても、一握りの大成功銘柄さえつかめれば大金持ちになれることを証明した。

奇妙なことに、債券をあれだけ毛嫌いしたデービスが、株式コレクションを補完するために、二三〇〇万ドルの債券ポートフォリオを保有していた。ただ、株式の保有額を考えたら、お守り程度の防衛策にすぎなかった。金利が下がり大半の債券が値上がりしたのに、デービスの保有債券は値下がりした。信用力の高い国債を買わず、高利回りのジャンク債に投資していたからだ。しかも、彼は間違ったジャンク債を買っていた。デービスはロングアイランド電力、イースターン航空、複数の有力貯蓄金融機関を債務不履行に追い込んだ致命的な欠陥を見過ごしていた。株式についてはあれだけ詳しく調べるデービスも、債券に関してはあまり研究熱心ではなかった。デービスの失敗から、悪い債券を選ぶと悪い株式を選ぶのと同じくらい高くつくことを痛感した。

デービスの投資人生の総決算を終えた後、シェルビーとクリスは彼が自分のポートフォリオを管理できなくなったときどうすべきか話し合った。詳細な計画は立てなかったが、全体的なアイデアとしては、デービスの資産をシェルビーのベンチャーや、彼が近く立ち上げるか取得する一連の新ファンドに移すことにした。一方、クリスとアンドリューはこれらの比較的新しいポートフォリオのいくつかの運用を任され、そこでいい成績を残せば運用規模を拡大することにした。二代で築き上げた富が、一般株主からの莫大な資産と一緒に、第三世代の手に託されることになる。

一九九〇年、イラクのサダム・フセインがクウェートに侵攻し、石油が急騰する一方、株は大きく値下がりした。ダウは三〇〇〇を初めて割り込んだ後、二〇％下げた。東京でも日経平均が四八％も急落した。結局、湾岸戦争によってアメリカ景気は短い後退期に突入した。FRBは金利を下げ、株価は企業収益の急増を背景に上昇した。ロシアは二〇世紀で二度目の革命を実現し、七〇時間で共産主義者とミハエル・ゴルバチョフが追放された。

米国のベビーブーマーは、退職後の悠々自適の暮らしを夢見て、何十億ドルもの資金を投信につぎ込んだ。彼らの猛烈な買いのおかげもあって、一九九〇年代は株式にとって一九五〇年代以来最高の一〇年間になった。

一九九一年のリセッションは短期間で比較的穏やかだったが、銀行システムは窮地に追い込まれた。銀行はまだ、ショッピングモール、高層ビル、空想的な企業買収などに見境なく融資した一九八〇年代の放漫経営の後遺症に苦しんでいた。有名銀行ではシティコープが倒産寸前で、ほかに少なくとも四〇の米銀が同じような苦境に直面していた。

シティコープは「ノー」と言えない銀行だった。同行は笑い者になったカナダのロバート・

キャンポーに「イエス」と言い、アメリカ有数の百貨店チェーンを買収する金を貸した。汚職と借金まみれの中南米政権への不良債権問題からまだ立ち直っていなかったのに、シティは供給過剰の不動産市場で投機家を手助けする愚行に走った。

一九八〇年代の終わりにかけて「不良債権」が総資産の六％に達し、商業不動産の過剰は誇り高き多国籍銀行を事実上の倒産に追い込んだ。シティコープは不良債権を処理するには貸倒引当金が足らず、株価は三五ドル以上から一〇ドル以下に急落した。

このころ、同行はほんのわずかな資本金で営業していた。当局が杓子定規な行動をとっていたら、シティコープは政府の管理下に入り、おそらく解体されていただろう。株主にとって幸運なことに、シティコープは「大き過ぎてつぶせない銀行の範疇[1]」に入っていた。当局は同行に連邦政府の監視の下でビジネスを続けることを許した。覚書の中で、同行は重大な決定についてはＦＲＢと通貨監督庁に相談することを約束した。

シティコープのジョン・リード会長はそうした助言をありがた迷惑と思ったが、少なくとも同行は解体を免れた。やがて、クウェートの大富豪が巨額の救援融資を持って駆けつけた。湾岸戦争でクウェートの油田を守るために米国が戦ったことも、同国最大の銀行が存続できたひとつの要因となった。

銀行の経営難とフセインの侵攻に端を発した株安は、シェルビーに自分の縄張りで有望銘柄を発掘するチャンスを与えた。新聞のビジネス欄を読み、TVの金融ニュースを見るほかのすべての人と同じように、彼も人騒がせな著名評論家がシティバンクの破たんやウエルズ・ファーゴについて不動産融資の損失増大を予想するのを聞いた。シティとウエルズの株価はそうした苦境を反映していた。しかし、シェルビーは他人の意見に惑わされず、FRBが主力銀行を倒産させるはずはないと考え（事実、FRBのアラン・グリーンスパン議長はすでに短期金利を引き下げていた）、例によって当事者に直接話を聞いた。

彼らの話を聞いて、シェルビーは自分の考えが正しいことを確信した。ウエルズ・ファーゴの経営陣は彼に、不良債権はマスコミで報じられるほど問題ではないと語った。同行は急成長を遂げるカリフォルニアの恩恵にあずかろうと、南カリフォルニアに移転し、多くのライバルに勝ってスーパーマーケットにATMを設置した。シェルビーはウエルズ・ファーゴの会長、カール・ライヒハルトの中にも、デービスが追い求めた優秀な経営者としての資質を見いだした。「シェルビー、わたしは自分の金を五〇〇〇万ドルこの銀行に投資している。君をがっかりはさせないよ」とライヒハルトは言った。ウエルズがノーウエストと合併したとき、ディック・コバセビッチとレス・ビラーという二人のトップ経営者も加わった。

シェルビーは少し不安だったが、ウエルズの株を買い集めた。意外な事実が発覚しても動じることなく、常に最新の状況を冷静に観察した。「ちょっとしたことが気になって夜、目が覚めたこともあります。そんなときは翌日に電話でそれを確認しました。わたしは六カ月で最低一〇回はウエルズの首脳陣と話をし、彼らが事態を収拾できたとの確信を深めました」とシェルビーは言う。

偉大な投資家は考えることが同じなのか、ウォーレン・バフェットもウエルズ株を買っていた。バフェットとデービスがいくつか同じ保険会社の株を保有していたように、バフェットとシェルビーも同じ銀行を選んだ。

二人の偉大な投資家が強気でも、空売りをしていたフェシュバッハ兄弟は慌てなかった。ウォール街で最も有名な悲観主義者たちは徹底してウエルズ株を売り込んだが、結局は自家用ジェットと何十億ドルもの運用資産を失う羽目になった。

シティはウエルズよりひどい状態にあったが、シェルビーはそのグローバルな事業展開に魅力を感じていた。シェルビーが十代のころに家族で極東に旅行したとき、彼が会ったシティのビルマ支店長は、自分の銀行をどの国でも活動する大使館にたとえた。それから四〇年後、シェルビーは世界を股に掛けてビジネスをする会社を好み、そしてシティが彼にそれを手に入れる機会を提供した。同行は愚かな貸し出し慣行、特に第三世界でのリスク管理の甘さから企業生命を失いかけた（海外でのビジネスに確実性は期待しづらい）が、シェルビーは米国の監督当局がシティを倒産させるはずがないと考えた。シティの経営陣は緩みすぎたたがを絞め直そうと、融資審査基準を厳格化したほか、「ブランド・プロモーター」を雇い、シティコープからシティグループに改名してかつての名声を大いに活用した。

一九九〇年代の終わりまでに、シェルビーのシティへの投資は二〇倍の価値になっており、同行がトラベラーズと合併した後もさらに株を買い増した（ベンチャー・ファンドはすでにトラベラーズを保有していた）。新生シティグループを率いたのは、トラベラーズのCEOで、もう一人のデービス・スタイルのリーダーであるサンディ・ワイルだった。ワイルも、偉大な指導者は数字だけからでは想像もつかない次元まで会社を導けることを証明した。AIGのグリーバーグ同様、ワイルの使命は「買収、成長、コスト削減」の三つだった。彼はすべて達成し、シティグループの収益を五年ごとに倍増するという約束を果たした。

ハウスアカウントでのクリスの成功に感心し、シェルビーは一九九一年にクリスを新たに設定したデービス・ファイナンシャル・ファンドの運用担当者に任命した。ちまたでは銀行危機がいまだ報じられ、銀行株全体が我慢できないほど安かったので、クリスは銘柄選びのテクニックをこのセクターに応用した。しかも、第二次大戦後にベビーブーマーの親たちが保険に入って保険会社が潤ったのと同じように、金融サービス会社はすでにベビーブーマーの退職後に備えた蓄財活動の恩恵を受け始めていた。

「普通のファンドでは資産の九〇％を金融株に投資できませんが、わたしは金融株に特化したかったのです。もし良い成績を残せば、父の引退後、ベンチャーの運用を任せてもらえるかもしれないと思いました。それを決めるのはデービス家の役員会でした。わたしは役員会に自分の実力を証明したかったのです」とクリスは言った。

偉大なリーダーへの投資という一族の伝統を踏襲し、クリスはイーライ・ブロードの保険会社、サンアメリカの株を買って成功した。その三〇年前にシェルビーのパートナー、ジェレミー・ビッグズがブロードの住宅会社、カウフマン&ブロードに出資したことがある。ブロードと彼の共同経営者は二〇〇〇の住宅地を開発し、その大半をベビーブーマーに販売した。ブロードは今、自分が家を売った人たちに金融商品を販売していた。サンアメリカは五〇〇億ドルもの退職資産を運用するまでに成長した。クリスによると、シェルビーはサンアメリカをベンチャーの最大保有銘柄のひとつにし、その株は二〇倍に値上がりした。

投資信託の一生は一般的な印象ほど退屈なものではない。平均的な回転率（一〇〇%）を持つ一〇億ドルのファンドは毎年、一〇億ドル相当の在庫を売り買いする。平均的なファンドマネジャーは小さな町の電話帳がいっぱいになるほどの銘柄を保有する。一度買って処分される銘柄もあれば、買って売ってまた買ってと頻繁に売買される銘柄もある。売ったことを後悔する銘柄もあれば、買ったことを悔やむ銘柄もある。作家が自分の初期の作品を読み返したがらないように、また俳優が自分の出演した昔の映画を見たがらないように、多くのファンドマネジャーも自分の失敗を振り返るのを嫌う。

クリスのルーキー時代における最大の失敗は、ベンチャー・ファンドで保有していたファニーメイ株を処分するよう父に強く勧めたことだった。シェルビーは息子の助言に従って売却したが、ファニーメイ株はその決定をあざ笑うかのように四倍も値上がりした。「わたしは保有すべきでない理由を勝手に作り上げ、それを信じ込んでいました。わたしの読みはこうでした。ファニーメイはS&L危機の最中、住宅ローンをパッケージし、それを投資家に売って大儲けしたが、その鉱脈もやがて寿命が尽きそうなので見通しは暗い。ところが、ファニーメイは相変わらず元気いっぱいでした。この失敗以来、わたしは最初にストーリーを作って、それを裏づけるデータを探す分析手法を放棄しました」とクリスは語った。

シェルビーとクリスは時間が空いたときは、デービスの持ち株を徐々に整理する計画を練った。シェルビーは、税金対策として売却益を相殺する売却損を出すため、値下がり銘柄をいくつか最初に売却しようと考えた。シェルビーはそれを「春の大掃除」と呼んだ。クリスはそのことを初めてデービスに話した。「わたしはある日、祖父が嫌う税金を節約するための租税優遇措置についての部分を強調して、その大掃除のことを祖父に話しました。父がこうした銘柄は最初から買うべきではないと言ったことには触れませんでした。それを言えば、二人の関係がさらに気まずくなるのは確実でしたから」とクリスは言った。

「わたしは勇気を振り絞って、祖父に自分の死後、彼のポートフォリオをどう取り扱ってほしいか率直に尋ねました。その答えは『自分の金を複数のデービス・ファンドに投資してほしい』という意外なものでした。『自分のポートフォリオをシェルビーに直接託すのはばかげている。なぜなら、運用に失敗しても彼は責任を問われないからだ』と祖父はきっぱり言いました。ファンドに投資すれば、取締役会が資産を守ってくれます。父やその後継者が運用に失敗すれば、取締役会が新しいファンドマネジャーを見つけてくる、というのが祖父の考えでした」とクリスは言った。

クリスはこの話を父に伝え、すぐに三世代が資産の移転について率直に相談した。値下がり株は早速処分され、ポートフォリオの大半はデービスの死後に売却することにした。

一方、ベンチャーは引き続きライバルより良い成績を上げ、市場平均をはるかに上回った。そして、シェルビーが管理するファンドはどんどん増えた。彼はリンカーン・ナショナル・ライフの子会社から購入した三つのファンドを管理下に置き、それらを「デービス・グロース・オポチュニティー」「デービス・ハイ・インカム」「デービス・タックスフリー・インカム」と改名し、それぞれに新しい運用担当者を雇った。その後、さらに二つのファンド、「セレクテッド・アメリカン」と「セレクテッド・スペシャル・シェアーズ」が彼の管理下に入った。セレクテッドの経営陣は手数料をめぐるいざこざの後、前任の運用会社（ケンパー）を解任し、シェルビーの会社に乗り換えた。シェルビーは早速、成績の悪い小売株を銀行、保険、証券会社株と入れ替えた。

彼が銘柄の入れ替えを終えると、セレクテッド・アメリカンはニューヨーク・ベンチャーとまったく同じ双子のようなファンドに生まれ変わった。唯一の違いは、後者が顧客から手数料を徴収したのに対し、前者が「ノーロード」投信であることだった。

ベンチャー・ファンドの運営会社、ベンチャー・アドバイザーズに関しては、同ファンドを一九六〇年代末に設立したマーチン・プロイェクトが五五％の株式を保有していた。支配的持ち分を有するプロイェクトの存在は、デービス家の覇権にとって脅威だったので、シェルビーは彼の持ち株すべてを買い取ることにした。彼は友人のビッグズからも持ち株を全部買い取った。クリスも、エレベーターのないグリニッジ・ビレッジの建物に住んで節約して貯めた金で、その株式買い取りに出資した。ベンチャー・アドバイザーズはデービス・セレクテッド・アドバイザーズと改名し、完全に一族のものになった。シェルビーは世界貿易センターから、クリスは五番街の新しい事務所から、ファンドを運用した。モルガン・スタンレー、ペインウエバーなど大手金融会社が移転した後、クリスはパイン・ストリートの祖父の事務所をたたみ、アップタウンに引っ越した。その際、祖父の家具、共和党の大物の写真、引用文を運び、新しい質素な事務所の会議室に飾った。

クリスの兄、アンドリューは学閥重視の体質に嫌気がさし、一九九三年にペインウエバーを退社していた。シェルビーがベンチャー・アドバイザーズを買収する前、アンドリューは就職の面接を受けるため同社の本部があるサンタフェに飛んだ。プロイェクトはマーケティングと事務管理の担当として彼を採用したが、アンドリューはデービス家の一員だけあって数字の裏を読み、企業を分析するほうが好きだった。ペインウエバーでのアンドリューの成功に感心し、シェルビーは彼のためにも才能を証明できる転換社債ファンドを設定することにした。後にシェルビーはアンドリューに新しい不動産ファンドも任せた。商業用不動産の大幅な値下がりで不動産株は魅力的になっていたからだ。

第三世代の二人が新たにファンドの運用を任されたときの株式市場は、デービスが一九四七年に遭遇した掘り出し物がいっぱいの状況とも、シェルビーが一九六九年に遭遇した異常な高値銘柄ばかりの状況とも違ったが、どちらかと言えば前者より後者に近かった。

アンドリューはすぐに不動産会社についての情報収集に夢中になった。その多くは株を最近公開したばかりだった。彼は家族でサンタフェに引越し、そこで二つのファンドを運用するとともに、事務管理の仕事もこなした。兄と二タイムゾーン離れた場所に暮らすクリスは、より有力なファイナンシャル・ファンドを運用し、父とより緊密に働き、祖父とも仲が良く、ベンチャーでシェルビーの後継者ナンバーワンの座にあった。一九九三年のある週末、兄弟はコロラドのスキーリゾートで会い、この明らかに不公平な責任、名誉、影響力の分配について徹底的に話し合った。

アンドリューはクリスに、弟が自分より大役を担うことは気にならないと言った。アンドリューは地味な役回りのほうが好きで、性格が似すぎている父とは逆に馬が合わないと感じていた。兄弟は将来の誤解を避けるため、常に素直に話し合うことを約束した。

一九九三年の春にスイスへスキー旅行に行ったとき、あのスキー好きのデービスが滑ろうとせず、歩き方もどこか不自然だった。こうした様子から心配になったキャスリンは帰国後、彼を病院に連れていったが、医師は別に悪いところはないと言った。その後、タリータウンで開かれたソサエティー・オブ・シンシナチの昼食会で、デービスは乾杯の音頭を取ろうと立ち上がったが、口ごもり、自分の席にどすんと倒れた。起きようとしても立ち上がれず、同席していた二人が両脇を抱えて出口に連れていった。

キャスリンは苦しそうな夫を車に乗せ、マンハッタンのリバーサイド・ロードにあるコロンビア・プレスビテリアン医療センターに直行した。緊急治療室の医師は脳卒中と診断し、検査のため入院させた。キャスリンはデービスのために豪華な病棟の部屋を予約した。そこでは室内に生演奏が流れ、庭ではアフタヌーンティーが供された。デービスはベッドと車椅子の日々を送った。彼がこんなぜいたくな部屋に文句を言わないとは、よほど気分が悪かったのだろう。

二週間のリハビリの後、彼は医師の反対を押し切ってバリューラインの役員会に出席するため、足を引きずりながら退院した。

一族はいつもどおりの冷静さでデービスに接した。デービス家ではけが、病気、身体障害に対して「それに負けるな」というのが信条だった。ダイアナの夫、ジョン・スペンサーが多発性硬化症に襲われた後も、妻の家族は引き続き彼をスキー旅行に招待した。彼はスロープで何度も倒れ、転がり落ちたが、デービス家の面々は手を貸さず、声援を送った。デービスは病気に苦しむジョンにいつも深く同情した。彼は非常に心優しい面があった。

今度は彼が障害をもちながら旅行する番だった。ちょっと散歩に出るときも、疲れたときのために車椅子が必要だった。医師はもっとリハビリが必要と言ったが、キャスリンは彼を車椅子に乗せてロシアに連れていくと言い張った。ボリス・エリツィンのヨットでボルガ川を遊覧する旅行を予約していたので、デービスが脳卒中で倒れようと倒れまいと、彼女は予定を実行することにこだわった。ただ、付き添いとしてクリスに同行を求めた。

ボルガ川の旅から戻るとすぐにデービスは夏の間、メーンの別荘に移された。彼の古い友人、リチャード・マーレーが見舞いに来た。二人でポーチに座り、海岸線を眺めながら昔話をした。「卒中のせいで脳に少し障害が残ったようで、彼はトルーマンがだれかわたしに言えませんでした。自分のかつてのボスの政敵だったのに」とマーレーは思い出した。

夏が終わるころにはデービスはもっと足腰が弱り、物忘れが激しくなった。コロンビア・プレスビテリアンに再入院したが、彼は衰弱し、精神的に混乱し、自分の体が思いどおりにならないことに腹を立てた。クリスは病室の外の廊下で祖母が泣いているのを目にした。そんなに打ちひしがれた祖母を見るのは初めてだった。「わたしたちの最高の日々は過ぎ去ってしまったわ」と彼女は言った。クリスは彼女が八四歳にしてこの結論に達したことを前向きに受け止めた。「もし今初めてそう思うのなら、素晴らしい人生を送った証拠だよ」と彼は言った。キャスリンはタリータウンの家にエレベーターを取り付け、食事や着替え、薬など夫の身の回りの世話をする看護婦を何人か雇った。デービスは自分が監禁状態にあることに激怒し、看護婦たちに向かって「出ていけ」と叫んだ。

デービスの体が不自由になったため、キャスリンがニューヨーク証券取引所のデービスの会員権を引き継いだ。彼女は同取引所で最高齢の女性会員だった（し、本書執筆時点でもまだそうである）。彼が一九四〇年に会員権を購入したとき、法律上の理由からパートナーが必要だった。彼女なら余計な口出しをせず、後でとやかく言ったり、彼の邪魔をしたりしないと思い、妻にその役目を頼んだ。キャスリンは名前だけ貸すことを気にしなかった。彼女はＮＦＬ以上にはＮＹＳＥに興味はなく、四〇年間、同取引所を訪れなかった。

一九九四年初め、主治医はキャスリンに夫を暖かい土地に移すよう勧めた。シェルビーはフロリダのホーブサウンドに別荘を買い、母にその近所で家を借りるように勧めた。そこは金持ちが集まるパームビーチの北の別荘地である。デービスはフロリダの平らな地形を嫌ったが、キャスリンは太陽の光が体にいいと考え、シェルビーの提案に乗った。

デービスは頻繁に発作に見舞われ、物忘れが極度に激しくなった。ある医師はアルツハイマー病と診断し、別の医師は痴呆症と診断した。かつては冷たい港や波立つ海で泳いだ恐れ知らずのスイマーも、裏庭のプールでの水遊びすら怖がった。ある日、杖をついて外を歩いていたとき、転んで腰骨を折った。彼は車椅子から離れられなくなり、そこから二度と抜けだせなかった。そんな彼も、シェルビーが最新の投資結果を見せたときは、気持ちが明るくなった。デービスは投資金を四億ドルにするのに四二年かかったが、シェルビーの投信はそれを四年でさらに五億ドル増やす手助けをした。デービスがもっと早く自分の資産をベンチャー・ファンドに移していたら、資産はもっと増えていただろう。

一族は春までフロリダに長居した。キャスリンはウエレスレイ大学の理事会に出席するためマサチューセッツに飛んだとき、デービスの死が近いことを知らされた。キャスリンは娘と一緒にフロリダに戻り、ダイアナは父のそばに付き添った。家族のだれかが入れ替わり立ち替わり見舞いにきた。クリスがドアを開けて病室に入ると、シェルビーがベッドの端に腰掛け、デービスの手を軽くたたきながら、すべて順調なので安心してくれと言っているのを見た。「わたしはその光景に感動しました。それはわたしが見た最も優しい父と祖父の触れ合いでした」とクリスは言った。デービスは一九九四年五月二四日に八五歳で他界した。

「葬式は時間の無駄」とデービスが常々言っていたので、葬儀をどうするかが家族で問題になった。どんなやり方がいいか尋ねられると、彼はいつも「何もしなくていい。わたしの友人はそんなくだらないことに出るほど暇ではない」と言った。キャスリンとシェルビーは彼の遺志を尊重しながらも、ちゃんと葬儀を行う妙案を考え出した。昼食時にニューヨークのダウンタウンで葬儀を行えば、弔問客も仕事を中断せずに式に出られる。

ウォール街に近いセントポールズ礼拝堂がうってつけだったが、その時間にはランチコンサートの予約が入っていた。しかし、家族の熱意に打たれたセントポールズはコンサートを中止してくれた。デービス家はお礼にコンサートで得られたはずの収益分を支払うことにした（デービスが生きていたらこんな「無駄遣い」はけっして許さなかっただろう）。

彼が愛し支援した愛国的団体は、七五名の旗手を送り、弔意を表した。バグパイプの悲しげな調べがウォール街に鳴り響いた。クリスは祖父の言葉を引用し、感動的なスピーチをした。キャスリンは追悼文に「彼は六五年間、わたしの一番親しい友人でした」とだけ書いた。ダイアナは父が労働倫理をどのように教え込んでくれたか話した。レセプションはデービスが好きだったクラブ、ダウンタウン・アソシエーションで開かれた。

デービスは一人の未亡人、二人の子供、八人の孫、そして九億ドルを残した。資産は後に二〇億ドル以上になった。彼はフロリダで火葬され、遺骨はメーンまで船で運ばれた。家族は所有地の端の林の中に骨壺を埋め、そこに彼をしのぶベンチを設置した。

デービスの屋敷は慈善事業に寄付される手はずだったので、残りの遺産はキャピタルゲイン税を課されず処分できた。この資産は現在、デービス家の慈善基金に属しており、キャスリン、シェルビー、ダイアナを含む一族の理事会が管理している。信託の収入はキャスリンが死ぬまで彼女のもので、その後は元本と将来の収入は財団の所有物になる。

デービスはシェルビーに何も残さなかった。ダイアナは今日の金で五〇〇万ドル受け取ったが、デービスが一九六三年に彼女から取り上げた四〇〇万ドルより、実質的な価値はずっと低かった。シェルビーは自分の会社の投信で運用する資産こそ増えたが、直接的には何ももらわなかった。父の死後、シェルビーは六人の子供に自分から何も期待しないように忠告した。シェルビーも「還元する」段階に入り、ユナイテッド・ワールド・カレッジの奨学金プログラムに四五〇〇万ドル寄付したほか、一億五〇〇〇万ドルの財団を設立した。彼はこれらのプログラムの意義を評価して支援したが、「家族の財産に頼って人生を楽に生きようとするな」という子孫へのメッセージも込められていた。

税金の心配をする必要がなくなり、シェルビーは父のポートフォリオからの売却を加速した。

彼はその現金を、ケンパーから移管されたセレクテッド・グループを含む複数のデービス・ファンドに回した。セレクテッドの取締役会は運用会社をデービス社へ切り替えたことで自社商品の客が増えると期待していたが、まさかセレクテッドの運用資産の三分の二をデービス家からの資金が占める結果になるとは想像もしていなかった。シェルビーはそれまで何千人もの小口投資家のためにがんばって運用してきたが、今は父の好きな大義の慈善団体のために金を稼いでいる。

「膨大なデービス家の金をデービス関連のファンドに投資したことで、われわれの優先順位がはっきりしました。投資家集めの重要度は低くなり、既存顧客にもっと配慮するようになりました。別にわれわれが利他主義だというわけではありません。結局、われわれ自身が圧倒的に最大の既存顧客だったからです。ファンドの価値が一％上昇すると、デービス家とわれわれが関係する慈善団体は、一〇〇〇万ドルの顧客の金を集めるよりはるかに大きな恩恵を受けました」とクリスは語る。

シェルビーは大胆かつ無感情に、父の愛した日本の保険株を処分した。シェルビーは一九九〇年代の日本と一九三〇年代のアメリカの間には驚くほどの類似点があると思った。どちらの経済も動きが止まり、消費者は金に困り、支出しなくなった。金利が過去最低、日本の場合は二％以下まで下がり、低金利が保険会社を苦しめた。彼らの債券ポートフォリオは契約者へ十分な保険金や配当を払えるほどの現金を生まなかった。

シェルビーが東京海上株などを売却し始めたとき、日経平均はすでにピークから四〇％も下落していた。クリスはその売却に異を唱えた。「おじいちゃんなら自分の好きな株を絶対売らなかったはずだよ。いずれにしても、日本の株価は底を打ったので、ここからは上がるしかない」とクリスは主張した。

シェルビーも日本株は反発すると思ったが、すぐ持ち直すかどうか疑問だった。一九三〇年代と、ややスケールは小さいが一九七〇年代は、株式市場が壊滅的な損失から立ち直るには数年か、おそらく一〇年以上かかることを証明している。それまでのところ、日本経済には復活の兆しは見られず、日本株の反発を待つのは時間の無駄とシェルビーは判断した。（彼の父が一九六三年に海外により大きなチャンスがあると判断したように）シェルビーは一九九四年に自国でもっと有利なチャンスがあると考えて日本にサヨナラを言い、ウォール街の三〇〇％の上げにちょうど間に合うタイミングで売却代金を米国株に投じた。

クリスはデービス・ファイナンシャルで四年にわたって平均以上のリターンを残した後、一九九五年にはベンチャーとその双子ファンド、セレクテッド・アメリカンの共同運用者に昇格した。ある記者は彼を「寝不足のどんよりした目をしている」と表現した。クリスの昇格を知り、フォーブス誌はベンチャーを成績優秀リストから外した。シェルビーは五年連続でそのリストに載っていたが、編集者はシェルビーが息子と共同運用することで過去の栄光も当てにならなくなったと書いた。フォーブスには、クリスも「継続性に関するわれわれの厳しいテスト」に合格したら、将来いつか同リストに載る資格が持てるだろうと記されている。

アンドリューの不動産ファンドは一九九四年から九七年にかけて不振がひときわ目立った。当時、オフィススペースやショッピングモールの明らかな供給過剰から投資家は賃貸相場の急落を見越して同セクターから逃げ出した。不動産から撤退した金の多くはもっとホットなセクター――ハイテク産業――に投じられた。意気消沈し自分の信念が揺らいだアンドリューは、父に助言を求めた。一九七三～七四年の下げ相場を生き残ったシェルビーなら、何か素晴らしいアドバイスをもらえるとアンドリューは期待していた。だが、彼がもらったのは、「そこに踏みとどまれ」という簡単な言葉だけだった。それはアンドリューが期待していたものではなかったが、ベテランができる唯一の分別ある反応だと後から気づいた。二一世紀最初の年、二ケタの下げに見舞われたハイテク株とは対照的に、不動産は二ケタの反発を記録したのである。

第一八章
クリスがベンチャーを引き継ぐ

クリスは一九九七年にベンチャーの資産を完全に任された。それは上げ相場一六年目の年だった。この驚くべき株高の間に、市場全体の収益、つまりPERのEは四倍上昇したが、株価（P）はもっと上昇して八倍になった。最初はダウ採用銘柄について利益の七倍の値段を渋々払っていた投資家が、二〇倍の値段を喜々として払うようになった。

シェルビーは驚異の運用成績を残して現役を引退した。彼のファンドは二〇年間で一六回もS&P五〇〇に勝っただけでなく、この間の成績は同指数を年四・七％も上回った。彼のファンドに最初から一万ドル投資していたら、三七万九〇〇〇ドルまで増えた計算だ。

シェルビーは最高投資責任者（CIO）という新しい肩書きを持つようになった。「クリスがクォーターバックで、わたしがヘッドコーチです」と彼は言った。この役割の変化を強調するため、クリスは父に「コーチ」と書かれたジャケットを贈った。クリスは、ベンチャー・ファンド設立時のシェルビーと同じ歳になっていた。彼は自分で実力を証明し、ベンチャーの頂点にたどり着いた。父と息子はほぼ毎週会い、常に電話で連絡を取った。シェルビーが引退するまでに、ベンチャーは新規マネーをどんどん引き寄せ、運用資産は一九九一年の三〇億ドルから一九九七年には二五〇億ドルまで膨れ上がった。

クリスがベンチャーで単独運用を始めたときの相場環境は、シェルビーが同ファンドを任された一九六九年と不気味な類似点があった。当時は株式ファンドの数は全米で四〇〇に満たなかったが、投信業界で新設制限が行われなかった結果、株式型だけで五〇〇〇本の投信が誕生していた。米国の家計の四五％が株式投信を保有し、空前の株高の恩恵を享受した。株式の保有率がこんなに高く、貯蓄率がこんなに低くなったことはなかった。

一九六九年は汎用コンピューター、コンピューター周辺機器、あるいは社名の最後に「イオニクス」が付く会社に投資家が熱狂した。一九九〇年代末はドットコム、BtoB、CtoC、半導体、ネットワーキング、接続機器関連の銘柄に人気が集中した。昔のゴーゴー・ファンドマネジャー（ゲリー・サイ、フレッド・メイツなどマスコミの寵児だった運用担当者）に代わり、

「モメンタム」マネジャーや、ライアン・ジェコブスなど三〇人ほどのインターネット株の錬金術師が脚光を浴びた。ニューヨーク・オブザーバー誌によると、ジェイコブスがこの国初のネット株投信の操縦席に座らされた途端、それは空高く舞い上がった。彼はこの仕事に思いがけず就く前、さほど有名ではない「IPOバリュー・モニター」というニューズレターの記者をしていた。彼を見ていると、熱狂的な市場においては、人も株も信じられない高みまで上り詰める可能性があると痛感させられる。

二〇名の投資家と二〇万ドルの運用資産からスタートしたこの便乗主義的なファンドを始めたのは、ジェイコブスの友人の兄だった。ジェイコブスはネット株マニアを満足させられる絶妙のタイミングで「買い」のボタンに手を掛け、一九九八年に一九六%のリターンをたたき出してウォール街の注目を集めた。この結果、同ファンドの本部――実はロングアイランドのバビロンにある民家――に事務処理が追いつかないほど膨大な買い注文が殺到した。ジェイコブスはキプリンガー誌の表紙を飾り、彼をほめそやす記事がたくさん書かれた（オブザーバー誌は彼を「スリムで敏捷なマシュー・ブローデリック」と称した）。

一九九九年までにインターネット・ファンドの運用資産は五億ドルまで膨れ上がり、一九七〇年代のゲリー・サイと同様、ジェイコブスは独立するのに十分な支持基盤を得たと確信した。彼は友人の兄の会社を辞め、自分の投信「ジェイコブス・ファンド」を立ち上げた。彼のもとには一億五〇〇〇万ドルもの資金が瞬く間に集まり、株価の上昇と顧客数の増加で運用資産はすぐに倍になった。二〇〇〇年には多くの人がコンピューターの誤作動を心配したが、実際に壊れたのはコンピューターではなく、コンピューター株だった。ネットバブルの崩壊により、ジェイコブス・ファンドは運用資産の三分の一を失い、初期の投資家も先を競って解約した。

オブザーバー誌は二〇〇〇年末に、ジェイコブスが自分の保有するネット株について反発を信じていると伝えた。しかし、そもそも何の経験もなしに三〇歳で自分のファンドを立ち上げた彼に、多くを期待すること自体が無謀だった。

一九六〇年代末に「データ」株や「イオニック」株に向けられた無条件の愛は、一九九〇年代末になってドットコム企業やシリコンバレーの新興企業に向けられた。一九六〇年代末はバリュー株投資の大家、ベン・グレアムが市場の行き過ぎを警告したが、年寄りのたわ言と一笑に付された。一九九〇年代末はグレアムの教え子、ウォーレン・バフェットが同じような警告を発し、やはり無視された。FRB議長のウィリアム・マッケンジー・マーチンは一九六五年に、「新時代」の到来を主張する熱狂的な投資家をたしなめた。一九二〇年代と同様に、当時の人々は景気の後退はもはやあり得ず、株式市場のファンダメンタルズは当てにならないと思い込んでいた。

それから四半世紀後、しわくちゃスーツを着た無愛想なマーチンの後継者、アラン・グリーンスパンは、同年のバークシャー・ハサウェイの年次株主総会でのバフェットと同じように、株式市場に対し「根拠なき熱狂」と警鐘を鳴らした。その影響で株価は多少下げたが、すでに高水準にあったダウはさらに二〇〇〇ポイント余り上昇した。結局、一九六〇年代末と一九九〇年代末は常軌を逸した楽観主義者にとっては最高の時期で、慎重派には最悪の時期だった。ベンチャーなどのバリュー志向のファンドは、猛スピードで値上がりするグロース志向のファンドに大きく水をあけられた。オークマークのボブ・サンボーン、タイガー・マネジメントのジュリアン・ロバートソンなどかつて一世を風靡した著名な運用担当者が第一線を退いた。バフェットの会社は一九九九年に過去最悪の業績を記録し、一九九五年に「マネーのマーリン」（アーサー王伝説に出てくる高徳の魔術師）とあがめられた彼も時代遅れの頑固者と中傷された。シリコンバレーのハイテク株成金について書いた『ニュー・ニュー・シング』（日本経済新聞社）の著者であるジャーナリストのマイケル・ルイスは批判の急先鋒だった。ルイスはニューヨーク・タイムズのコラムでバフェット、ロバートソン、ジョージ・ソロスら金融界の大物を「オールド・オールド・シング」と一刀両断に切り捨てた。

狂乱の一九九〇年代では、標準的な家庭は（クレジットカードとホーム・エクイティ・ローンを最大限に活用して）借金で請求書の支払いをし、余分な現金は値上がり間違いなしと思われたハイテク株に投資するのが当たり前だった。これはデービスと正反対のやり方で、人々は多く投資をするために節約するのではなく、少なく貯蓄するために投資をした。彼らは借金で大きな相場を張る戦略で快適な老後を夢見て、すぐに好結果が出ると思い込んでいた。二〇〇〇年、ミスター・マーケットはこの幻想を容赦なく打ち砕いた。株は一〇～一一％の平均年間リターンを圧倒する下げを演じ、特にハイテク株は急激かつ猛烈な下げに見舞われた。株で損をした人々は遅まきながら、最高の投資はクレジットカードの債務を減らすことだったと気づいた。

クリスはジェイコブスより六歳年上で、経験もはるかに豊富だったが、ベンチャーでのデビューは地味なものだった。一九九七～九九年、ベンチャーの運用成績はまずまずで、同種のバリュー株ファンドの中では健闘したが、株式市場全体がハイテク株を原動力に上昇し、バリュー株ファンドに勝ち目はなかった。ジェイコブスのようなファンドへ大量の資金が流入する一方、デービス・ファンドへの資金流入はがくんと落ち込んだ。デービス・アドバイザーズの取締役会はファンドの成績が良いときは口出ししなかったが、出遅れにだんだん我慢できなくなり、運用責任者のクリスの失敗をあげつらい、もっとアナリストを雇うように提案したり、なぜハイテク株を買わなかったか問い詰めたりした。だが、本来、バリュー株投資を信条とするデービス・ファンドのレーダースクリーンに、ハイテク株が捕捉されることはめったになかった。

「われわれが走っているのは短距離走ではなくマラソンなので、目先の成績についてとやかく言われるのは心外でした。資産運用ビジネス全体が短期思考に固執し、コンサルタント、雑誌、格付け機関は今週、今月、今四半期の成績ばかりを追いかけました。二年どころか六カ月も市場平均を下回るようなら、運用担当者はお払い箱でした」とクリスは言う。

「一族の伝統を踏襲し、わたしは長期的に見てＳ＆Ｐ五〇〇に勝つためにこの業界にいるのです」とクリスは言い切った。それは地球上のすべてのファンドマネジャーの願いだが、その七五％は願いが叶わない。問題は、大勢の投資家がなぜ手数料を払ってまで平均以下の結果しか残せない敗者に引き続き投資するのかという点だ。シェルビーが運用していたとき、ベンチャーは常に市場平均を上回る成績を残したが、クリスが跡を継いだ一九九八年と九九年はほかのバリュー株投信と同様、総強気の市場の前になすすべがなかった。

この苦境の中でクリスは生え抜きのアナリスト、ケン・フレイドバーグをベンチャーの共同運用者に昇格させた。マクロ派のクリスに対し、ケンは細部にこだわるミクロ派だった。「わたしは自分の帝国を築くことに興味はありませんし、ケンの仕事にいつも感心していました。アイデアを交換したり、リサーチを共有したりする相棒が欲しかったのです。祖父はワンマンショーを演じ、父もビッグズが一線を退いてからはそうでしたが、わたしは父のアシストを得ながらだれかとタッグを組むのが一番と思いました。ケンとわたしは株を買うときは必ず父に相談することにしました。父は本当にすごいフィルターで、多くの会社のことを何十年も知り尽くしています」とクリスは言った。

クリスはシェルビーやデービスのようには好きなときに電話で各社のCEOから気軽に話を聞くわけにはいかない。企業は何をいつだれに話すか慎重になり、かつて幹部がオフレコで話してくれたことも、今では弁護士や広報部のフィルターに掛けられるからだ。デービス・ファンドはシェルビーの時代より資産が増え知名度も上がったので、平均的なファンドマネジャーよりはクリスのほうが経営陣へのアクセスについては有利だ。

ベンチャーの仕事に就く前に、クリスは投信評価会社が必ずしも役に立つ情報を提供するとは限らないことに気づいた。「このビジネスに携わるだれもが一年、三年、五年の結果について採点されることに慣れています。でも、普通の採点システムでは成績に一貫性があるかどうか実際には分かりません。例えば、わたしが四年連続で市場に負け、五年目に二〇〇％のリターンを残した場合、非常に良い成績を残したのはたった一年なのに、過去五年の成績も良いことになります」とクリスは言った。

「また、ファンドのランキングは誤解を招きかねません。例えば、過去一〇年の運用成績が上位一〇％、過去五年が同二五％、過去一年が同五〇％のファンドの場合、運用成績がだんだん下がっているような印象を受けます。このファンドは一時的に人気が落ちるかもしれませんが、過去一〇年で上位一〇％という実績を残した戦略はまだ健在です。しかし、それはデータには表れません」

「同じ理屈で、競合一〇〇ファンド中三〇年連続で三〇位だとしても、そのファンドが三〇年間の通算成績トップになる可能性はあります。長期的ランキングでは一時的に好調なファンドは順位を下げ、常に安定した成績を残すファンドの順位が上がるからです」

クリスにとって株選びの手腕をはかる一番適切なテストは、連続した五年か一〇年の期間に関してファンドの成績を追跡する「ローリング・リターン」である。確かにこれは、ベンチャーのようにある程度歴史があるファンドにしか適用できない。例えばベンチャーならば、一九六九～七九年、一九七〇～八〇年、一九七一～八一年といった形でのローリング・リターン結果を見ることができる。

長期上昇局面のスタート時点では、投資家は平均的な株を利益の一〇～一五倍で買うことができ、デービス家にとって何千もの銘柄が投資対象だった。だが、クリスがベンチャーの運用を任されたとき、平均的な株は利益の二五～三〇倍で売られ、デービス家の投資対象は限られていた。悪材料か期待外れの四半期決算のせいで値下がりしないかぎり、将来有望でしかも実績のある銘柄を手ごろな値段で買うのは無理だった。クリスとケンは上げ相場終盤における市場の振幅、専門用語では「ボラティリティの上昇」に乗じた。

「このころ、われわれが保有する上位四〇銘柄のうち三二は、株価が最安値と最高値の間で五〇％以上動いた銘柄で、そのうち一五銘柄は変動率が一〇〇％でした」とクリスは語った。こうした変動は株式保有者を不安にさせるが、潜在的な買い手には歓迎すべきものだ。二人が値段以外で気に入った銘柄は突然買いを集め、投信リサーチ会社のモーニングスターのアナリストは、ベンチャーを「急落した成長株のリハビリセンター」と呼んだ。

ダイエット用薬品「フェン・フェン」の副作用をめぐる訴訟で、医薬品大手のアメリカン・ホーム・プロダクツは何十億ドルもの賠償金の支払いを請求されていた。だが、「株価は予想される訴訟の結果以上の損害を織り込んでいる」と確信した二人は、アメリカン・ホーム株を比較的安全で分別のある価格で購入した。彼らはまた急成長の複合企業、タイコについても、SECが会計上の不正を捜査し始めた後に株を買った。ケンは同僚のアダム・シーセルと数字を徹底的に分析し、SECの調査は的外れと確信したからだ。

ベンチャーの中間決算報告で、クリスとケンは株主に対して、アメリカン・ホームとタイコについて「他人が不安に駆られて売っているとき、冷静に買いたい銘柄の実例」と述べた。流通のコストコと通信機器のテラブスも同じく急落局面で購入した。

彼らのクライシス・サーフィンは常に好結果をもたらしたわけではない。クリスとケンはルーセント株を六〇ドルまで値下がりするのを待って買ったが、その株はさらに二〇ドル台まで下落した。「妥当な価格と思ったのですが、同社は利益をかさ上げするため会計操作をしていたのです」と彼らは言った。世界最大の廃棄物処理会社のウエイスト・マネジメントや大手銀行のバンク・ワンも同じように不正会計に手を染めていた。それでも、クリスとケンはファンダメンタルズから見て魅力的な会社については、有望銘柄に法外な値段を払うより、評判が落ちたときに買うほうがリスクは小さいと考えていた。

会計操作はルーセントやウエイスト・マネジメントだけに限らなかった。ウォール街の期待に応え、予測可能な成功という幻影を作るため、多くの企業が利益をかさ上げしていることにクリスは気づいた。企業収益は見た目ほど当てにならず、企業メリットの一番大切な尺度がもはや信頼できなくなった。シェルビーがファンドマネジャーとしてデビューしたブルIIのピーク近くでも不正会計が相次いで発覚した。市場が内部崩壊するまで、株主も規制当局も文句を言わなかった。「次の弱気相場の後でも同じことが起き、そのときはトリックがぎっしり詰まった会計士の鞄が破裂するでしょう」とクリスは言った。

典型的なファンドマネジャーは一年でポートフォリオの中身をすべて取り替えるほど猛烈なペースで株を売り買いしたが、デービス家はあきれるほど銘柄を入れ替えなかった。それでも彼ら自身が最大の顧客なので、売却を控えることで税金を最小限に抑えられた。クリスとケンは市場が勢いに乗った二〇〇〇年に珍しく保有株を大量に売却した。企業収益の改善を反映してバリュエーションが高まるのを待つまでもなく、投資家がそれを見越して早めに株価を押し上げたからだ。多くの株が適正レンジを超え、ベンチャーの共同運用者が二〇〇五年まであり得ないと考えていた目標価格に達した。来るべきものが早めに来たのなら、先まで待つ必要はないと考え、彼らは保有していたテキサス・インスツルメンツ株とアプライド・マテリアルズ株を売却した。

彼らはまた銀行セクターでも保有株を処分した。ウエルズ・ファーゴやフィフス・サードなどお気に入りの銘柄は残したが、バンク・オブ・アメリカは売った。銀行業界は金利上昇で全般に利益が圧迫され、延滞債権の増加で収入は横ばいだった。保険セクターでは、チャブとオールステートを売却した。証券セクターでは、DLJとモルガン・スタンレー・ディーン・ウィッターを残した。二人はウエルズ・ファーゴ、シティコープ、JPモルガン、モルガン・スタンレー、AIGを持ち続けた。これはいずれもシェルビーが同ファンドに組み込んだ銘柄である。彼らはシェルビーが得意とする多国籍企業にも目を向け、マクドナルドとナイキも組み入れてポートフォリオの質を高めた。シェルビーは小売企業をけっしてひいきにしなかった。

クリスの祖父にとって、株は生涯保有するものだった。処分した銘柄もいくつかあったが、彼を大富豪にしたのはずっと保有した少数の大化け株だった。時間がたたないと結果は分からないが、クリスはアメリカン・エクスプレス、マクドナルド、ウエルズ・ファーゴ、AIG、そしてバフェットのバークシャー・ハサウェイを永久保有株の候補に選んだ。
バークシャー・ハサウェイはデービスの永久保有銘柄のひとつだったが、シェルビーはベンチャーでそれを直接買ったことはなかった。バフェットが再保険のゼネラル・リーを買収したとき、シェルビーはゼネラル・リー株を保有していたので、買収時にバークシャー株を受け取った。GEICOやゼネラル・リーが証明したように、立派な保険会社の株を持っていると、バフェットやAIGのグリーンバーグに買収される可能性が高い。グリーンバーグはデービスのポートフォリオにある多くの小さな保険会社を買収し、一九九〇年代にはイーライ・ブロードのサンアメリカを買収した。

クリスは、最高のリターンが見込まれる世界中のどこでも資本を配分できる多国籍企業が有望と考えていた。ドイツ、日本、ほかの海外市場においては、現地企業がアメリカの例に倣い事業を効率化するので、チャンスがあると考えた。彼はインターネット株そのものへの投資は避けたが、ネットによるショッピングやバンキングの恩恵に浴する企業を探した。アメリカン・エクスプレスとシティコープの二つは明らかにその典型である。

「自分が買う銘柄を割高と思う投資家はいません。投資価値を認識するからこそ買うのです」とクリスは記者に語り、グロース対バリューの永遠の論争をかわした。両陣営の意見はいつも平行線だった。バリュー派が企業利益を妥当な値段で買おうとする（「妥当」という言葉自体、解釈の余地が大きいが）のに対し、グロース派は将来が極めて有望なら明らかに高すぎる値段でも払うだろう。利益がまだゼロの生まれたばかりの会社でさえ、将来の大成功を期待する投資家が価格を押し上げる。有望そうな新興企業すべての中に、投資家は第二のマイクロソフト、ウォルマート、シスコ、ホーム・デポを追い求める。

マイクロソフトのような急成長企業が創業者にもたらした莫大な富を考えると、高い急成長株の投資家が何人かフォーブス誌の全米長者番付トップ四〇〇に載っても不思議はないが、その中から億万長者が出現したことはない。デービスとバフェットは一〇ケタの財産を築いたが、いずれもバリュー投資を信条とし、割安に放置された成長株を買った。

ニフティ・フィフティは、値段の高い成長株の危険性を示す典型的な例である。ハイテク株が一九六九～七〇年の下げ相場に見舞われた後、投資家は安全と思われたアメリカで最も尊敬される企業に逃げ込んだ。コカ・コーラ、ファイザー、メルクからマクドナルド、ディズニー、アメリカン・エクスプレスに至るまで、ハイテク株から逃避する投資家の大群は質の高い会社に対して最高の価格を払った。大半のニフティ銘柄は現在、一九七〇年より規模が大きくなり、利益も増えているので、成長企業であることは証明された。ただし、当時の投資家が払った価格に見合うほどの成長を遂げたところはない。

ペンシルベニア大学ウォートン校のジェレミー・シーゲル教授は、その著書『シーゲル博士の株式長期投資のすすめ』（日本短波放送）においてニフティ銘柄に好意的な解釈をした。彼によると、一九七〇年に五〇銘柄すべてをピークの価格で買って、巨額の含み損を無視して保有し続けたら、三〇年後にはニフティ銘柄がS&P五〇〇に追いつき、その忠誠心は報われた。シーゲルの主張は、値段を無視した成長株戦略を正当化したので、グロース陣営を喜ばせた。

しかしその後、バロンズ誌の敏腕記者が彼の主張に二つの大きな欠陥を見つけた。

①保有株が最初に七〇~八〇%値下がりしても無視して、七回の大統領選挙の間ける投資家などいるのか。それらの銘柄がS&P五〇〇に追いつく前に、赤ん坊さえとっ読大学を卒業してしまっている。

②シーゲルの言う結果を得るには、値上がり銘柄から資金を引き出し、それを値下がり銘柄に足すことによって、ポートフォリオを毎年リバランスしなければならない。最初に買った銘柄をそのまま保有していたら、ニフティ銘柄のリターンは年およそ二%と銀行預金の利息より低かった。

結局、世界有数の企業に投資しても、高い値段を払いすぎると結果は失敗で、一番高いニフティ銘柄を買っていたらもっと悲惨な結果だった。ニフティ銘柄の中でも、ジレットやディズニーなどPERが比較的低い企業は、ポラロイドやゼロックスなどの高PER銘柄よりは良い結果を残した。後者はかつての異常な高値を再び付けることはなかった。

「（増益率が八〜一四％の）低成長株は、値段が高すぎないかぎり、大変儲かる可能性があります。でも、ウォール街はせっかちで、成長速度がもっと早い銘柄を探します。わたしの机にはアナリストのリポートが山のように届きますが、どんな会社が分析の対象でも、それがどんな商品を売ろうとも、結論はほとんどいつも同じで、長期成長率は一五％かそれ以上という見解です。そのことを踏まえ、わたしは『ニフティ・フィフティの中で当時から現在までの利益成長率が年一五％かそれ以上の銘柄がどれくらいあると思いますか』という質問を友人、アナリスト、ほかのファンドマネジャーにします」とクリスは言った。

「ニフティ銘柄にはコカ・コーラ、メルク、ＩＢＭ、ディズニーなど有名企業が含まれることを知っているので、たいていの人は二〇社か三〇社、少な目に言う人でも一〇社か一五社と答えるでしょう。しかし、正解はフィリップ・モリス、マクドナルド、メルクのたった[illegible]益率です。このトリオは重要なポイントを証明する例外です。つまり、企業が長期間一[illegible]い成長率を期待を維持するのは大変なことで、偉大な企業でもまず無理だということです。して株に高い値段を払う人は、自らトラブルを求めているようなものです」

だから、デービス家、ピーター・リンチ、そしてバフェットは全般にハイテク株を敬遠しているのである。彼らは皆、ハイテク恐怖症であることについて冗談を言い、リンチは自分がプッシュフォンより精密なものについてまったく不器用だと認めた。しかし、彼らがハイテク株を避ける本当の理由は、ハイテク産業は将来を予測できないからである。「ドットコム企業のうちどれが成功するか、あるいは長期的に生き残れるかさえだれにも分かりません。この国を変貌させた自動車から航空機に至るほかの産業では、パイオニア企業の大半が今日ではもはや存在しません」とシェルビーは言う。

一九九九年にクリスは、バフェットが今後一七年の株式のリターンはそれまで一七年の半分以下の年六%にとどまるとの見通しを聴衆に披露するのを聞いた。バフェットは単純な計算に基づいてこの慎重な予想に到達した。一九九九年はフォーチュン五〇〇社の時価総額が一〇兆ドルで、その年間利益は三〇〇〇億ドルだった。株主がこれらの資産を保有するのに支払う年間手数料、一〇兆ドルの約一%すなわち一〇〇〇億ドルを引くと残りは二〇〇〇億ドルとなる。これに基づくPERは五〇倍と経済実態からは到底正当化できず、バフェットは株価が必然的に下がると考えた。株価下落の速度は予想しがたく、国全体の企業収益が追いつくまで調整がだらだら進むかもしれないが、株価が金融界の重力の法則を無視して従来のペースで上昇するとは考えられない。利益が二〇〇〇億ドルの市場に三兆ドルの値札が付くのは妥当かもしれないが、一〇兆ドルというのは無理がある。

新世紀目前の市場は割高感が強く、シェルビーも慎重になった。彼は一九九八年の夏に「さらに悪い事態になりかねず、恐慌に突入する恐れもある」といつもの明るい調子で言った。彼はアジア全般の金融危機、特に日本の銀行の破たんを心配していた。彼の相棒、ジェレミー・ビッグズは極東へ旅行した際、上海の建設現場でクレーンの大群を見た。「高層ビルの上のクレーンは株式市場の天井の兆候」とシェルビーは言った。彼は、日本国民は生涯の蓄えを失いかねないと心配し、中国の倉庫に積み上がった売れ残りの製品の山にやきもきした。「中国が通貨切り下げに追い込まれたら、米国の輸出は打撃を受け、国中に輸入品があふれるだろう」。彼は父が一九三〇年代について表現した「恐ろしい一〇年間」が二〇〇〇年代にも当てはまるのではないかと考えた。

彼には、ルービン財務長官やグリーンスパンFRB議長らの米経済の大立者が厳しい現実にあえて平静を装っているように思えた。FRBはインフレ退治の力は証明したが、彼はその反対のデフレについては退治できるか疑問視し、潜在的にインフレと同じくらい危険であると認識していた。すでにデフレはアジア中に広がり、次は米国の番かもしれない。「デフレは手ごわい相手です。銀行は金を貸さないし、企業も金を借りないので、金利を下げても効き目がありません。通常、会社は事業を拡大するため金を借りますが、企業はいま事業を拡大していません。デフレ的な危機では、人々が製品を買わないので、企業が事業を拡大する理由がありません。人々は金がないので、モノを買いません」とシェルビーは言った。

プラス面では、アジアの株安は米国の多国籍企業が余剰資金で買い物をできるチャンスとシェルビーは思った。貴重な資産が日本、韓国、タイにおいて捨て値で売られていたとき、シティグループなどは現地企業を活発に買収した。彼は日本の銀行危機がマスコミで報じられるほど深刻ではないと思った。「ある意味で、一九八〇年代末の米国のS&L危機のほうがひどかったです。日本は金利が低いので借金をすることで危機を乗り切れますが、米国政府はS&L救済のために発行した債券に九%の利息を払いました。また、消費者も米国と違って、銀行やクレジットカードの債務をあまり抱えていません」と彼は言った。

シェルビーは、いずれにせよ株価の急激な上昇は止まり、普通の駆け足ペースに落ち着くと予想した。「ダウが過去二〇年と同じペースで上がり続けたら、二〇年後には約一〇万になります。それはありえないでしょう。上昇ペースが七～八%に鈍っても、ダウは四万～五万ドルに届く可能性があります。だから、長期的にはまだ多くの富を築くことができます。一方、一九九〇年代の大鉱脈を形成した企業利益とPERの急上昇が続くとは思えません。今後五～一〇年間、株式市場が一定のレンジから抜け出せなくても、わたしは驚きません。こうした環境では平均株価はあまり動かないので、株選びの腕が物をいいます」と彼は言った。

次の下げ相場では、控え目な価格の成長株（GAPP――growth-at-prudent-prices）は愚かな価格の成長株（GASP――growth-at-silly-prices）より被害が小さいとクリスは予想した。「市場全体が三〇％下げてもベンチャーは一五％しか下げないかもしれませんが、その保証はありませんし、値下がりしたことに変わりはなく、下げ幅が小さいからといってだれも褒めてくれません。もし現代のカッサンドラ（凶事の預言者）が次の下げ相場の正確な時期をこっそり教えてくれるなら、わたしは暴落後に投資する現金を用意します。しかし、カッサンドラはいないので、暴落のタイミングを知るすべはなく、最悪の事態に備えているうちに株があと一五％上昇して、ファンドの上昇率がゼロになるのは御免です」と彼は言った。

「下げ相場に対するわれわれの最大の防御は、バランスシートが強固で、債務が少なく、収益の底力があり、強力なフランチャイズを持つ会社を買うことです。こうした会社は苦境を乗り越え、弱い会社が業務縮小や撤退を迫られる中で最終的には支配力を強めます」

クリスとケンが共同運用を始めたころは、ベンチャーは時折年央にスランプに陥ったが、二人は上げ潮に乗ったまま二〇世紀を終了した。モーニングスターによると、ベンチャーはそのカテゴリーにおいて六年連続で素晴らしい成績を記録し、デービス・ファイナンシャルは五年連続でそのカテゴリーでトップの座を守った。二〇〇〇年はベンチャーが一〇％上昇する一方、平均的な株は一〇％下落し、ナスダックはピークの半値になった。

クリスは良い運用成績を上げることは、ベンチャーの仕事のほんの半分と認識していた。同じくらい大事なのは、顧客を説得して、利益を得られるほど十分長くファンドに資金をとどめさせることである。ミューチュアルファンド誌（二〇〇〇年三月）で報じられたように、通常、投資家が典型的なファンドに資金を入れておくのは三年未満で、ファンドの成績が悪くなると途端に、もっと魅力的に見える投信に乗り換える。この頻繁なスイッチングは高くつく。平均的なファンドは一九八四〜九八年の間に五〇〇％以上も値上がりしたが、平均的なファンド投資家は一八六％の値上がり益しか得られず、残りは手数料に消えた。成績の悪いファンドはいつも脱落し、好調だったファンドが輝きを失い、不振だったファンドが見直される時点で、より魅力的なファンドに取って代わられた。

相場環境が悪くても、クリスは顧客が次の反発まで踏ん張ることを願った。「わが社は投資の継続について顧客を教育することに力を入れています。わたしたちは目先の成功や失敗に一喜一憂しないように努めています」と彼は言った。

第一九章　デービス流投資術

株式市場の高速車線では、少数の頼れる勝ち組（マイクロソフトやウォルマート）が常に普通の有望株の先を走る。次の頼れる勝ち組に四ケタの金額を投資したら、二〇年後には七ケタの財産を持って引退できる。長い目で見たら、マイクロソフト株を買ったことを後悔する投資家はいないだろう。この株はＰＥＲが三〇倍から四〇倍といつも高レベルにあり、大変高額な買い物に思えた。だが、収益が二四カ月ごとに二倍になったので、清水の舞台から飛び降りたつもりでマイクロソフト株を買った投資家も、二年後には掘り出し物だったことに気づいた。辛抱すれば莫大な報酬が得られた。誕生から間もないマイクロソフトに少しでも投資していたら、宝くじに当たったようなものだ。しかし、年々増える有望な株式公開企業の中から、第二のマイクロソフトを発見することは至難の業だ。勝ち組どころか生き残り組を選ぶことすら、浜辺でかえった海亀の卵のうち、どれが巨大な海亀に成長するか当てるのと同じくらい難しい。ハイテク企業への熱心な投資家に、莫大な財産を築いた者がほとんどいないのは奇妙だ。創業者らのインサイダーはハイテク企業で大金持ちになったが、アウトサイダーの投資家でフォーチュン誌の全米長者番付トップ四〇〇に登場した者はいない。流行の投資で成功するには、次の「ニュー・ニュー・シング」（もっともっと新しいもの）を見つけてそのチャンスをつかむ能力と、それが「ニュー・ニュー・ニュー・シング」に負ける前に手放せる懐疑的態度と柔軟性という互いに矛盾する能力が必要だからだろう。ハイテク株を長く持ちすぎると、一九七〇年のように含み益が消えてしまい、将来もそうなりかねない。一〇年単位で見ると、一昔前の流行産業はすべて次の時代にその信奉者を破滅させてきた。

成長株投資の逆は、割安株投資である。バリュー投資家は次代の有望株には目もくれず、実績のある銘柄だけを買う。バリュー投資の父、ベンジャミン・グレアムによると、会社の有形資産（現金、建物、機械など）が倒産セールでも現在の市場価値以上で売れるとき、完璧なバリュー・プレーが実現する。こんな株を買えば、投資家は安全余裕率（マージン・オブ・セーフティ）を上乗せできる。仮にすべてうまくいかなくても、会社を解散すれば、払った以上の資金を回収できるからだ。ただし、問題のあるバリュー株はそのとき割安に見えても、一段と値下がりしかねない。

突然止まる急成長株とのろのろ進む割安株の中間に、着実な利益成長を妥当な値段で提供する株がある。一般にホットな業界には妥当な価格の銘柄は存在しないので、中間点投資はその信奉者を自ずとインターネットのような奇抜で危険な領域から遠ざける。

デービス家が得意とするのは、この中間点投資である。デービスは保険株専門で、シェルビーはハイテク株で失敗した後、父の手法を金融などほかの産業に応用した。

中間点投資は莫大な利益を生むまで長い時間がかかる。デービスは四〇年以上も中間点にとどまったが、四〇年といえば三〇歳の投資家が退職後を考え始めるときちょうど念頭に置く時間である。「投資は一部の人が言うほど複雑ではありません。将来により多くの金を受け取ることを期待して、いま現金を投じます。投資はそれがすべてです。われわれにとって全体のプロセスは、どんな種類のビジネスを買うかと、それにいくら払うかという二つのポイント次第です。まず、買うに値するのは、投じた資金以上の利益をもたらす会社です。その利益は最大化のため再投資されます。二つ目のポイントである値札の問題は一般的にはしばしば無視されます」とクリスは言った。

かつて投資家は配当を目当てに株を買ったが、配当は手動の歯ブラシと同じ運命をたどった。

今日では利益が一番大事である。クリスは株の値札について「高すぎる」「非常に魅力的」「妥当」などの評価を下す前に、表面的な利益に対してまず疑惑の目を向ける。

「われわれは、『会社を丸ごと所有しているとして、現状維持のための再投資後そして成長のための再投資前で、どのくらいの利益を年度末に得られるか』と自問自答します。その結果は『オーナー利益』と呼ばれます。ストックオプション、償却率、繰り延べ税、ほかの微妙なファクターについて調整が必要で、その計算は楽ではありません。オーナー利益はたいてい会社が発表する利益を下回ります」とクリスは言った。

「われわれは債務についても厳しく吟味します。利益と株価が同じ二つの会社があったら、評価は明らかに同じはずです。しかし、一社が多額の借金を抱え、もう一社が無借金なら、二つの会社はまったく同じではありません」

クリスは装飾の多い「報告」利益を「オーナー利益」に転換した後、その株を保有して得られる将来の予想利益を国債利回りと比較する。債券は保有者が受け取る金額を予想できるのに対し、株は潜在的な利益は大きいが、確実性では劣る[比較のために、クリスはオーナー利益について一株利益を株価で割り、「益回り」(PERの逆数)を算出する。一株利益が二ドルで株価が三〇ドルの株(PER一五倍)は益回りが六・六%で、今の国債利回りより高い。しかし、一株利益が二ドルで株価が六〇ドルの株(PERは三〇倍)は益回りが三・三%と国債利回りよりはるかに低い」。

「企業が将来的に益回りを高められなければ、利回り六％の国債ではなく同三・三％の株を保有する意味がありません。つまり、企業は宿命的に利益成長を求められるのです」とクリスは言う。

「問題は八年とか一〇年先の利益成長を予想することです。なるべく正解に近づけるには、業績がある程度予測可能でなければなりません。しかし、典型的なハイテク企業の一〇年先の増益率を正確に予想するのは不可能です。ハイテク株を割と安く買っても（われわれはヒューレット・パッカードを一株利益の一五倍で購入）、株式のリターンが債券のリターンに追いつくには何年もかかるかもしれません」とクリスは言った。五〇年にわたる試行錯誤の結晶であるデービス家の投資戦略は、祖父、父、孫の三代を通じて有効に機能し、各世代がその時代に合うように調整してきたが、その極意の基本的な一〇カ条は今も変わらない。

①安い株は避けろ　株価が一番安い会社にはそれなりの理由がある。シェルビーはそのことを一九八〇年代の経験から学んだ。ダメ会社はずっとダメ会社のままかもしれない。CEOは明るい未来を語るだろうし、会社は再建努力をするかもしれないが、再建は一筋縄ではいかない。「うまくいくとしても、会社を立て直すには、想像以上の時間がかかります。こんな投資が好きなのは自虐的な投資家くらいでしょう」とシェルビーは言った。

②高い株は避けろ　立派な会社は値段も立派で高いなりの理由があるが、シェルビーは利益に比べて妥当な値札が付いている株しか買わなかった。「いくら払っても魅力的という企業はあり得ない」とシェルビーは言う。デービス家の人々は服、家、バケーションに必要以上の金をかけなかった。普通の投資家はなぜ企業利益に必要以上の値段を払うのだろう。結局、会社に投資するときはいつも、その利益を買っているにほかならない。

クリスは「マイクロスコープ・カジノ・アンド・ステーキハウス」という架空の人気銘柄を例にとって話をした。この会社の銘柄コードはGOGO。スロットマシンの置いてあるインターネット・カフェなのだろうか。事業内容はともかく、GOGOは派手なデビューを飾る。投資家は一株利益の三〇倍の値段を払い、会社も四年連続で年三〇%の利益成長を達成して期待に応える。しかし、五年目に少し元気がなくなり、増益率は「わずか」一五%に落ちる。大半の会社にとって一五%は立派な数字だが、GOGOの投資家には物足りない。彼らはGOGOへの熱が冷め、従来の株価倍率の半分である一五倍しか払わなくなる。その結果、株価は五〇%の「調整」に見舞われる。

この時点で含み益はほぼ消え、GOGO株の投資家が手にするリターンはたった年六%と到底リスクに見合わない。国債の利回りは同じ六%だが、リスクははるかに低い。

高成長株がひとたび期待を裏切ると、投資家は冷酷な数学の餌食になる。五〇％値下がりした株が元に戻るには、一〇〇％値上がりしなければならない。

③適度な速度で成長する妥当な株価の会社を買え　シェルビーが素晴らしいと考える投資対象は、「株価倍率」よりも利益成長が速い会社である。彼はＧＯＧＯのような会社を避け、架空の地銀、ＳＯＳＯ（まずまず）のような会社を探した。ＳＯＳＯは増益率が年一三％と地味な代わり、ＰＥＲも一〇倍と控え目である。しかし、五年連続で期待どおりの増益率を達成すると、投資家が利益の一五倍の値段を払うようになり、我慢強い株主が受け取るリターンは年二〇％と、ＧＯＧＯの六％を大きく上回る。

デービス家は、ＳＯＳＯクラスの評価でマイクロソフト級の利益成長力を持つ「隠れた成長株」を時折発見した。破格の安値でしかもリターンが素晴らしい株は投資家にとって理想の組み合わせで、デービスはそれをＡＩＧなど多くの銘柄に見いだした。

ＡＩＧがペースメーカーや遺伝子組み換え種子を売る会社だったら、投資家は間違いなく高い評価を与えたはずだ。退屈な保険会社が根拠の有無はともかく熱狂的な支持を集めることはまずない。この株は慢性的に過小評価され、下値リスクが最小限に保たれた。

④妥当な価格になるまで待て　会社は気に入ったが、値段が気に入らない。そんなとき、シェルビーは安く買えるチャンスが来るまで待った。アナリストは投資判断を年に三、四回変更し、ＩＢＭ、インテル、ヒューレット・パッカードなどの優良株を安く買えるチャンスを提供してくれる。時折訪れる下げ相場も、慎重に買い物をする人にとってはありがたい。デービスがかつて言ったように、「下げ相場は多くの人に金儲けのチャンスをくれるが、その時点では彼らはそれに気づかない」のである。

ある業界の株だけが下げることも時折ある。八〇年代の不動産株の下落は銀行界に波及し、シェルビーはそれに乗じてシティコープやウエルズ・ファーゴを安く買った。一九九〇年代初めはクリントン政権の的外れな医療制度改革を嫌気して薬品株が総崩れとなり、メルク、ファイザー、イーライ・リリーなど一流医薬品株が四〇～五〇％も値下がりした。

個別の悪材料（原油流出事故、集団訴訟、製品回収など）から特定の株だけが下げることもある。トラブルが一時的で、長期見通しを損なわないかぎり、こうしたときは買い場である。

「健全な会社を株が大きく値下がりしたときに買うと、投資家の期待が低いので、購入後の値下がりリスクを抑えられます」とシェルビーは言う。

一九八〇年代を通じて、シェルビーは利益の一〇倍から一二倍で売られる多くの成長企業の中から好きな銘柄を選べた。しかし、狂乱の九〇年代には、こうした健全な投資対象がほとんど姿を消し、クリスとケンは値段が大きく下がるまで待たざるを得なかった。

⑤進歩に逆らうな　シェルビーはハイテク株を慎重に選んだが、ハイテク株嫌いで有名なバフェットやピーター・リンチと違い、それら全部を敬遠はしなかった。

本物の収益力と確固たる事業基盤を持つ会社に妥当な値札が付いていたら、彼はハイテク株も積極的にポートフォリオに組み入れた。そうしないと、経済の一番元気な部分を取り逃がしてしまうからだ。シェルビーは早い段階でインテルを買い、成長する間も保有し続け、莫大な利益を手にした。彼はまた一九八〇年代半ばからＩＢＭ株を保有している。アプライド・マテリアルズも買った。一九世紀のゴールドラッシュのとき、つるはしやシャベルを売った商人は大儲けしたが、顧客の金鉱掘りは破産した。同じように、アプライド・マテリアルズは半導体業界の金鉱掘りに道具を販売する。

⑥テーマに投資しろ　「ボトムアップ」の株式投資家は、好ましい特性を持つ企業に投資する。将来有望なら、石油採掘会社でもファストフード・チェーンでもすぐに買う。それに対し、「トップダウン」派は、まず経済環境を調べ、それから現在の状況で繁栄しそうな産業を探し、そして有望な業界の中から目ぼしい企業を選ぶ。シェルビーは「トップダウン」と「ボトムア

ップ」の両アプローチを併用し、新たな投資をする前に「テーマ」を探した。ほとんどの時代において、テーマは明白である。

一九七〇年代の明白なテーマは、凄まじいインフレだった。シェルビーは石油、ガス、アルミなど値上がりの恩恵に浴する一次産品メーカーの株をベンチャーのポートフォリオにたくさん詰め込んだ。一九八〇年代は、FRBがインフレとの闘いに勝利しかけている兆候が見られたので、彼は価格の低下と金利の低下が新たなテーマと認識し、実物資産株を売り、銀行、証券会社、保険会社など金融資産株を買った。シェルビーはファンド資産の四〇%を金利低下の恩恵を受ける金融株に投じ、その後の大幅高にちょうど間に合った。こうした「見えざる成長株」はマイクロソフトやホーム・デポほど増益率は高くないが、それでも十分なリターンを提供した。

一九九〇年代に、シェルビーとクリスは「ベビーブーマーの高齢化」というもうひとつの明らかなテーマに基づいて行動した。米国史上で最も裕福な世代が老年に差し掛かり、医薬品、ヘルスケア、養護施設などの会社がその恩恵を受けた。薬品株が大きく値上がりした後、シェルビーは次の値下がりまで買うのを待った。

⑦勝ち馬を手放すな　典型的な成長株ファンドは毎年、保有銘柄の九〇%を売却し、より有

望と思われる銘柄と入れ替える。一方、ニューヨーク・ベンチャーの保有株回転率はたいてい一五％前後だった。デービス家は「バイ・アンド・ホールド」を好んだ。長期の値上がり益に対する巨額のキャピタルゲイン税を払わずに済むことが大きな理由である。また、取引コストを抑え、頻繁な売買で発生するミスを排除できる。株を頻繁に売買する人は、わざわざ勝ち馬から負け馬へ乗り換えてしまう恐れもある。

シェルビーの子供時代を通じて、デービスはマーケットタイミングの無意味さについて口を酸っぱくして教え込んだ。シェルビーはその教えをクリスとアンドリューに伝えた。

「われわれは長く付き合える割安な銘柄を買います。最終的に『適正価値』で売られることを期待し、その水準に到達したら、利益成長が続くかぎり保有し続けます。われわれは割安銘柄を買いますが、最後は成長企業になることを期待します」とシェルビーは言った。

「わたしは二、三回の景気後退や市場サイクルの間、株を保有しても平気でした。そうすることで、その会社が良い時と悪い時にどう対処するかが分かりました」

⑧優秀な経営者に賭けろ　デービスはＡＩＧのハンク・グリーバーグのような偉大な経営者に投資した。シェルビーもインテルのアンディ・グローブやサンアメリカのイーライ・ブロードなど優秀な経営者が率いる会社の株を買った。優秀な経営者が別の会社に移籍すると、シェ

ルビーはその経営者の手腕を買って新たな会社に資金を移した。ジャック・グランドフォッファーがウエルズ・ファーゴからファースト・バンキング・システムズに移ったとき、シェルビーはファースト・バンクに投資した。彼はまたハーベイ・ゴラブがアメリカン・エクスプレスに移籍すると、その株を買った。

「どんな会社も優秀な経営陣が成功の重要な要素であることはウォール街の常識ですが、大半のアナリストは最新の数字を議論することを好み、この点については触れません。しかし、われわれは投資をする際必ず、経営陣について十分検証します」とクリスは言った。

⑨後ろを振り返るな

「コンピューターとその膨大なデータベースのおかげで、投資家は過去にフォーカスできるようになりました。人々はかつてないほど過去を振り返りつつ将来を見据えています」とシェルビーは言う。しかし、ウォール街の歴史から学べる一番貴重な教訓は、まったく同じ形での歴史の再現はないということである。一九二九年の株価大暴落から二五年間は、多くの投資家が「一九二九年の再現が近い」と思い込み、株を敬遠した。第二次大戦後も、「戦争が終わると不景気になる」との経験則を信じ、株を買わなかった。一九七〇年代の後半も、一九七三～七四年の下げ相場の再現を警戒して株を買わなかった。シェルビーが一九七九年に書いたように、「大半の投資家が一九七〇年代前半と同程度の下げは確実と思い込み、それに備え続けている」状況だったのである。一九八八年から八九年にかけて、彼らは一九八七年の暴落の再現を恐れて株を買わなかった。いずれのケースでも、投資家は株を買わなかったことを後悔した。ウォール街の経験からは、人々を惑わせる以下のような教訓がたくさん広まっている。

●「株が値上がりするのは、企業利益が拡大しているときだけ」。実際には収益の低迷時も、株価が好調なことがしばしばあった。
●「株はインフレに弱い」。株はインフレが高まった一九五〇年代初めも下げなかった。
●「株は高インフレに対する完璧なヘッジ」。一九七〇年代初めはそうではなかった。

⑩コースを変えるな　「株は一年、三年、あるいは五年でも危険かもしれませんが、一〇年とか一五年ならばそうじゃなくなるかもしれません。父は相場の天井付近で市場に参加しましたが、それから二〇年たつと出だしのつまずきも取るに足らない物になりました。ファンド投資家へのわれわれのメッセージは、『マラソンを走っています』と繰り返すことです」とクリスは言った。

デービス家のチェックリスト

シェルビーが一九九七年五月二二日付のメモで指摘しているように、彼がベンチャーのポートフォリオに組み入れたすべての企業は、以下の特徴の大半を備えていた。

●有言実行の実績を持つ一流の経営陣。
●革新的な研究を行い、利点を最大限に生かす技術を駆使する。
●国内だけでなく海外にも事業展開をしている。海外市場は成熟した米国企業に急成長の第二の機会を与える。一部のアナリストはコカ・コーラを一九八〇年代初めがピークの過去の企業と呼んだが、同社は海外に進出し、彼らの意見が間違いであることを証明した。ＡＩＧ、マクドナルド、フィリップ・モリスについても同じことが言える。
●時代遅れにならない製品やサービスを売る。
●インサイダーが大量の株を保有し、会社の成功に個人的な利害関係を持つ。
●会社が投資家の資本に対して高いリターンを提供し、経営者が投資家に報いることに真剣に取り組んでいる。
●経費を最小限に抑える。そうすることで、会社がローコストの生産者たり得る。

●成長している市場において支配的あるいは拡大しているシェアを持つ。
●競争相手を買収し、それらの収益力を高めることに長けている。
●強固なバランスシートを持つ。

この本が校閲段階にあった数カ月間、ハイテク株の保有者はナスダック市場の急落に直面し、成長株を見境なく買うことの怖さを身に染みて感じていた。新時代コンセプトの応援団も、過熱した市場は必ず冷えるという旧時代コンセプトを再評価するようになった。現在の下げ相場が底入れしたかどうかはだれにも分からないが、投資家はすでに二〇〇〇～二〇〇一年の下げで何兆ドルも失い、あれだけ株に飢えていた大衆は意気消沈した。その結果、市場はデービス家が安心して買えるゾーンにまた近づいてきた。企業を利益の一五倍以下で買え、過去の平均的な利益成長（年七～一五％）に投資することで儲かる環境である。

高い期待とバリュエーションに直面し、クリスとパートナーのケンは、クリスの祖父と父から見て妥当なチャンスを必死で探した。彼らも新人時代に、シェルビーがメモレックス株でやったように流行の銘柄に飛びつく失敗を犯した。人気銘柄は買い手が気前のいいときは急上昇したが、売り手が狼狽すると急落した。クリスとケンはルーセント・テクノロジーズを買って同じ目に遭った。しかし、全般的には前任者と同じように、妥当な価格のもっと信頼できる成長株を保有し続けた。彼らは運用成績を上げるのに、勢いだけのハイテク株への危険な賭けではなく、「デービスのダブルプレー」に頼るだろう。

困難なときも、デービス家の人々は「七二の法則」に慰めを見いだした。資金を年一〇％で複利運用できたら立派な成績と言えるし、（デービスが自分のポートフォリオで、シェルビーがベンチャーのポートフォリオで実現したように）年一五％以上のリターンを残せたら、最近の損失も微々たるものに思えるほど莫大な利益が得られるだろう。デービス家における投資成功の極意を問われれば、それは「忍耐」「長期思考」「そして何十年もの時間」だと言えるだろう。

図19.1　1969年2月17日から2000年12月31日までのデービス・ニューヨーク・ベンチャー・ファンドのクラスA株の推移（ファンドのパフォーマンスには、最高4.75％の販売手数料、再投資された分配金、クラスA株の純資産価値の変化を含む）

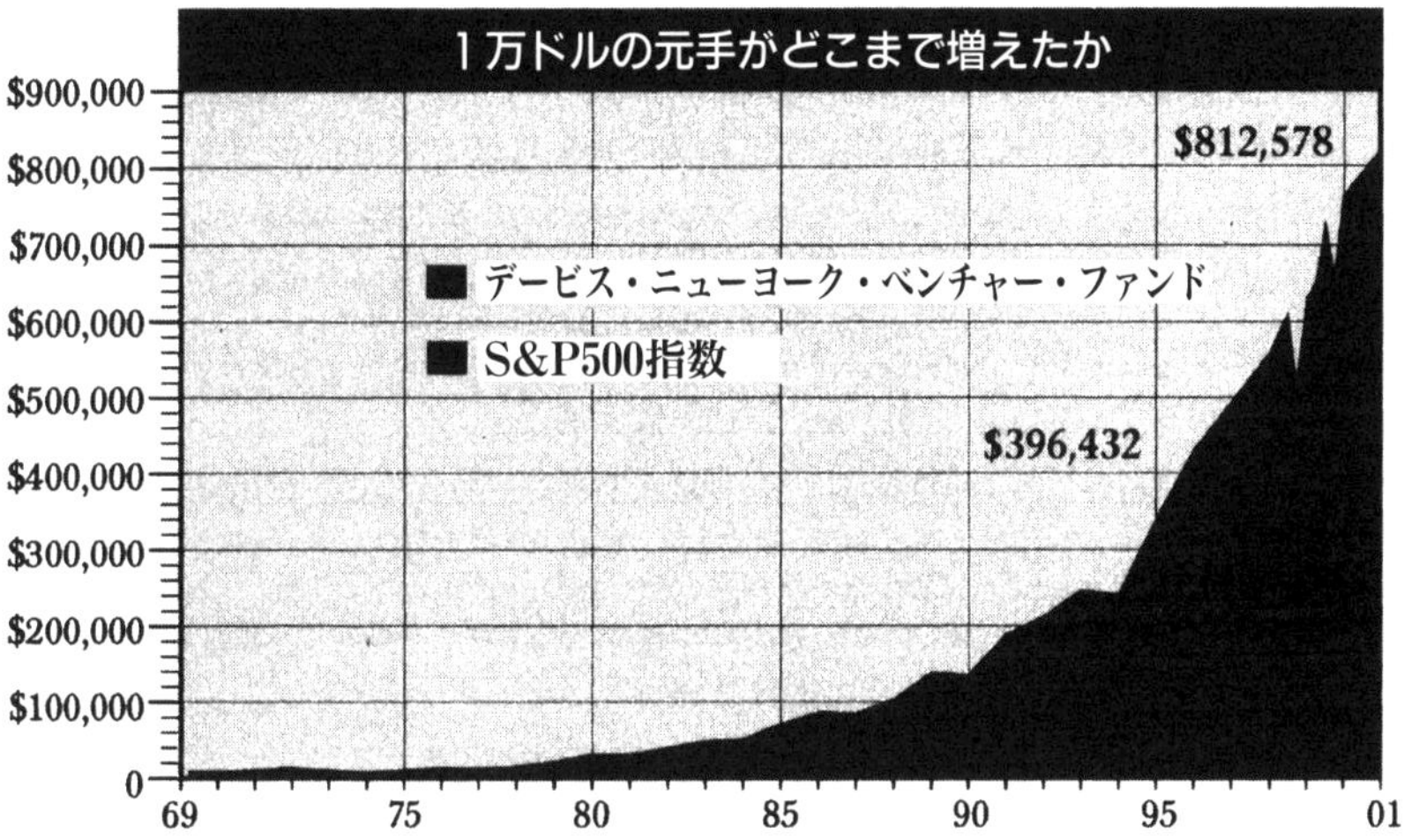

脚注

序章

1．バフェットは公開企業を所有することによって、デービスが元手にした妻の持参金以上の資金を調達できた。デービスは「信用取引」を活用することで、リターンをさらに高めた。彼は銀行から借りた資金でより多くの株を買った。信用取引はリターンを押し上げる半面、一歩間違うと大損をする両刃の剣である。下げ相場の最中、信用取引の経験が浅い多くの投資家は、借金を返済するため持ち株の売却を迫られた。デービスは常に持ち株を何とか売却せずに済んだ。

大幅な株高が進行した一九九〇年代においては年二〇％のリターンは当たり前だったが、長期においては一六年連続で二〇％超のリターンを達成したピーター・リンチが業界のスーパースターになるほど珍しい数字である。また、二三％のリターンは、デービスをフォーブス誌の長者番付に載せ、ウォーレン・バフェットをビル・ゲイツと長者番付トップの座を毎年争わせるほど偉大な数字である。

2．「七二の法則」は、どんな投資についても収益率に基づき元手が倍になるのに何年かかるかを示すものである。債券の場合はリターンが予測可能だが、株の場合は経験に基づいて推測するしかない。収益率（一〇％や二〇％など）さえ分かれば、七二をそれで割ると答えが出る。リターンが一〇％なら元手が倍になるのに七・二年（七二÷一〇）、二〇％なら三・六年かかる。

ざっと計算すると、四〇年にわたるデービスの投資の年率リターンは二三％になる。もし興味があれば、二〇％の年率リターンが一八年続くと投資金が「複利のマジック」でどのくらいに増えるかを計算してもいい。一〇万ドルは三二〇万ドルに、二五万ドルは八〇〇万ドルになる。

第二章　大恐慌からヒトラー危機まで

1．マーキス・ジェームズ『メトロポリタン・ライフ（The Metropolitan Life: A Study in Business Growth）』（一九四七）。

2．ジェームズ・グラント『トラブル・ウィズ・プロスパリティ（The Trouble with Prosperity）』（タイム・ブックス、ランダムハウス、一九九六、六九ページ）。

3．先に同じ（六九～七三ページ）。

第四章　債券黄金時代のたそがれ

1．シェルビー・カロム・デービス『アメリカ・フェイス・フォーティーズ（America Faces the Forties）』（ドランス&カンパニー、一九四〇）。

第五章　保険の歴史

1．ロビン・ウィリス“Taking a Risk, an Historical and Hysterical Look at the Purveyors of Dream, Doom and Destruction”(Pamphlet, Witherby, London, 1988). ドナルド・アームストロング“History of Property Insurance Business in the U.S. Prior to 1890”(PhD diss., New York University, 1971). “Early History of Insurance”(The Society of Chartered Property and Casualty Underwriters, 1966).

2．“Milestones in Insurance History”(The American Mutual Reinsurance Company). アーウィン・E・バロー『フットプリント・オブ・アシュランス（Footprints of Assurance)』(マクミラン、一九五三)。

3．マーキス・ジェームズ『バイオグラフィ・オブ・ビジネス（Biography of a Business: Insurance Company of North America)』（ボブズ・メリル、一九四二）。

第六章　役人から投資家へ

1．ジェームズ・グラント『トラブル・ウィズ・プロスパリティ（The Trouble with Prosperity)』（八九ページ）。

第八章　デービス　海外投資に目覚める

1．ジョン・ブルックス『ゴーゴー・イヤーズ（The Go-Go Years)』（ワイリー、一九九九、二七ページ）。

2．ＡＩＵ、ＡＩＧ、ＡＦＬＡＣの日本市場への参入成功に関する記述は、日米ビジネス関係について書かれたマイケル・ルイスのショートブック『パシフィック・リフト（Pacific Rift)』（ノートン、一九九三）からのものである。

第九章　投機に踊るウォール街

1．ジョン・ブルックス『ゴーゴー・イヤーズ（The Go-Go Years）』（一二一、二七九、三〇五、三五三ページ）。

2．ナスダック――全米証券業者協会（NASD）が運営するコンピューター管理の取引システムを使っているアメリカの店頭市場。

第一三章　一九二九年以来最悪の下げ相場

1．ロジャー・ローウェンスタイン『ビジネスは人なり　投資は価値なり――ウォーレン・バフェット』（総合法令出版）。

第一五章　シェルビーは銀行を買い、デービスは何でも買う

1．デビッド・シフは「エマーソン・リード・インシュアランス・オブザーバー」（一九九五年一一月号）において保険に関するバフェットの発言集を発表し、「シフ・インシュアランス・オブザーバー」の後の号でバフェットの発言を引用した。

2．バークシャー・ハサウェイ年次報告書（一九八八年）。

3．先に同じ。

4．先に同じ。

5．バークシャー・ハサウェイ年次報告書（一九八〇年）。

6．バークシャー・ハサウェイ年次報告書（一九八五年）。

7．先に同じ。

8．注5を参照。

第一七章　一族が一致団結して

1．ジェームズ・グラント『トラブル・ウィズ・プロスパリティ（The Trouble with Prosperity）』（タイム・ブックス、ランダムハウス、一九九六、一七五ページ）。

訳者あとがき

〝デービス・ダイナスティー〟というタイトルを最初に見たとき、石油王ロックフェラーや金融王J・P・モルガンをイメージしたが、読み進むうちに「普通のオヤジ」が株式投資で大成功を収める話と分かり、急に親近感がわいてきた。この本の主人公、デービスが投資の世界に足を踏み入れたのは三八歳になってからである。ニューヨーク州政府の要職という人もうらやむ仕事を捨て、相場の腕だけで食っていこうというのだから、その決意は並大抵のものではない。しかも、第二次世界大戦が終わってからまだ二年後の不景気な時代にである。その意味で、この本は暗い話題ばかりの今の日本に住むわれわれ中年の応援歌として読んでも面白い。

二つ目のポイントは、著者が「世界で二番目に偉大な株式投資家」と呼ぶデービスの実践的な投資術を学べるところである。ほとんど保険株への投資だけで五万ドルの元手を九億ドルにまで一万八〇〇〇倍に増やした実績は、あのウォーレン・バフェットに迫るものである。実際、二人は知り合いで、投資スタイルなど共通点が多い。これら二人の達人は、株式投資で一攫千金を狙ったわけではなく、自分流の「勝利の方程式」をひたすら信じて実践した結果として、巨万の富を築いたのである。彼らのすごさは、自分の信念にあきれるほど頑固で、自分の力を試すことに純粋な喜びを感じるところにある。キーワードは「自分を信じる力」。すでに投資をしている人にとっても、これから投資を始めようという人にとっても、大いに参考になるだろう。

三つ目の楽しみ方は、デービスとその一族のドラマとしてである。デービスが子供や孫に伝えたのは、株式投資の極意だけではなく、徹底した倹約精神と独立精神だった。彼の倹約ぶりを物語るエピソードとして、孫に一ドルのホットドッグを買ってくれとねだられたとき、「この一ドルをうまく運用したら、五〇年後には一〇〇〇ドルになる」といって拒否した話が紹介されている。しかし、彼はただのケチではない。九億ドルの遺産は慈善団体などへの寄付に回され、まさに「子孫に美田を残さず」を地で行ったのだ。彼は子供や孫に「お前たちはわたしから何ももらえないよ。そうすれば自分で稼ぐ楽しみを奪われないだろう」と常々言っていた。独立精神、それこそデービス王朝の礎である。

二〇〇三年六月

高本義治

■著者紹介

ジョン・ロスチャイルド（John Rothchild）

ピーター・リンチとともに話題作『ピーター・リンチのすばらしき株式投資――楽しく学んで豊かに生きる』『ピーター・リンチの株で勝つ――アマの知恵でプロを出し抜け』（ともにダイヤモンド社）を執筆。単独作品には『ベアブック（The Bear Book）』『フール・アンド・ヒズ・マネー（A Fool and His Money）』『ゴーイング・フォー・ブローク（Going for Broke）』がある。ワシントン・マンスリーとフォーチュンの元編集長であるロスチャイルドはハーパーズ、ローリング・ストーン、エスクワイアなどの雑誌への寄稿のほか、CNBCなどのテレビ番組にもに出演している。

■訳者紹介

高本義治（たかもと・よしはる）

1983年に北九州大学外国語学部卒業。情報サービス会社ゼネックスで為替・貴金属アナリストを務めたあと、1991年に日英翻訳者として日経国際ニュースセンター入社。1994年にメリルリンチ証券入社、調査部翻訳チームマネジャー。2002年にメリルリンチ退社。現在はフリーランスの翻訳者。

2003年８月20日　初版第１刷発行

ウィザードブックシリーズ㊽

デービス王朝《おうちよう》

ウォール街を生き抜く影の投資家一族

著　者　ジョン・ロスチャイルド

訳　者　高本義治

発行者　後藤康徳

発行所　パンローリング株式会社

〒160-0023　東京都新宿区西新宿7-21-3-1001

TEL　03-5386-7391　FAX　03-5386-7393

http://www.panrolling.com/

E-mail　info@panrolling.com

編　集　エフ・ジー・アイ(Factory of Gnomic Three Monkeys Investment)合資会社

装　丁　新田"Linda"和子

印刷・製本　大日本印刷株式会社

ISBN4-7759-7019-4

ウィザードブックシリーズ㊶
デマークの チャート分析テクニック

マーケットの転換点を的確につかむ方法
著者●トーマス・R・デマーク／訳者●長尾慎太郎、柳谷雅之、森谷博之
A5判上製本・480ページ／定価本体5,800円＋税

いつ仕掛け、いつ手仕舞うのか？
トレンドの転換点が分かれば勝機が見えてくる！

原書名:NEW MARKET TIMING TECHNIQUES

ISBN4-7759-7002-X C0033

ウィザードブックシリーズ㊷
トレーディングシステム入門

仕掛ける前が勝負の分かれ目
著者●トーマス・ストリズマン／監修●柳谷雅之／訳者●二宮正典
A5判上製本・504ページ／定価本体5,800円＋税

あなたのシステムは勝てますか？
戦略的トレーディングシステムの設計についてのすべてを網羅！

原書名:TRADING SYSTEMS THAT WORK

ISBN4-7759-7003-8 C0033

ウィザードブックシリーズ㊸
バイアウト

経営陣による企業買収ガイドブック
著者●リック・リッカートセン、ロバート・ガンサー
監修●サイエント ジャパン株式会社／訳者●伊能早苗
A5判上製本・392ページ／定価本体5,800円＋税

経営者必読！　MBOを成功させるためのノウハウをこの1冊に凝縮！

原書名:BUYOUT

ISBN4-7759-7004-6 C2033

ウィザードブックシリーズ㊹
証券分析【1934年版】

著者●ベンジャミン・グレアム、デビッド・L・ドッド
訳者●関本博英、増沢和美
A5判上製本・976ページ／定価本体9,800円＋税

バフェット、ボーグル、プライスらの教科書である
あの「不朽の傑作」がついに初の日本語版で登場！

原書名:SECURITY ANALYSIS――The Classic 1934 Edition

ISBN4-7759-7005-4 C0033

ウィザードブックシリーズ㊺
スマートマネー流株式選択術

銘柄スクリーニングバイブル《英和・証券用語集付》
著者●ネリー・S・ファン、ピーター・フィンチ／訳者●木村規子
A5判上製本480ページ／定価本体2,800円＋税

リスクを避けながら銘柄選択をする方法と、下げ相場でも「大化け銘柄」を探す極意を伝授

原書名：The Smart Money Stock Picker's Bible

ISBN4-7759-7006-2 C2033

ウィザードブックシリーズ㊻
間違いだらけの投資法選び

賢明なあなたでも陥る52の落とし穴
著者●ラリー・E・スウェドロー／監修●長尾慎太郎／訳者●井田京子
A5判上製本368ページ／定価本体2,800円＋税

ドット・コム・バブルやナスダック崩壊後の今の時代に見合った必勝戦略を紹介！

原書名：Rational Investing in Irrational Times : How to Avoid the Costly Mistakes Even Smart People

ISBN4-7759-7007-0 C2033

ウィザードブックシリーズ㊼
くそったれマーケットをやっつけろ！

ホームトレーダーにもできる短期トレード術
著者●マイケル・パーネス／訳者●古河みつる
A5判ソフトカバー320ページ／定価本体2,400円＋税

大損から一念発起し、15カ月で3万3000ドルを700万ドルにした「ホームトレーダーの鑑」

原書名：RULE THE FREAKIN' MARKETS : How to Profit in ANY Market, Bull or Bear

ISBN4-7759-7008-9 C2033

ウィザードブックシリーズ㊽
リスク・バジェッティングのためのVaR

理論と実践の橋渡し
著者●ニール・D・ピアソン／監修者●竹原均、三菱信託銀行受託財産運用部門
訳者●山下恵美子／A5判上製本・472ページ／定価本体4,800円＋税

リスク・バジェッティング実践利用のための理論武装！年金運用実務家のためのリスク管理の理論を解説

原書名：Risk Budgeting : Portfolio Problem Solving with VaR

ISBN4-7759-7009-7 C0033

ウィザードブックシリーズ㊾
私は株で200万ドル儲けた

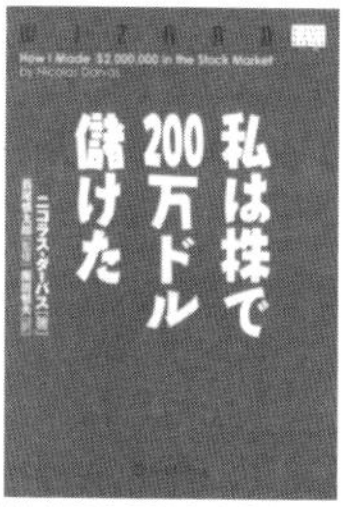

著者●ニコラス・ダーバス／監修●長尾慎太郎
A5判ソフトカバー・280ページ／定価2,200円＋税

ウォール街が度肝を抜かれた伝説の「ボックス理論」！
一介のダンサーがわずかな元手をもとに、200万ドルの資産を築いた手法！

原書名：How I Made $2,000,000 in the Stock Market

ISBN4-7759-7010-0 C2033

ウィザードブックシリーズ㊿
投資苑がわかる203問

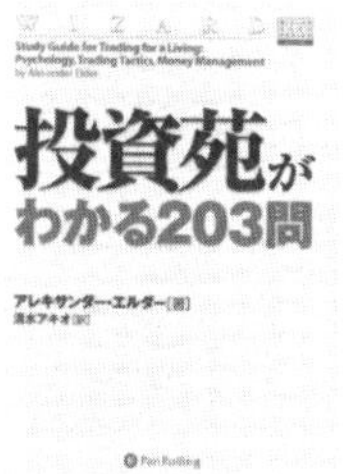

著者●アレキサンダー・エルダー／訳者●清水アキオ
A5判ソフトカバー・280ページ／定価2,800円＋税

初心者に最適なテクニカル分析（心理・戦略・資金管理）の
完全征服問題集！

原書名：Study Guide for Trading for a Living : Psychology, Trading Tactics, Money Management

ISBN4-7759-7011-9 C2033

ウィザードブックシリーズ51
バーンスタインのデイトレード入門

著者●ジェイク・バーンスタイン／監訳●長尾慎太郎
A5判上製本・336ページ／定価7,800円＋税

あなたも「完全無欠のデイトレーダー」になれる！
デイトレーディングの奥義と優位性がここにある！

原書名：The Compleat Day Trader : Trading Systems, Strategies, Timing Indicators, and Analytical Methods

ISBN4-7759-7012-7 C2033

ウィザードブックシリーズ52
バーンスタインのデイトレード実践

著者●ジェイク・バーンスタイン／監訳●長尾慎太郎
A5判上製本・312ページ／定価7,800円＋税

デイトレードのプロになるための「勝つテクニック」や
「日本で未紹介の戦略」が満載！

原書名：The Compleat Day Trader II

ISBN4-7759-7013-5 C2033

発行●パンローリング株式会社